그날의 세계사

세계를 뒤흔든
결정적 365장면 속으로!

그날의 세계사

썬킴 지음

블랙피쉬
Black Fish

저는 가끔 제 생일인 7월 10일, 과거엔 어떤 일이 일어났을까 궁금해서 검색을 합니다. 임진왜란이 일어났던 해인 1592년의 7월 10일, 이사벨 여왕이 스페인을 통일했던 1492년의 7월 10일 등 말이죠. 그럼 어김없이 제가 태어난 그날 이 지구상에선 시공간을 뛰어넘으며 엄청나지는 않아도 무언가 일은 항상 일어났습니다. 그러면서 깨닫지요. 일 년 365일이라는 날들이 우리에게 오고 가는 동안 이 세상에는 매일 무슨 일이든 끊임없이 일어났고 지금도 일어나고 있고 앞으로도 계속 일어날 것이라는 사실을요. 그리고 그중 몇몇 중요한 일들은 '역사'로 기록이 되고 있다는 것을요. 역사란 것은 단편적인 사건이 아니라 흐르는 시간 위에서 서로 연결되어 흐르는 하나의 거대한 물결입니다. 제가 늘 강조하는 부분이기도 하지요. '모든 역사적 사건들은 서로 다 연결이 되어 있다'란 부분입니다.

그렇지만 이 지구상에서 매일 일어나는 모든 일들을 다 알아보고 기억하고 공부하는 것은 사실 불가능합니다. 한 해의 일들을 다 알아보는 것도 어려운데 지금까지 흘러온 그 수많은 나날들에 벌어진 일들을 파악하는 건 현실적으로 불가능합니다. 그래서 전 이렇게 생각했지요. 어차피 누구나 일 년 365일을 똑같이 살아갑니다. 그건 지금을 사는 우리도 마찬가지였고 과거를 산 이들도 마찬가지였습니다. 그러면 누구에게나 공정한 일 년 365일이란 날들에 지금까지 일어난 일들 중 가장 의미 있고 중요한 사건을 하나의 시간표로 정리해 보는 것은 어떨까란 생각을 했던 겁니다.

이 광활한 우주에 너무나도 외롭게 떠 있는 이 지구에서 지금까지 과거의 우리 동료 인류가 살아온 이야기가 궁금하지 않으세요? 한국사도 중요하지만 한반도에서 일어난 일만 알아보는 건 너무 억울한 일이 아닐까요? 지금 한국의 우리가 행복한 일을 겪고 있다면 천 년 전 북아프리카 이집트에서도 누군가 똑같은 행복을 느끼지 않았을까요?

자, 지금부터 역사 스토리텔러 저 썬킴과 함께 다임머신을 타고 과거 이 지구에 살았던 우리 동료들이 하루하루를 어찌 살았는지 여행을 떠나 볼까요?

썬킴 드림

1929년 11월 3일은 전라남도 광주광역시에서 대규모 항일학생운동이 일어난 날이다. 그날 현재 광주일고 학생 300여 명과 광주 수피아여자고등학교 학생 200여 명은 일본인 학생들을 대상으로 조선 독립을 외쳤고 집단 싸움이 벌어졌다.

그런데 그 일본인 학생들 중 하나의 아버지가 세계 역사적으로 보면 대단히 특이한 경험을 한 사람이다. 바로 유럽에서 비행선에 탑승해 기내식 코스를 먹은 경험을 말한다. 그 날짜는 1929년 10월 28일경이었다. 그 아버지는 일본 대장성 공무원이었다.

자, 생각해 보자. 당시에 비행선을 탄다는 것은 지금 돈으로 치면 편도에 5,000만 원 정도를 내야 한다. 일본 정부에서 부담한(그것도 일본 기업의 후원금) 돈으로 그것을 탔다는 사실을 들으면 그 아들은 기분이 어떻겠는가? 마치 자기가 탄다는 느낌이 아니었을까. 세상 다 가진 것 같지 않았을까? 그러니 우리 민족의 학생들을 얼마나 깔봤을까. 이 학생이 바로 우리 여학생 박기옥 씨의 머리채를 잡아당겨 대규모 광주학생독립운동의 기폭제를 만든 후쿠다이다.

어떠한가. 역사란 이런 것이다. 얼핏 보기에 관련 없어 보이는 사실들의 연속이 빚어낸 크나큰 역사적 사건, 크나큰 역사적 비극. 이렇게 1월 1일부터 12월 31일까지의 세계사적 사건의 역사적 연속이 바로《그날의 세계사》이다. 이 책에 추천사를 어떻게 쓸까 하고 일주일간 밤낮으로 고민했다. 역사 스토리텔러 썬킴 님의 책 출간을 축하드리며, 내게 이렇게 추천사를 쓰는 영광을 주니 참으로 황송하다. 모두 다 일독을 권하는 바이다.

배기성 역사학자,《불편한 한국사》저자

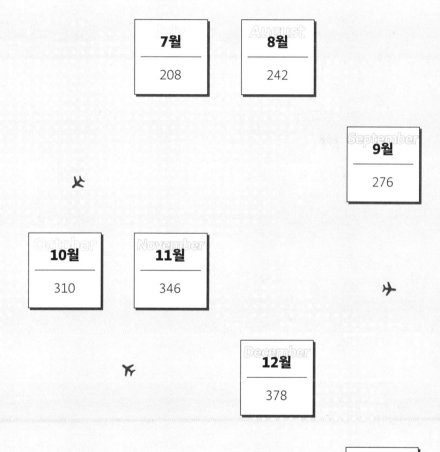

7월
208

8월
242

9월
276

10월
310

11월
346

12월
378

찾아보기
412

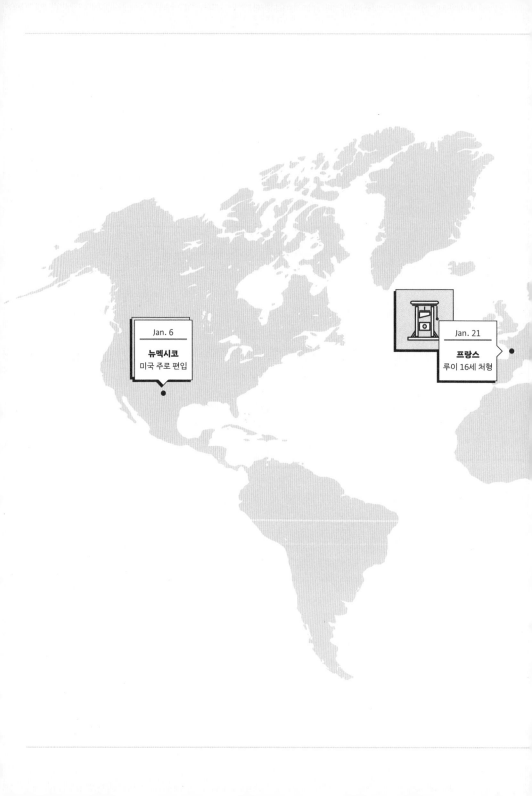

Jan. 6

뉴멕시코
미국 주로 편입

Jan. 21

프랑스
루이 16세 처형

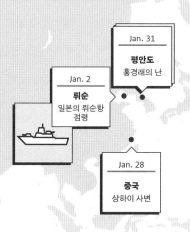

Jan. 31
평안도
홍경래의 난

Jan. 2
뤼순
일본의 뤼순항
점령

Jan. 28
중국
상하이 사변

1월

1863년 1월 1일, 미국 남북전쟁이 한창일 때
북부의 링컨 대통령은 그 유명한 노예 해방 선언을 했다.

맞다. 전쟁이 한창 진행 중일 때였다. 남북전쟁은 1861년 시작되어 1865년에 마무리되었으니까. 그리고 링컨의 노예 해방 선언은, 찬찬히 그 내용을 살펴보면 좀 이상한 부분이 있다. 바로 링컨이 '남부의 노예를 오늘부로 해방시킨다!'란 문구.

'아니, 자기가 뭔데 북부 지도자가 남부의 흑인 노예를 해방시킨다 만다야?'란 생각도 들 수 있다. 그리고 실효성도 없다. 북부의 링컨이 남부 노예 해방을 선언한다고 해서, 한창 싸우고 있는 남부가 '어이고, 그럼 저희가 해방시켜 드리지요' 할 리가 없지.

링컨의 노예 해방 선언서
(Public domain | Wiki Commons)

그 배경은 이렇다. 당시 미국의 내전을 가만히 지켜보던 영국이 남부 편에 서서 이 내전에 참전하려고 했기 때문. 왜? 영국은 미 남부에서 생산되던 값싼 면화가 필요해서였다. 링컨은 그걸 간파하고 '이건 노예 해방을 위한 전쟁이다!'란 것을 세계에 선언한 것이다. 영국 참전의 명분 자체를 없애 버리기 위해서.

1905년 1월 2일, 일본이 요동반도 뤼순항의 러시아 해군 기지를 점령했다.

한반도 주도권을 놓고 러일전쟁을 일으킨 후 1년간의 처절한 전투 끝에. 그리고 일본은 사실상 러일전쟁에서 승리한다. 뤼순? 맞다. 안중근 의사가 순국하신 중국 땅 뤼순. 엥? 중국 항구가 왜 러시아 손에? 그 계기는 1894년 청일전쟁 때 청나라가 박살이 난 후, 일본에게 피눈물을 흘리며 요동반도(뤼순항이 있는)를 줬기 때문.

그런데 갑자기 러시아가 딴지를 건다! 극동 지역으로 영토를 넓히고 있었던 러시아 입장에선 '극동 알짜배기 땅' 요동반도가 일본 손아귀에 들어가는 꼴을 볼 수 없었던 것. 그래서 러시아는 일본에게 요구한다. 요동반도를 다시 청나라에 돌려주라고. 러시아와 싸워 이길 자신이 없었던 일본은 부글부글 열이 받지만 요동반도를 청나라에 돌려준다. 그리고 러시아는 그 대가로 요동반도의 뤼순항을 '선물'로 청나라로부터 받는다.

러시아에 복수를 다짐하던 일본. 결국 러시아에 선제공격을 날린다. 그것이 바로 러일전쟁이다. 그리고 일본은 기어이 러시아의 무릎을 꿇린다. 그 결정적 계기가 바로 1905년 1월 2일, 일본의 러시아 해군 기지 뤼순항 점령이다. 참고로 러일전쟁에서 일본이 승리하면서 우리나라는 실질적으로 일본의 식민지가 된다.

1521년 1월 3일, 독일의 종교 개혁가 마르틴 루터가
교황으로부터 파문당했다.

당시 '교황으로부터의 파문'은 '너는 기독교 사회에서 완전 왕따를 당하는 것은 물론 죽으면 반드시 지옥에 떨어진다'란 무시무시한 저주였다. 그러나 루터는 그러든가 말든가 하면서 종교 개혁을 추진했고, 결국 교황이 이끄는 가톨릭에서 떨어져 나가 '개혁적이고 새로운 기독교'인 '개신교'를 만든다. 도대체 당시 무슨 일이 있었을까?

로마 교황은 1096년부터 1272년까지 약 200년 동안 중동의 이슬람교와 전쟁을 벌였다. 이른바 십자군 전쟁이다. 목표는? 이교도가 점령한 성지 예루살렘을 되찾자는 것. 결과는…… 무려 200년이나 전쟁을 벌였지만 예루살렘 탈환 실패!

장기간의 무지막지한 전쟁을 벌이면서 교황청은 돈줄이 마르기 시작했고 결국 그 만성 적자를 메우기 위해 해서는 안 될 결정을 내린다. 바로 면죄부를 팔기 시작한 것. 교황청에 돈 내면 교황이 예수님의 이름으로 경찰청 데이터베이스에서 범죄 기록을 삭제해 준다는 것. 깨어 있는 진보적 종교 지도자들이 '이거 선 넘었다'라며 교황청에 일제히 반기를 들었다. 그중 가장 앞장섰던 인물이 바로 마르틴 루터다.

1848년 1월 4일, 대한제국을 일본의 식민지로 만든 일본 총리 가쓰라 다로가 태어났다.

'가장 미운 일본인'이라고 하면 대부분 이토 히로부미를 생각하시는데, 이 인물 가쓰라 다로도 반드시 기억해야 한다. 앞서 설명한 것과 같이 1905년 러일전쟁에서 일본이 승리했다. 그걸 가만히 지켜보던 나라가 있었다. 바로 미국.

미국은 '이제 일본이 동아시아에서 가장 잘나가는 나라다'란 결론을 내리고 동아시아를 서로 사이좋게 반띵하기로 몰래 약속을 한다. '일본이 한반도를 먹는 걸 미국은 봐줄게, 그 대신 미국이 필리핀을 먹는 걸 일본도 봐줘'란 밀약. 그 밀약을 성사시킨 인간이 바로 당시 일본 총리였던 가쓰라 다로다. 1905년 7월의 일이었다.

그로부터 5년 후인 1910년 8월 29일, 일본은 기어이 대한제국을 멸망시키고 일본의 식민지로 만들었다. 그 만행을 추진한 것도 당시 일본 총리였던 가쓰라 다로였다.

2007년 1월 5일, 우리가 먹는 인스턴트 라면을 세계 최초로 개발한 안도 모모후쿠가 사망했다.

1910년, 당시 일본 식민지였던 대만에서 태어났다. 안도는 '돈 좀 벌어 보자'란 생각에 일본으로 건너가 별의별 사업을 다 해 봤지만 줄줄이 도산. 당시 일본은 태평양 전쟁 패전 이후에 사람들이 정말로 먹을 것이 없어 굶어 죽던 때였다.

그는 '흠…… 싼 가격에 맛도 있고 또 오래 보관할 수 있는 음식을 만들어 팔면 돈이 되겠다'란 생각을 한다. 그런 아이디어를 떠올렸을 때 마침 부인이 부엌에서 튀김 요리를 하고 있었던 것. '아! 국수를 기름에 튀겨 볼까?' 이 생각을 실행에 옮겼고 결국 1958년 세계 최초의 인스턴트 라면을 개발하고야 만다. 그리고 그는 재벌이 된다.

안도는 생전 매일 점심을 라면으로 먹은 것으로 유명하다. 하긴 자기가 만들었으니 먹어야지.

안도 모모후쿠
(Public domain | Wiki Commons)

1912년 1월 6일, 뉴멕시코주가 미국의 제47번째 주가 됐다.

……기보다는 '미국이 멕시코랑 전쟁을 해서 현재의 뉴멕시코 땅을 강제로 빼앗았다'가 올바른 표현일 듯하다. 미국은 이미 넓은 땅덩어리를 더 크게 넓히고 싶어 1846~1848년 멕시코와 전쟁을 벌인다. 결과는? 멕시코가 참패한다.

그리고 미국은 지금의 캘리포니아, 유타, 네바다 등 서남부의 멕시코 땅 대부분을 '구입'해 간다. 맞다. 돈은 줬다. 1,500만 달러. 지금 환율로 200억 원 정도. 그 넓은 땅을 껌값만 주고 그냥 강탈해 간 것.

미국은 멕시코로부터 구입한 그 땅들을 미국으로 강제 합병시켰다. 그중 뉴멕시코가 1912년 1월 6일에 정식으로 미국의 주(state)로 승격된 것이다. 이름이나 좀 바꿔 주지. 바로 밑에 멀쩡하게 멕시코란 나라가 있는데 미국의 주 이름이 New Mexico라니.

1895년 1월 7일, 고종이 종묘에서 우리나라 최초의 근대적 헌법인 홍범 14조를 발표했다.

여기서 홍범(洪範)은 '모범이 되는 큰 규범'이란 뜻이다(유명 가수와는 아무 상관이 없다). 하여간 고종은 왜 이런 헌법을 발표했을까?

1894년에 무슨 일이 있었던가. 바로 청일전쟁이 터진 해이다. 청나라는 일본에게 패했고 우리나라의 주도권은 실질적으로 청나라에서 일본으로 넘어간다. 청일전쟁 직후, 조선 조정은 친일파로 채워지기 시작했다. 그리고 그 친일파들은, 조선을 청나라로부터 독립시키고 차라리 일본 쪽과 친하게 만들기 위한 조치들을 추진한다. 그 조치 중 하나가 바로 홍범 14조 발표다.

증거를 대라고? 홍범 14조 가운데 가장 중요한 제1조가 다음과 같다. '청나라에 의존하는 생각을 끊고 자주독립국을 만들자'다. 일본의 입장에선 조선과 청나라 관계를 끊어 버려야 꿀꺽 먹기 쉬울 테니까. 자주독립이란 명분하에 끊임없이 청나라와의 손절을 조선에 강요한 것이다.

1918년 1월 8일, 미국의 윌슨 대통령이 의회에서
이른바 윌슨의 14개조 평화 원칙을 발표했다.

당시 거의 독일의 패망으로 마무리되어 가던 1차 세계 대전 후 세계 질서를 '이런 식으로 정하자'란 내용의 원칙이었다. 이 원칙의 제5조항이 그 이름도 유명한 '민족 자결의 원칙'이다. 세계 각 민족들은 스스로 운명을 결정하라는 것.

식민지 조선도 이 주장에 힘을 얻어 3·1 운동을 일으킨다. 그런데 냉엄한 국제 정치에 순수한 평화란 없다. 당시 윌슨이 주장한 민족 자결의 원칙은 1차 대전 패전국들의 식민지들 보고 '야, 너희들 이제 독립해. 우리 미국이 밀어줄게'란 것이었다. 승전국의 식민지에게는 해당 사항이 없었다. 그리고 놀랍게도 당시 일본은 1차 대전 승전국이었던 것!

승전국인 일본의 식민지 조선에는 슬프게도 해당되지 않았던 공허한 선언이었다.

1905년 1월 9일, '먹을 것을 주세요' 시위를 벌이던 비무장 농민·노동자 시위대에게 러시아군이 발포를 했다.

당시 러시아 수도 상트페테르부르크에서 무려 1,000명 이상 사망한 비극이 벌어진, '피의 일요일'로 불리는 날이다. 결론적으로 말하면 이 유혈진압으로 인해 제정(황제가 통치하는) 러시아는 결국 망한다.

기억하는가? 1905년이 어떤 해인지? 러일전쟁에서 러시아가 일본에 의해 거의 초토화되던 시점 아닌가? 당연히 러시아 민중들은 '먹을 것도 없는데 쓸데없는 전쟁까지 하면서 젊은이들은 죽어 나가고 있다'라며 황제에게 '제발 전쟁을 멈추어 주시고 우리에게 먹을 것을 주소서'란 읍소의 시위를 벌인 것이다.

당시 러시아 민중들 사이에선 황제가 곧 신이라는 믿음이 있었기 때문에, 당연히 신인 황제가 자신들의 호소를 자비롭게 받아 줄 것으로 믿었다. 그러나 돌아온 건 황제를 호위하던 군대의 총알이었다. 믿었던 신에게 배신당한 러시아 민중은 곧 혁명을 일으키고 러시아를 멸망시킨다.

폴란드 화가 보치에흐 코작의 〈상트페테르부르크의 피의 일요일〉
(Public domain | Wiki Commons)

1776년 1월 10일, 미국의 작가 토마스 페인이 《상식론》을 출간했다.

아직은 영국 식민지였던 미국은 1775년 영국군과 지금의 보스턴 부근에서 첫 교전을 벌인 이후 고민에 빠졌다. '과연 우리가 영국으로부터 진짜 독립을 해야 하는 건가? 감당할 수 있겠어?'란 고민.

사실 당시 대륙 식민지 주민들 대부분은 '독립은 너무 오버하는 거고 그냥 영국 본국으로부터 더 많은 자치권 정도만 받자'란 주장을 했다. 이렇게 독립운동이 지지부진하던 와중에 토마스 페인이 《상식론》이란 책을 낸다.

내용은 간단하다. '우리가 영국으로부터 독립하는 건 상식이다. 끝.' 이 책을 읽은 주민들은 '그래, 한번 독립 가 보자! 고고!'라고 마음을 고쳐먹고 영국과 치열하게 전쟁을 벌였다. 그리고 결국 독립한다. 그래서 이 책을 미국에선 '독립의 성경'이라고 부른다.

1851년 1월 11일, 중국 남부에서 한족 출신 홍수전이 태평천국의 난을 일으켰다.

'때려잡자, 만주족! 뒤집어엎자, 만주족의 청나라! 다시 일으키자 한족의 나라!'를 외치며. 그는 무려 14년 동안 중국 남부를 장악한 후 어엿한 나라까지 만든다.

1840년 영국과 아편전쟁으로 한판 붙은 후 크게 패한 청나라. 이후에 홍수전이 일으킨 이 전국구 규모의 내란으로 몰락행 KTX를 타게 된다. 홍수전은 '나는 하나님의 아들이고 예수님은 내 형님이다!'란 황당한 주장을 했는데 의외로 썩은 지푸라기라도 잡고 싶었던 당시 절망 속의 청나라 민중들에게 그 주장은 먹혔다. '하늘을 나는 서양 예수님의 동생이라는데 우리를 도와줄 거야!'라고 믿은 것.

물론 난을 일으킨 후 3,000만 명이나 내전으로 목숨을 잃은 후 14년 만에 청나라 정부군에게 진압당하고 말지만.

1950년 1월 12일, 당시 미 국무장관 딘 애치슨이
이른바 애치슨 라인을 선언했다.

지도를 보자. 이 긴 직선은 일본-오키나와-필리핀을 연결한 선인데 이 선의 바깥쪽(한반도, 대만 등)은 앞으로 전쟁이 나더라도 미국이 방어해 주지 않겠다고 선언한 것이다. 미국은 왜 그랬을까? 미국은 정말 한반도를 포기 했었을까?

당시 이승만 대통령은 이 애치슨 라인 안에 한국도 포함시켜 줄 것을 강력히 요구하기도 했다. 물론 무시당했지만. 그 배경엔 여러 가지 주장이 있지만 이유가 뭐든 간에 북한의 김일성은 애치슨 선언을 '기회다!'라고 생각했고 남침을 결심하게 되었다. 그리고 실행에 옮긴다. 6·25 전쟁의 발 발이다. 아휴…… 애치슨.

애치슨 라인

1898년 1월 13일, '프랑스의 양심' 에밀 졸라가 〈나는 고발한다〉란 글을 신문에 기고했다.

배경은 간단하게 이러하다. 1871년 독일(정확히는 프로이센)과의 전쟁에서 참패한 프랑스는 자존심에 엄청난 스크래치가 간다. '독일 따위에 지다니'란 절망. 복수 타임을 노리고 있던 프랑스는 엉뚱하게 한 유대인 출신 프랑스 포병 장교인 드레퓌스란 인물에게 화살을 돌린다. 프랑스군 기밀을 독일에게 넘기려 했다는 혐의를 씌운 것!

프랑스는 독일에게 당한 억울함을 힘도 백도 없는 유대인 출신 장교에게 뒤집어씌우려고 했다. 물론 곧 진범은 잡혔지만 프랑스 당국은 진범을 풀어준다. 왜? 그들에게 중요한 건 진범 체포 여부가 아니라 '희생양'이 필요했기 때문.

여기에 프랑스의 지성인 에밀 졸라가 '나는 고발한다! 프랑스의 털 난 양심을!'이라고 피를 토하며 자국 신문에 기고한 것. 나비 효과라고 했던가. 이 드레퓌스 사건 이후 유럽의 유대인들은 '안 되겠다. 우리만의 나라를 건국하자'라고 뭉쳤고 결국 이스라엘이 건국된다.

926년 1월 14일, 거란에 의해
발해가 멸망했다.

많은 분들이 '발해는 백두산이 폭발해서 망했다'라고 알고 계시는데 그 가설은 이미 사실이 아닌 것으로 결론이 났다. 당시 백두산이 폭발한 것은 맞다. 그래서 백두산 폭발 당시 화산재에 불타 버린 나무의 잔재를 조사해 보니 백두산은 정확하게 946년에 폭발한 것으로 나타났다. 발해가 멸망한 지 정확히 20년 후에 백두산이 폭발한 것이다.

관련 기록도 있다. 《고려사》를 보면 '946년에 개경에 엄청난 폭발음이 들렸다'란 기록도 있다. 즉, '백두산 폭발에 의한 발해 멸망설'은 아웃. 그럼 발해는 왜 멸망했을까? 안타깝게도 발해가 남긴 그들만의 기록은 거의 없다. 발해를 멸망시킨 거란의 기록에 전적으로 의지해야 하는데, 거란의 기록을 보면 발해의 마지막 모습은 다음과 같다. '이미 수도를 도망 나오는 피난 행렬이 길고 발해의 왕이 흰 소복을 입고 나와 스스로 항복했다.'

이것이 사실이라면 발해는 이미 오랫동안 내부에 권력 다툼이 있었고 왕까지 지쳐지쳐서 소복을 입고 투항했다는 추측이 가능하다. 그러나 누가 알겠는가? 타임머신을 타고 그날로 돌아가 직접 두 눈으로 보기 전까지.

2009년 1월 15일, US 에어웨이 1549편이
뉴욕 허드슨강에 불시착했다.

155명을 태운 이 비행기는, 미국 뉴욕 라과디아 공항을 이륙하자마자 새 떼와 충돌을 한 후 양쪽 엔진이 모두 꺼지는 비상 상황을 겪었다. 당시 비행기 기장이었던 체슬리 설렌버거의 정확한 상황 판단, 신속한 대처로 여객기 탑승객 전원이 무사 구조되는 기적이 만들어졌다.

이 감동의 스토리는 2016년 클린트 이스트우드 감독, 톰 행크스 주연 의 영화 〈설리: 허드슨강의 기적〉으로 만들어지기도 했다. 아, '설리'는 설 렌버거의 애칭이다.

기장의 정확한 판단과 대처로 탑승객 155명이 전원 구조된 일, 그건 기 적이었다. 또한 추락한 현장에 즉각 달려와 준 구조대원 1,200여 명의 신 속한 대처 또한 박수 받아 마땅하다. 영화 마지막에 실제 설리 기장과 생존 자들이 모두 나와 사고 당시 자신들의 좌석 번호를 하나둘씩 말하며 다 함 께 웃는 장면에서, 개봉 당시 극장의 많은 관객들은 눈물을 흘렸다.

한 조직과 사회에서 이처럼 리더 한 사람의 판단과 능력과 그 영향은 엄청나다. 아니라고? 수천만 명이 목숨을 잃은 2차 대전은 히틀러란 한 사 람의 오판으로 시작됐다.

1919년 1월 16일, 미국에서
금주법이 실시됐다.

1933년 이 법이 폐지될 때까지 미국은 무려 14년 동안이나 술을 못 마시는 나라였다! 그 배경은 간단하다. 청렴하고 절제해야 하는 청교도 교인들이 세운 미국이 술독에 빠져 사는 꼴을 미국 지도층이 볼 수가 없었기 때문.

미국도 초기 자본주의 사회에 들어가면서 노동자가 공장에서 열심히 일해야 하는데, 술에 절어 일도 안 하고 이웃이나 가족들을 두들겨 패는 일을 사회가 더 이상 용납할 수 없었다. 그런데 문제는 술을 마시지 말라고 해서 '아, 예, 알겠습니다. 술 끊겠습니다'라는 사람은 별로 없다. 몰래 또 마시지.

그럼 몰래 만드는 술값은? 부르는 게 값이 되었다. 그런 밀주 사업을 주도한 것은? 마피아다. 즉, 미국의 금주법은 엉뚱하게 마피아 주머니만 두둑하게 채워 준 꼴이 되었다.

1889년 1월 17일, 바로 앞에서 소개해 드린
금주법이 탄생시킨 마피아 재벌
알 카포네가 뉴욕에서 태어났다.

그는 밀주 팔이로 가장 많은 돈을 번 이탈리아계 미국 마피아다. 미국 금주법 당시 술이 합법이던 미국 바로 위 캐나다에서 술을 잔뜩 사서 몰래 미국 내에 유통을 해 엄청난 돈을 벌었다.

1933년 금주법이 끝난 후에는 의외로 '우유 유통'으로 대박을 친다. 미 전국에 만들어 놓은 밀주 판매 네트워크를 통해 술 대신에 우유를 유통시킨 것인데 냉장고도 없던 시절 '신선한 우유를 목장에서 짜서 바로 내일 아침 당신 식탁 위에!'란 광고로 히트를 쳤다.

그는 자신의 정적이 법정에서 자기에게 불리한 증언을 못 하도록 가족

알 카포네
(Public domain | Wiki Commons)

들까지 다 죽인 것으로 악명 높았다. 미 사법 당국은 이런 '법꾸라지'를 결국 탈세 혐의로 감방에 보내 버린다. 이 실화를 바탕으로 만들어진 영화가 바로 케빈 코스트너, 로버트 드 니로 주연의 〈언터쳐블〉이다. 언터쳐블(untouchable)은 '아무도 못 건드리는'이란 뜻이다.

1871년 1월 18일, 베르사유 궁전의 가장 화려한 거울의 방에서 프로이센의 빌헬름 1세가 통일 독일 황제로 즉위했다.

이것이 지금도 프랑스인들이 '최악의 치욕'으로 생각하는 사건이다. 1870년 당시 독일은 38개의 고만고만한 소국들로 쪼개져 있었다. 그중에서 가장 힘이 강했던 나라는 프로이센. 그런데 강해 봤자 38개의 '코흘리개'들 가운데서 가장 셀 뿐이다……라고 프랑스는 생각했는데, 막상 1870년 그런 프로이센과 전쟁을 하고 '유럽 최강의 프랑스'는 완패한다.

그리고 프로이센은 그 전쟁의 승리 선언을 적진 한가운데인 베르사유 궁전의 거울의 방에서 한다. 그것도 모자라 '이왕 파리에 모인 김에 여기서 독일 통일 선언을 하자'라고 하며, 진짜 해 버린다. 통일 독일 제국이 탄생한 순간이다.

그리고 프로이센 왕이던 빌헬름 1세는 통일 독일의 1대 황제가 된다. 프랑스의 자존심이 산산조각이 난 순간이었다.

1793년 1월 19일, 프랑스의 국왕
루이 16세가 사형 선고를 받았다.

자기가 왕 노릇을 하던 1789년 시작된 프랑스 혁명에 의해 단두대에 목이 날아간 그 운명이 이날 확정됐다. 사실 루이 16세는 전임 왕들에 비해서 그렇게 나쁜 왕이 아니었다. 오히려 루이 14세 등의 전임 왕들이 만들어 놓은 난장판을 뒤처리하려고 최대한 노력……은 하려 했다.

하지만 그는 '노력'만 할 뿐 계속해서 이상한 결정만 한다. 가장 큰 정책 판단 미스는 미국 독립전쟁에 프랑스가 돈을 대 주겠다고 선언한 것! 당시 프랑스의 가장 큰 라이벌이었던 영국이 신대륙에서 판치는 걸 눈 뜨고 볼 수 없어 '영국 식민지'였던 미국의 독립을 돕겠다고 한 것이다.

가뜩이나 자국 프랑스에선 돈이 없어 굶어 죽는 사람이 속출하는 상황에서 미국에 생돈을 퍼 준다니. 결국 프랑스 국민들은 혁명으로 들고일어났고 루이 16세는 단두대에서 목이 날아간다. '난 죄가 없는데 죽는다'란 유언을 남기고.

1969년 1월 20일, 리처드 닉슨이
미국 제37대 대통령으로 취임했다.

캘리포니아주에서 흙수저 중의 흙수저로 태어난 닉슨은 어릴 적부터 돈에 대한 한이 많았다. 머리는 좋아서 하버드대에 합격하고도 돈이 없어 등록하지 못한 이후 그는 '난 반드시 성공해서 돈을 긁어모으겠다'란 각오를 한다. 그리고 뼈를 깎는 노력 끝에 1960년 대통령 선거에 출마한다.

그러나 상대는 잘생기고 집은 재벌인 데다 학교는 자기가 돈이 없어 못 간 하버드 출신이었던 존 F. 케네디! 선거에서 케네디에게 진 닉슨은 '가진 자'에 대한 열등감으로 폭발 직전까지 간다. 그리고 '꼭 내가 대통령이 되겠다'란 한 맺힌 노력 끝에 1968년! 꿈에 그리던 대통령에 당선된다.

그 자리까지 가는 동안 너무 한이 맺혔던 것일까……. 불법 정치자금을 닥치는 대로 끌어모으기 시작한다. 그러다가 이른바 '워터게이트 사건'으로 대통령 자리에서 하야하는 수모까지 겪는다. 평생 피눈물만 흘렸다.

1793년 1월 21일, 프랑스의 루이 16세가
단두대에서 처형됐다.

사실 루이 16세는 그렇게 나쁜 왕은 아니었다. 돈이 없어 나라가 무너지고 국민들 먹을 것이 없어 굶어 죽던 프랑스를 어찌해서든 살려 보려고 노력은 했었다. 물론 그 노력이 아주 '택'도 없이 부족했었지.

어찌 보면 루이 16세는 억울할 것이다. 프랑스가 무너지기 시작한 건 전임자들, 특히 베르사유 궁전 등 초호화 건축물을 만들면서 나라 곳간을 거덜 내기 시작한 루이 14세의 책임이 크다. 어찌 되었든 '못 살겠다! 갈아 엎자!'로 시작된 프랑스 혁명 당시 왕은 루이 16세였고 최종 책임도 그의 몫이었다.

참고로 그의 목을 친 단두대는 아이러니하게도 루이 16세 본인이 최종 디자인을 한 것이다. 자신이 만든 단두대에 자기 목이 달아난 것.

프랑스 화가 이지도르 스타니슬라스 헬만의 판화. 루이 16세가 처형된 모습
(Public domain | Wiki Commons)

1901년 1월 22일, 영국의 빅토리아 여왕이
81세의 나이로 사망했다.

영국을 '해가 지지 않는 나라'로 만든 막강한 여왕이었다. 해가 지지 않는다는 건 전 세계에 영국 식민지가 다 깔려 있었다는 뜻. 1837년 영국의 왕이 된 빅토리아가 제일 처음 이룬 업적은 중국 청나라와의 아편전쟁이었다.

중국과의 무역 적자를 해소할 방법으로 뭐가 없을지 고민하던 영국. '아! 중국인들이 아편 좋아하지! 그럼 우리가 중국에 아편을 팔고 중국인들이 아편에 다 중독이 되어 버리면 우리 영국에게 아편을 달라고 아우성을 치겠지. 그러면 우리는 이제 떼돈을 벌 수 있다!'라며 시작한 역사상 가장 부도덕한 전쟁이 바로 빅토리아의 첫 업적이다.

결과는? 청나라는 폐허가 됐고 영국은 홍콩 등 중국 땅을 차지하게 된다. 아참, 인도를 영국 식민지로 만든 사람도 빅토리아 여왕이었다. 한마디로 '정복 여왕'이었다.

599년 1월 23일, 중국 당태종
이세민이 태어났다.

당나라의 두 번째 황제다. 맞다. 영화 〈안시성〉에서 볼 수 있듯이 고구려를 침공하려다 실패한, 우리 역사에도 자주 등장하는 중국 황제다.

당나라는 이세민의 아빠 이연이 건국했다……기보다, 이연은 그냥 바지 사장이고 실질적으로 당나라를 건국한 건 이연의 아들 이세민이었다. 당연히 '아빠 죽으면 다음 황제는 내가 되겠지. 히히'라고 생각했다. 그런데 아빠인 이연은, 큰아들인 이건성(절대 건성으로 산 사람은 아니다)을 다음 황제로 결정한다. 여기에 반발한 이세민은 큰형을 죽이고(그 큰형에 동조한 동생까지 죽인다) 무력으로 황제 자리를 차지한다.

집권 과정은 과격했지만 정치는 잘했다. 그래서 중국사에선 당태종 이세민을 성군으로 여긴다.

1972년 1월 24일, 태평양 괌에서 일본군 패잔병 요코이 쇼이치가 주민들에게 발각되어 체포됐다.

그렇다! 1944년 태평양 전쟁의 괌 전투 당시 밀려드는 미군을 피해 밀림에 들어가 27년 동안 과일이나 생선 등을 먹으며 숨어 살았던 것이다! 무려 27년 동안! 보통의 자연인은 명함도 못 내민다!

물론 그는 일본이 전쟁에서 졌다는 사실을 1952년쯤에 알았다고 한다. 그러나 '천황폐하를 모시는 황군이 포로로 잡힐 수 없다'란 미친(?) 신념에 밀림 속에서 숨어 살았다고 한다. 일본으로 돌아온 그는 여러 강연회에 나가 '내가 항복을 안 한 이유' 등의 내용으로 강의를 했고 또 1974년엔 일본 국회의원 선거 무소속으로 출마하기도 했다.

그놈의 '천황폐하 만세'가 뭐길래, 한 인간을 밀림 속에서 거의 30년 동안 야만인으로 살게 만들었을까.

1903년 1월 25일, 대한민국 독립운동가였던 일본인 가네코 후미코가 태어났다.

맞다. 영화 〈박열〉로도 유명한 조선의 독립운동가 박열 선생의 일본인 부인이다. 일본에서 태어난 후 조선에 건너와 살았다. 1919년 3·1 만세 운동을 직접 눈으로 본 후 조선들의 뜨거운 독립 의지를 깨닫게 된다. 그리고 다시 일본으로 건너가 박열 등 재일 조선인들과 손을 잡고 일본 안에서 조선의 독립운동을 펼친다.

박열과 가네코 후미코
(Public domain | Wiki Commons)

맞다. 일본의 입장에선 배신자였다. 하지만 후미코는 '내 양심이 시키는 일을 하겠다'라며 일본의 만행을 고발했다. 남편인 박열 선생과 함께 일본 황태자를 암살하려 했다는 혐의를 뒤집어쓰고 1926년 일본 교도소 안에서 의문의 죽음을 맞는다.

묘소는 박열 선생의 고향인 경북 문경시의 박열의사기념관 옆에 있다.

1962년 1월 26일, 《훈민정음 해례본》을 발견한 전형필 선생이 사망한 날이다.

우리에게 한글 창제 원리를 알게 한 분이다. 1906년, 조선 시대 갑부 집안에서 태어났다. 금수저 중의 금수저. 집안에 돈이 많으면 띵까띵까 놀 수도 있었지만 전형필 선생은 '왜놈들이 우리 문화재를 일본으로 가지고 나가는 걸 볼 수 없다'란 신념하에 개인 돈을 털어 우리 문화재를 싹 다 사들인다. 그리고 일제 강점기 때 우리나라 최초의 사립 박물관까지 연다.

전형필 선생 최고의 업적은 사라진 《훈민정음 해례본》을 발견한 것. 한글의 창제 원리, 과학적 근거 등을 설명한 책이다. 이전에는 한글이 있기는 한데…… 세종이 어떤 과정을 통해 만들었는지 알 방법이 없었다. 일제와 '누가 먼저 해례본을 찾나' 경쟁에 들어간 전형필 선생! 결국 일제보다 먼저 해례본을 손에 넣게 된다!

전형필 선생이 평생 모으신 우리 문화재는 서울 간송미술관에 잘 전시되어 있다. 간송(澗松)은 전형필 선생의 호로, 산골의 물에 있는 소나무를 뜻한다.

1868년 1월 27일, 근대 일본을 만든
무진전쟁이 시작됐다.

1868년이 무진(戊辰)년이기 때문에 무진전쟁이라고 부른다. 일본식 발음으로는 보신전쟁이라고 한다. 일본은 1854년 미국에 의해 강제 개항을 당한다. 이런 굴욕을 지켜보던 하급 사무라이들은 당시 일본을 통치하던 에도 막부 정권에 큰 불만을 가진다.

참고로 에도는 지금의 도쿄이고 막부는 군사 정권을 말한다. 즉, 에도 막부는 도쿄를 기반으로 한 군사 정권이란 뜻. 하여간 가진 건 '일본의 자존심'밖에 없던 하급 사무라이들은 결국 내전을 일으키고, 능력 없는 에도 정부를 몰아내기로 한다. 그 전쟁이 바로 무진전쟁이다.

결과는? 에도 막부는 무너지고 하급 사무라이들이 승리한다. 그리고 그들은 일본의 머리끝부터 발끝까지 다 서양식으로 근대화해 버리는 '메이지 유신'을 시작한다. '메이지(明治)'는 당시 일본 왕의 이름이고 '유신(維新)'은 '헌것을 새롭게 한다' 즉, '혁명'이란 뜻이다.

1932년 1월 28일, 이른바
상하이 사변이 일어났다.

1931년 만주를 침공해서 그 넓은 만주 벌판을 꿀꺽 먹은 일본은 점점 욕심을 부린다. 중국 대륙 전체를 손아귀에 넣고 싶었던 것. 중국 전체를 먹기 위해서 어디를 먼저 손을 댈까 고심하던 일본은 '아! 상하이를 먼저 먹자!'란 결심을 했다. 왜? 당시 상하이에는 이미 일본이 조계지(남의 땅에 들어가 실질적으로 점령한 곳)를 갖고 있었기 때문.

마침 그때 상하이에서 중국인들이 일본인들을 집단 구타하는 일이 발생한다. (일본의 자작극이라는 것이 정설이다.) 이걸 계기로 일본은 '상하이 일본 조계지의 일본인을 보호한다'란 구실로 대규모 병력을 상하이에 보낸다. 결국 중국(중화민국)과 일본은 상하이에서 치열한 교전을 벌인다. 이것이 바로 상하이 사변이다.

결과는? 일본의 실질적 승리로 끝난다. 아! 참고로 이 상하이 사변 승리를 기념하기 위해 1932년 4월 29일, 일본은 상하이 홍커우 공원에서 큰 행사를 연다. 이때 한 조선인 청년이 일본군 수뇌부를 향해 폭탄을 던진다. 바로 윤봉길 의사다.

1930년 1월 29일, 비운의 천재 문학가
천상병 시인이 태어났다.

'나 하늘로 돌아가리라'로 시작하는 시 〈귀천〉을 지은 작가 천상병은 '막걸리 시인'으로 잘 알려져 있다. 지인들로부터 돈 1,000원씩 빌려 막걸리 한잔하는 것에 행복을 느꼈던 순수한 시인 천상병. 그러나 1967년 발생한 이른바 동백림 사건에 연루되어 인생이 송두리째 망가진다.

1967년 박정희 정권은 정권 연장을 위해 부정선거를 강행했고 당연히 여론은 급속도로 나빠졌다. 국민의 눈을 다른 곳으로 돌리기 위해 박 정권은 '간첩단 사건'을 꾸며 낸다. 동백림(동베를린)의 한국 유학생들이 동베를린의 북한 대사관과 접촉을 해서 간첩 활동을 했다는 것. 여기 천상병 시인이 왜 연루되었냐고? 막걸리를 같이 먹던 지인 중 한 사람이 북한 대사관에 왔다 갔다 한다. 그걸 천 시인과의 술자리에서 자랑했다고.

그런데 수사 당국은 천 시인에게 '그걸 왜 신고 안 하고 숨겼어!? 너도 간첩이지!'라며 끌고 갔다. 심지어 얻어먹은 막걸리 값은 북한이 준 공작금으로 둔갑되었다. 아무 죄도 없이 6개월간 수사 당국에 끌려가 혹독한 고문을 당한 천 시인은 그 이후 불구가 되었다……

1968년 1월 30일, 베트남에서
구정 공세가 실시됐다.

베트남전이 절정에 달했던 1968년. 북베트남 지도자 호찌민은 전세를 역전시키며 미국을 꺾을 수 있는 한 방을 생각해 낸다. 바로 1968년 구정(설날) 당일, 남베트남 전역에서 일제히 미군과 남베트남군 관련 시설을 전격 공격하기로 한 것. (베트남도 우리와 같이 설날을 쉰다.)

그 전만 해도 밀림에 숨어 '치고 빠지고 숨는' 게릴라전 위주였는데 이제는 땅속에서 올라와 전면전을 구정 당일 딱 하루만이라도 해 보자는 것이었다. 이른바 구정 대공세!

물론 결론은 미국의 승리. 문제는 이 구정 대공세를 미국 방송사들이 거의 '생방송'으로 미국 전역에 송출한 것! 이기고 지고를 떠나 자기 아들딸들이 이역만리에서 총 맞고 죽는 걸 TV 생중계로 본 미국인들은 경악을 한다. 그리고 대대적인 반전 시위를 시작한다. 베트남전에서 미국이 몰락하는 순간이었다.

1812년 1월 31일, 조선 평안도에서
홍경래의 난이 일어났다.

평안도는 우리 역사에서 저주받은 땅이었다. 일단 고려 시대 몽골의 침략으로 평안도는 폐허가 된다. 또 고려 때 묘청의 난 등 반란이 일어나서 평안도는 또 작살이 난다. 고려 말에는 홍건적이 평안도를 가루로 만들어 버린다.

그래서 평안도 출신 양반이 아주 드물게 된다. 왜? 풀 한 포기 없는 땅에서 무슨 공부고 과거 시험인가. 그래서 고려 말, 조선 시대 내내 평안도는 차별을 받는다. '양반 배출도 못 한 상놈의 땅'이라고.

설상가상으로 1811년 평안도 지역엔 큰 흉년까지 들어 농민들은 더욱 고된 나날을 보낸다. 그래서 평안도 출신 홍경래란 자가 '어차피 죽을 거 싸워 보다가 죽자!'라며 난을 일으킨다. 바로 홍경래의 난이다. 물론 이 반란은 조선 정부군에 의해 100일 만에 진압이 되었다.

그리고 평안도는 더욱 차별을 받는다. 왜? '역적의 땅'이니까.

1월의 주요 역사

1793년 1월 21일

프랑스의 루이 16세가 단두대에서 처형됐다.
프랑스 혁명 당시 왕은 루이 16세,
최종 책임도 그의 몫.

1812년 1월 31일

조선 평안도에서 홍경래의 난이 일어났다.
난이 진압된 후 평안도는 역적의 땅으로
전보다 더 차별받는다.

1905년 1월 2일

일본이 요동반도 뤼순항의 러시아 해군 기지를 점령한다.
러일전쟁에서 일본이 승리하면서
우리나라는 사실상 일본의 식민지가 되었다.

1912년 1월 6일

뉴멕시코주가 미국의 제47번째 주가 되었다.
원래 멕시코 땅이었다.

1932년 1월 28일

상하이 사변이 일어났다.
중국과의 무력 충돌에서 승리한 일본이 훙커우 공원에서 기념행사를 열었는데,
이때 윤봉길 의사가 폭탄을 던진다.

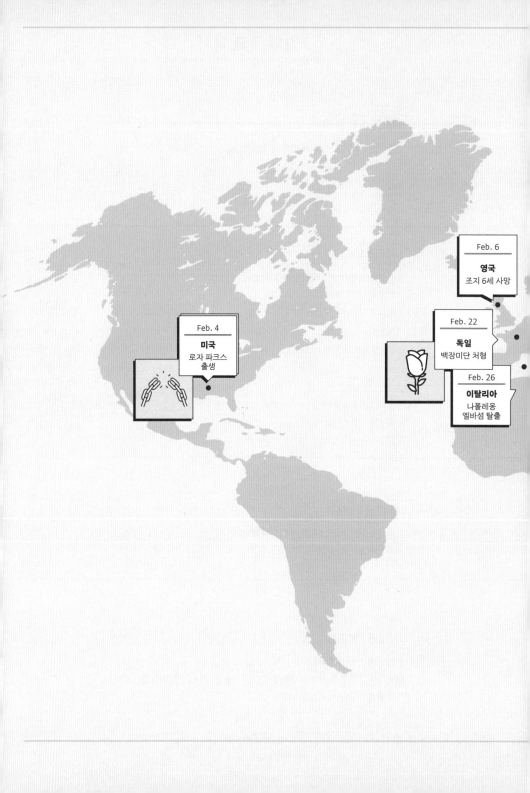

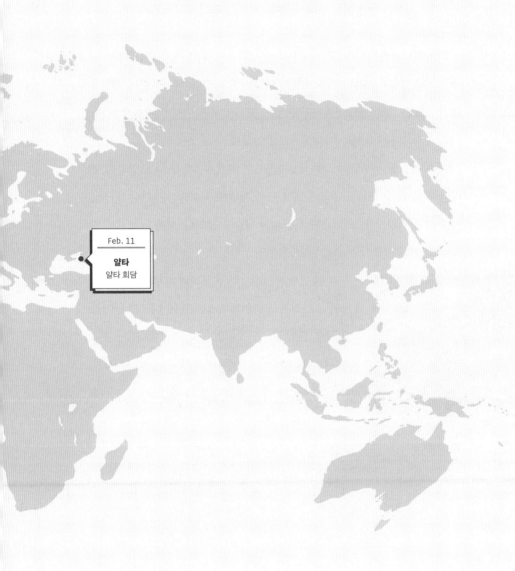

Feb. 11

얄타
얄타 회담

2월

1991년 2월 1일, 악명 높았던 남아프리카공화국의 인종 차별 정책 아파르트헤이트가 공식 폐지됐다.

아파르트헤이트(apartheid)는 분리·격리라는 뜻이다. 남아공은 백인, 그 중에서도 네덜란드계가 주축이 되어 만들어진 나라다. 네덜란드계 백인들은 스스로를 '보어'(네덜란드어로 농민이란 뜻)라고 부르면서 철저하게 그 땅의 선주민이었던 흑인들을 차별하고 억압했다.

어느 정도였냐? 백인이 흑인과 결혼하면 처벌. 아니, 두 다른 인종이 연애만 해도 처벌이었다. 그 과정에서 인종 차별에 항의하는 수많은 흑인들의 항의 시위가 있었고 엄청난 사람들이 목숨을 잃었다. 이때 등장한 사람이 바로 흑인 인권의 아버지 넬슨 만델라.

이런 말도 안 되는 인종 차별에 유엔도 남아공의 회원국 자격까지 박탈하며 항의했고, 미국도 남아공의 흑인 탄압을 중단하라고 강력 요구했다(뭐…… 자기도 그런 말 할 처지는 아니지만.) 결국 1991년 2월 1일, 남아공은 국제 사회의 압력에 두 손 두 발 다 든다. 공식으로 흑백 차별 정책을 철회한 것이다.

넬슨 만델라
(© Library of the London School of Economics and Political Science | Wiki Commons)

1848월 2일 2일, 미국과 멕시코 간 전쟁을 마무리하는 과달루페 이달고 조약이 체결됐다.

미국의 영토 확장 정책은 상당히 일관성이 있다. 일단 '달라고' 요구한 다음 상대가 거부하면 바로 '공격'이었다. 미국은, 한때 멕시코 땅이었던 텍사스(맞다. 지금 미국의 텍사스)를 1845년 반강제적으로 미국으로 합병을 해 버린다. 당연히 멕시코는 격분했고 1846년 미국과 전쟁을 벌인다.

결과는? 멕시코가 지도에서 지워질 뻔했다. 미국, 만만한 나라가 아니다. 멕시코, 졌으니까 이긴 미국에게 뭔가 내놔야겠지? 앞에서도 언급했지만(1월 6일 글) 그때 멕시코가 미국에 넘긴 땅이 지금의 캘리포니아, 네바다, 유타 등의 땅이다.

물론 미국, 땅값은 줬다. 1,500만 달러. 전문 용어로는 껌값이라고 한다. 그런데 왜 과달루페 이달고 조약이냐고? 이 조약이 체결된 곳이 멕시코 수도 멕시코시티 근처의 과달루페 이달고라는 동네라서 그렇다.

1868년 2월 3일, 일본의 정치인
미즈노 렌타로가 태어났다.

휴…… 일단 이 사람은 조선인을 극도로 증오했다. 왜? 혹시 서울역 구 청사 앞 광장에 가 본 적 있는가? 한 할아버지의 동상이 서 있다. 바로 강 우규 의사의 동상. 1919년 3·1 만세 운동 후에 조선 젊은이들의 수없이 죽 어 나가는 것을 본 강우규 선생은 새로 부임하는 사이토 마코토 조선 총독 을 제거하기 위해 남대문역(지금의 서울역) 광장에서 마차를 타고 나오는 총 독을 향해 수류탄을 던지셨다.

안타깝게 조선 총독은 무사했지만 그 옆에 있던 미즈노 렌타로는 다 리에 큰 부상을 당한다. 그래서 조선인이라고 하면 치를 떨었다고. 그 후 본국으로 건너가 일본 정부의 내무부 장관 자리에 오른 미즈노. 그러던 1923년 9월 1일, 일본 도쿄에 대지진(관동대지진)이 발생하고 민심은 흉흉 해졌다.

그 민심을 다른 방향으로 돌리기 위해 미즈 노 렌타로는 하지 말아야 할 짓을 했다. 바로 '조선인들이 우물에 독을 타고 집에 불을 지르 고 있다'란 언급을 한 것. 맞다! 관동대지진에 수많은 조선인들이 학살당하게 된 계기를 제공 한 원흉이 미즈노 렌타로다.

서울역 광장 강우규 의사 동상
(자료 제공처: 대한민국역사박물관 근현대사아카이브)

1913년 2월 4일, 미국의 인권 운동가
로자 파크스가 태어났다.

어디서 태어났냐? 미국에서도 가장 흑백 인종 차별이 심했던 앨라배마 주에서. 사건은 1955년 12월 1일, 앨라배마주 몽고메리란 도시에서 발생했다. 흑인 여성인 파크스가 버스를 타자 백인 기사가 '너, 흑인 여인! 자리를 백인 승객에게 양보해!'란 말도 안 되는 지시를 했고 격분한 파크스는 거부했다.

맞다. 당시 미국은 버스 안에서 흑인이 앉을 수 있는 자리가 따로 있었다. 어이가 없게도 흑인은 백인 자리에 못 앉았다. 버스 안에서도 흑백 분리! 결국 이 일 때문에 파크스는 경찰에 체포되었다. 이 사건은 결국 382일 동안 계속된 몽고메리 버스 보이콧(흑인들의 버스 안 타기 운동)으로 이어졌는데……

이때 그 유명한 마틴 루서 킹 목사가 같이 버스 안 타기 운동에 참가하면서 미국 흑인 인권 운동이 본격적으로 시작됐다. 즉, 파크스는 흑인 인권 운동의 어머니였던 것이다! 2005년 사망한 파크스의 장례식 날, 미국의 모든 공공기관은 조기를 걸고 그녀의 죽음을 애도했다.

1936년 2월 5일, 전설의 영화배우, 영원한 광대 찰리 채플린의 마지막 무성영화가 미국에서 개봉됐다.

바로 〈모던 타임스〉다. 일단 찰리 채플린이 할리우드에서 활동한 것은 맞지만 그는 태어난 곳도 영국이었고, 죽을 때까지 국적도 영국이었다. 우리에게 익숙한 광대 이미지와는 달리 채플린은 상당히 깨어 있는 지식인이었다. 특히 거대 자본주의의 폐해, 그리고 억압받고 권리도 못 찾는 노동자들의 현실에 상당히 비판적이었다. 그래서 만든 영화가 〈모던 타임스〉다. 줄거리는…… 직접 영화 한번 보길 바란다.

간단히 설명하자면, 거대 자본주의 사회에서 한 부품으로 전락한 불쌍한 노동자 스토리다. 당연히 미국 주류 사회는 채플린을 곱게 안 봤고 결국 1952년엔 '채플린은 공산주의자다!'란 누명까지 뒤집어씌워 미국에서 추방해 버렸다.

채플린의 인생을 보면 그의 명언 '인생이란 멀리서 보면 코미디지만 가까이서 보면 비극이다'란 말이 절로 나온다.

1952년 2월 6일, 영국의 국왕 조지 6세가 사망했다.

조지 6세? 그런 왕도 있었나……? 하시는 분들. 혹시 영화 〈킹스 스피치〉 보셨나? 말을 심하게 더듬어서 고통받았던 영국 왕? 바로 그 왕이 조지 6세다. 영화에선 콜린 퍼스가 조지 6세 연기를 했지.

이 조지 6세, 영국 역사에서 아주 중요한 인물이다. 왜? 2차 대전 당시 독일 히틀러와 맞서 싸운 왕이기 때문에. 엥? 당시 히틀러와 맞서 싸운 인물은 영국의 처칠 총리 아니었나……? 맞다. 하지만 그 처칠 총리 못지않게 당시 현직 왕으로서 영국인들을 하나로 똘똘 뭉치게 한 중심인물이 바로 조지 6세였다.

심한 말더듬으로 변변한 연설 하나 못 했다. 연설 한번 제대로 하려면 며칠을 연습해야 했다. 반면에 그의 라이벌이었던 히틀러는 달변 그 자체. 하지만 영국 국민들은 알았다. 라디오 방송에서 나오는 국왕의 떠듬떠듬한 연설 '영국..국민들..이여.. 우리 하나로.. 뭉치자..!' 그 연설을 위해 국왕이 얼마나 열심히 노력했는지를, 그리고 결정적으로 히틀러는 공습으로 도망을 간 반면 조지 6세는 독일의 런던 공습에도 '나는 버킹엄궁과 함께 죽겠다'란 선언을 하고 끝까지 런던을 지켰다.

안타깝게도 2차 대전 당시의 과로로 조지 6세는 1952년 사망을 했고…… 그 뒤를 이은 왕이 바로 엘리자베스 2세다. 조지 6세의 당시 25살짜리 딸이었다.

1906년 2월 7일, 청나라의 마지막 황제 푸이가 태어났다.

이미 망해 가는 종이호랑이 청나라의 마지막 황제로 베이징 자금성에서 즉위했는데 그때 나이가 겨우 3살! 맞다. 영화 〈마지막 황제〉의 그 주인공이다. 그가 청나라 제12대 황제로 즉위한 1908년의 아시아는, 1905년 러일전쟁에서 승리한 일본의 세상이었고 청나라는 언제 무너져도 이상하지 않을 그런 상황이었다.

결국 공화국인 '중화민국'을 만들어 낸 신해혁명의 결과로 청나라는 망하고 푸이도 1924년, 자금성에서 쫓겨난다. 그 이후 그의 삶은 '비루함' 그 자체였다. 일본이 만주를 침략하고 세운 허수아비 괴뢰국 '만주국'의 허수아비 황제 노릇도 했다. 왜? 청나라는 만주족이 세운 나라고 푸이도 만주족이었으니 명분은 있었지.

그 후 일본이 태평양 전쟁에서 패망하자 전범으로 붙잡히기도 했다. 그리고 중국으로 끌려와 정치범 수용소에서 힘든 하루하루를 보내다 공산당의 '배려'로 특별 석방된다. 그리고 말년에 암에 걸리는데 당시는 한창 문화대혁명으로 온 중국이 홍위병에 의해 초토화된 시기. 홍위병에 의해 '옛 청나라 반동 출신'으로 찍혀 제대로 치료도 못 받은 채 쓸쓸히 생을 마감한다. 영화 〈마지막 황제〉 안 보셨으면 꼭 보도록.

1725년 2월 8일, 러시아의 광개토대왕이자 세종대왕 표트르 1세가 사망했다.

유럽 변방의 촌 동네 같았던 러시아를 유럽의 강국으로 만든 인물이 바로 표트르 1세다. 워낙 업적이 화려해서 표트르 대제(큰 황제)라고도 부른다. 일단 그는 러시아가 잘살기 위해서는 무조건 '서유럽을 배워야 한다'고 생각했다. 수많은 사절단을 서유럽으로 보내 신문물을 배워 오게 했다. 심지어 그 자신도 가명을 쓰고 변장을 해서 직접 서유럽에 가서 기술을 배워 왔다. 또, 그는 러시아가 강대국이 되기 위해선 반드시 바다로 나가는 통로가 필요하다고 믿었다. 그리고 바로 발트해 점령에 나선다.

왜? 지도 한번 보자. 러시아가 대서양으로 가장 빨리 나가기 위해선 발트해를 장악해야 한다. 발트해 장악에 진심이었던 표트르 1세는 발트해 해안의 허허벌판에 새 수도를 세우기로 한다. 바로 상트페테르부르크다. 얼마나 새 수도 건설에 진심이었냐고? 도시 건설이 거의 마무리가 되었을 때 배를 타고 새 수도를 한번 둘러본다.

그때! 건설을 하던 한 병사가 물에 빠진다! '건설의 역군'을 잃을 수 없다는 신념에 표트르 1세는 직접 바다에 뛰어들어 그 병사를 건져 내려 한다. 그 과정에서 폐렴에 걸린 표트르 1세는 허무하게 사망한다.

러시아

상트페테르부르크

발트해 위치

1950년 2월 9일, 미국 공화당 상원의원 조지프 매카시가 '미국 곳곳에 공산주의자가 암약하고 있다!'란 주장을 했다.

수많은 공산주의자들이 미국을 전복시키려 한다는 그 주장에 의해 미국 사회에서 공산주의자를 색출해 낸다는 '매카시 광풍'이 시작됐다. 그날이 바로 1950년 2월 9일이다. 이에 각종 언론들은 사실 여부에 상관없이 '누구누구는 공산주의자다!'란 기사를 경쟁적으로 싣기 시작했다. 왜? 그러면 신문이 잘 팔리니까.

죄 없는 많은 미국인들이 뚜렷한 증거도 없이 공산주의자로 몰려 실직을 당하고 사회에서 매장이 되었다. 이 광풍의 결말은? 1953년, 이 광풍이 미국을 쑥대밭으로 만든 지 3년이 되자 미국인들은 슬슬 이런 마녀사냥에 지쳐 갔다. 결국 미 연방 대법원이 '공산주의자건 자본주의자건 그건 개인 선택이다. 국가가 개인 사상에 개입할 수 없다' 선언을 하면서 이 광풍은 막을 내렸다. 그럼 뭐 하나. 이미 수많은 희생자들이 미국 사회에서 매장이 된 후였는데.

2005년 2월 10일, 미국의 극작가
아서 밀러가 사망했다.

《세일즈맨의 죽음》이란 작품으로 대(大) 극작가란 타이틀을 얻는다. 줄거리는 대략 이렇다. 나이 60이 넘어서도 세일즈맨으로 하루하루 벌어먹고 사는 주인공. 결국 어렵게 얻은 직장에서도 나이가 많다는 이유로 해고당하고. 가족들에게 보험금이라도 남기려고 고의로 자동차 사고를 낸 후 사망을 한다……란 내용이다.

맞다. 정말 슬픈 스토리다. 자본주의 사회에서 나이가 들고 쓸모가 없어지면 우리는 어떻게 '팽' 당하는지를 보여 주는 작품이다. 이걸 쓴 사람이 아서 밀러. 두 번의 결혼 실패로 상처받았던 매릴린 먼로와 결혼도 했었다. 물론 먼로에게 더 큰 상처를 줬지만.

아서 밀러는 친구 보라고 한 쪽지를 썼다. '아무리 봐도 매릴린보다는 이혼한 내 전처가 더 나은 것 같아. 결혼한 것을 후회한다'란 내용. 이 쪽지를 우연히 본 먼로는 충격을 받았고 결국 인생 파탄의 길을 걷는다. 그렇다. 매릴린 먼로가 일찍(?) 죽음을 맞게 된 계기를 제공한 사람이 사실은 아서 밀러란 주장도 있다.

1945년 2월 11일, 흑해의 도시 얄타에서 얄타 회담이 마무리됐다.

얄타 회담은, 2차 대전 연합국 지도자들(미국, 영국, 소련)이 모여 '2차 대전도 이제 슬슬 정리가 되어 가는데 전후 처리를 어찌할까?'를 주제로 한 회담이다. 미국에선 루스벨트, 영국에선 처칠, 소련에선 스탈린이 나왔다.

소련? 스탈린? 맞다. 2차 대전 당시 소련은 미국과 같이 연합국이었다. 특히 이 회담에서 우리가 주목해야 하는 건 미국이 소련에게 '일본에 선전 포고를 하고 태평양에서 같이 좀 싸우자'란 부탁을 한 부분이다. 태평양에서 미국 혼자 일본과 싸우기 벅차니까 소련도 좀 함께 일본과 싸워 달라고 요청한 것이다. 그리고 일본의 식민지였던 조선을 미국과 소련이 대략 반씩 나눠 주둔하기로 결정한 것도 이 얄타 회담이다.

얄타 회담
(© Grambaba | Wiki Commons)

즉, 얄타 회담은 우리 민족의 운명에 지대한 영향을 미친 사건이었다.

1884년 2월 12일, 미국의 시어도어 루스벨트 대통령의 '구제 불능 딸' 앨리스 루스벨트가 태어났다.

아버지인 루스벨트조차 '난 앨리스의 아버지와 미국 대통령 업무, 두 가지를 동시에 할 수 없다'라고 한탄할 정도로 예의 없고 통제가 안 되는 딸이었다. 이 앨리스가 우리 역사에도 등장한다. 1905년 7월 일본과 미국은 '어이, 우리 일본은 미국이 필리핀 지배하는 거 인정하겠소. 그 대신 우리 일본이 대한제국을 지배하는 거, 미국도 인정해 주시오'란 말도 안 되는 비밀 밀약을 맺었다. 가쓰라-태프트 밀약이다.

미국의 특사가 일본을 비밀리에 방문하는데 이 일행 중에 앨리스도 있었다. 그냥 '일본이랑 동양 관광하고 싶어' 따라온 것이다. 일본에 머물던 앨리스, '망하기 직전의' 우리나라가 궁금했는지 우리나라 관광도 온다. 미국과 일본이 그런 밀약을 맺었다는 걸 전혀 몰랐던 고종은 앨리스 일행을 환대했다. '미국 공주에게 잘 보이면 미국이 대한제국을 도와줄 것이다'라고 믿었던 것. 불쌍한 고종.

앨리스가 우리나라 관광을 하고 몇 달 후 을사늑약으로 일본은 우리 외교권을 빼앗아 버린다. 미국의 묵인하에. 맞다. 앨리스도 일본이 우리나라를 곧 강탈할 것이란 걸 뻔히 알면서도 모른 척하고 고종의 극진한 대접을 받은 것이다. 앨리스는 또 우리나라에 머물던 중 죽은 명성황후의 능인 홍릉에 가서 수호석상 위에 올라타 사진을 찍는 등 만행을 부렸다.

1542년 2월 13일, 영국 왕 헨리 8세의
다섯 번째 아내 캐서린 하워드가 참수를 당했다.

헨리 8세! 아내와 이혼하기 위해 가톨릭 교황과 인연을 끊고 스스로 영국 국교(성공회)를 만든 인물! 왜? 가톨릭은 이혼을 허가 안 하기 때문에. 총여섯 번의 결혼을 한 '프로 결혼러'로 영화 〈천일의 앤〉 주인공으로도 등장한 왕이다!

그는 왜 결혼을 그렇게 많이 했을까? 이유는 단 하나. 바로 아들을 낳기 위해서였다. 만약 왕비가 아들을 못 낳았다면? 바로 참수였다. 시작은 그의 두 번째 부인 앤 불린이었다. 아들을 낳아 주겠다고 약속하고 헨리 8세와 결혼했지만 결국 아들을 못 낳았다. 결론은? 참수. 다섯 번째 아내 캐서린 하워드 역시 아들을 못 낳았다. 그러면? 사라져 줘야지. 또다시 결혼을 하기 위해서.

사라지는 데도 명분이 필요했다. 바로 왕비인 캐서린이 왕 몰래 다른 남자와 바람을 피웠다는 것. 실제 캐서린은 결혼 전 만나던 남자들과 몰래 사랑을 나눴다. 그게 헨리 8세한테 딱 걸린 것. 그리고 2월 13일, 간통죄로 참수를 당한다. 이듬해 헨리 8세는 새장가를 든다.

1766년 2월 14일, 영국의 인구학자
토머스 맬서스가 태어났다.

그는 《인구론》이란 책으로 유명하다. 책 내용은 간단히 다음과 같다. 인구는 무지막지한 속도로 증가한다. 그런 반면 식량을 만드는 속도는 느리다. 즉, 가만히 놔두면 지구상 못사는 나라의 못사는 인간들은 대부분 굶어 죽는다. 또 식량을 놓고 전쟁을 벌이다가 또 대부분 죽는다. 결국 '인구 폭발' 따위는 걱정 안 해도 좋다. 자연이 알아서 인구 증가를 조절해 준다…… 이런 내용이다.

이 책이 처음 나왔을 때만 해도 나름 묘하게 설득력 있는 주장이었다. 하지만 미래에 '과학 영농', '화학 비료로 무지막지하게 생산되는 농작물' 그리고 피임약 개발 등 과학의 힘으로 인구가 조절될 수 있다는 걸…… 그는 당시엔 몰랐을 것이다.

하여간 그의 주장은 후대 과학자들에게도 큰 영향을 미쳤다. 대표적인 케이스가 바로 찰스 다윈! '살아남는 놈만 살아남는다'란 적자생존 이론을 만드는 데 맬서스의 《인구론》이 큰 영향을 줬다.

1898년 2월 15일, 쿠바의 아바나항에 정박해 있던 미국 군함 메인호가 이유를 알 수 없는 폭발을 했다.

미국의 해군 수백 명이 사망했다. 그리고 미국은 이 사건을 핑계로 바로 스페인과 전쟁에 들어간다. 헷갈린다고? 쉽게 설명해 드리겠다.

당시 쿠바는 스페인의 실질적 식민지였다. 그런데 쿠바의 위치를 보면 미국 플로리다 남쪽으로 160킬로, 대략 서울에서 대전 정도 거리에 있는…… 한마디로 '미국 코앞'이다. 미국은 당연히 쿠바를 미국 영향권 안에 넣으려고 했고 스페인은 그걸 막으려고 했다. 미국 입장에선 이 분쟁을 끝내려면 스페인과 전쟁밖에 없는데 명분이 필요했다. 그래서 고의로 쿠바에 정박해 있던 자기네 군함을 폭발, 즉 자폭시켰다……는 설이 있다.

진위는 알 수 없으나 이 사건 직후 미국은 '스페인이 미국 군함을 폭파시켰다!'라며 대대적으로 선전한다. 그리고 바로 스페인과 쿠바에서 전쟁을 일으킨다. 그리고 미국이 이긴다. 이 전쟁 승리로 스페인은 미국에 쿠바, 필리핀, 괌을 넘긴다. 맞다. 여러분이 여름 휴가 가는 괌이 원래 스페인령이었는데 이 전쟁 이후에 미국령이 된다.

쿠바의 위치

1918년 2월 16일, 발트3국 중 하나인
리투아니아가 러시아로부터 독립했다.

발트3국이라고 하면 맨 위에서부터 에스토니아, 라트비아, 리투아니아를 말한다. 발트해를 끼고 있어서 '퉁쳐서' 발트3국이라고 부르는데 막상 그 동네 사람들은 그 명칭을 그리 반기진 않는다. 왜? 민족과 언어와 문화가 다 다르다. 한중일을 동북아 3국으로 묶는 것과 같다.

하여간 이 세 나라가 공통적으로 겪은 것이 있다. 바로 '러시아의 지배와 그 뒤를 이은 소련의 지배'다. 퉁틀어서 약 260년 가까이 러시아 지배를 받았다. 지금도 그 동네들이 러시아에 이를 가는 이유다. 하여간 오랫동안 러시아의 지배를 받다가 러시아가 볼셰비키 공산혁명으로 왕조가 무너진 다음 해인 1918년에 세 나라는 '잠깐' 독립을 한다. 그러다 다시 소련의 지배를 받다 소련이 무너진 1991년에 다시 완전한 독립을 한다.

각국이 1918년, 러시아로부터 독립한 날짜는 조금씩 다르다. 하여간 그중 리투아니아가 독립을 선언한 날짜는 2월 16일이며, 지금도 독립기념일로 매해 크게 기념하고 있다.

발트3국

624년 2월 17일, 중국 역사상 처음이자 마지막 여황제 측천무후가 태어났다.

당연히 중국에서. 5천 년 중국 역사상 '스스로' 황제에 오른 유일한 여인이다. 본명은 무조. 원래 당나라 태종 이세민의 눈에 띄어 궁에 후궁으로 처음 들어온다. 그런데 별 볼 일 없는 존재로 지내다가 갑자기 출세의 길을 걷는다. 언제? 당태종이 죽고 그의 아들이 당고종으로 즉위하면서다.

당고종은 아버지의 후궁이었던 무조에게 반하고 만 것이다! 그리고 자신의 여인으로 만든다. 즉, 친엄마는 아니었지만 한때 어머니였던 여인을 자신의 부인으로 만든 것이다! 물론 이런 과정들이 성공한 데는 모두 '권력욕'이 있었던 무조의 노력도 컸다.

황후 자리에 오른 무조! 결국 정적들을 다 제거하고 스스로 황제 자리까지 오른다. 그런데 측천무후는 무슨 뜻일까? '측천'은 황제나 황후 등이 죽은 후에 주는 '시호'다. 즉, 측천이란 시호를 가진 무씨의 황후란 말인데…… 아니! 언제는 황제라면서? 맞다. 원래는 '측천황제'라고 불렸으나 후대에 '여자 황제가 말이 되냐?'란 남성 위주의 역사가들이 황후로 격을 낮춰 버려 측천무후라고 불리게 되었다.

1546년 2월 18일, 독일의 종교 개혁가
마르틴 루터가 사망했다.

1500년대 로마 가톨릭은 부패할 대로 부패한 상태였다. 교회에 돈을 바치면 죄를 사해 준다는 뻥을 치면서 면죄부를 팔 정도였으니까. 일반 시민들은 교회의 그런 만행에 '정말 예수님이 그런 말씀을 하셨나요?'라고 질문을 해도 진실을 알 수 없었다. 왜? 모든 성경은 다 라틴어로 쓰여 있었고 인쇄기로 찍어 내는 성경이 아니라 일일이 다 손으로 쓰는 성경이다 보니 일반인들은 성경을 구할 수도 없었고, 구한다고 해도 읽을 수도 없었다. 그저 성직자들이 하는 말을 믿을 수밖에.

그런 '꼴'을 볼 수 없었던 독일의 신학자 마르틴 루터는 교황청의 만행을 지적하는 항의문을 쓴다. 교회는 '너 자꾸 그러면 파문시킨다'라고 위협하고. 파문…… 당시는 무서운 처벌이었다. 죽어서 절대로 천국에 못 간다는 것이니까. 그에 대해 루터는? 그러시든가……라며 쿨하게 무시하고 새로운 저항의 교회 '프로테스탄트', 즉 개신교를 만든다. 더 자세한 이야기는 이 책의 11월 10일 근에 담았다.

1945년 2월 19일, 태평양 한가운데 섬 이오지마에서
이오지마 전투가 시작됐다.

태평양 전쟁에서 미국이 발악하는 일본에게 마지막 최후의 일격을 날린 전투이다. 지도를 보자. 이오지마는 도쿄에서 남쪽으로 약 1,080킬로미터 정도 떨어진 일본 섬이다. 미군은 이 섬을 반드시 점령해야 했다. 왜? 미군 전투기들이 이륙해서 다이렉트로 일본 본토까지 날아갈 수 있는 거리의 섬이었기 때문.

일본은 사활을 걸고 이 섬을 사수하려 했고 미국도 총력전을 벌이며 이 섬을 점령하려 했다. 이 전투에서 일본군이 얼마나 악귀같이 미군을 괴롭혔는지 이 치열하고 잔인한 전투 끝에 '우리 미군이 일본 본토에 상륙하면 더 무섭게 덤벼들겠지. 이런 조그만 섬에서도 저렇게 죽자고 달려드는데. 일본 상륙 포기할까······'란 고민까지 했을 정도. (물론 결국 미군이 이 섬을 점령했지만.)

이 전투를 배경으로 한 영화도 많다. 대표적인 것이 클린트 이스트우드 감독의 〈아버지의 깃발〉 그리고 〈이오지마에서 온 편지〉다.

도쿄

이오지마

일본 도쿄와 이오지마의 위치

1878년 2월 20일, 과거와 현재를 이었다는 칭송을 받는 교황 레오 13세가 로마 가톨릭 교황으로 즉위했다.

시기적으로 1878년은 말 그대로 근대에서 현대로 넘어가던 시기. 특히 유럽 각국은 산업화로 노동자들의 인권 문제가 심각하게 대두되던 때였다. 노동자 인권이란 개념 자체도 없었지만.

그는 이전 교황과는 달리 적극적으로 자본주의와 산업화를 비판하고 노동자들을 보호하는 데 앞장섰다. 그래서 예수님 이후에 '없는 자들의 적'이었던, 심지어 돈 때문에 면죄부까지 팔던, 그래서 한 번도 소외된 자들을 챙긴 적이 없던 로마 가톨릭교회가 처음으로 노동자들의 지지를 받게 만들었던 교황이었다.

아니, 노동계급이 처음으로 '경외한다'란 말까지 한 교황이었다. 그리고 성경의 해석도 너무 정석대로 해서는 안 되고 시대에 맞게 유연하게 하자고 강조한 '열린 마음의 교황'이었다.

1972년 2월 21일, 미국의 리처드 닉슨 대통령이 중국 베이징을 전격 방문했다.

당시 '중공'이라고 불리던 중국에 미국 대통령이 가다니. 정말 충격적인 사건이었다. 한국전쟁 때 서로 총부리를 겨누고 싸웠던 적국의 심장부에 들어간 것이다. 현직 미국 대통령의 첫 중국 방문이었다.

왜 이런 무리수를 두었을까? 닉슨이 대통령에 당선된 건 딱 한 가지 공약 때문이었다. '내 임기 내에 베트남전을 끝내겠다'란 것. 즉, 그는 역사에 평화 대통령으로 기록되고 싶었다. 당시 미국은 베트남전이란 수렁에 빠지면서 슬슬 '지고' 있었다. 어떻게든 출구 전략이 필요했는데 닉슨은 적국이었던 중국을 전격 방문하면서 '봐라. 내가 뭐랬어? 베트남전 끝낸다고 했지? 그 약속 지키려고 적국인 중국과도 손을 잡으려고 해!'란 메시지를 던진 것.

결국 (닉슨의 바람대로) 베트남전에서 미국은 발을 뺐고 중국과는 핑퐁 외교 끝에 1979년 공식 수교를 한다.

1943년 2월 22일, 독일에서 반나치 단체인 백장미단의 단원들이 처형당했다.

모든 독일 국민들이 다 나치를 지지한 건 아니다. 양심적인 독일인들도 분명 있었다. 그중 하나가 바로 뮌헨대학교 학생들과 교수로 구성된 백장미단이었다. 폭력적으로 저항하지도 않았다. 나치의 만행을 적은 전단지를 돌린 것이 다였던 철저한 비폭력 단체였다.

뮌헨대 학생이었던 한스 숄 그리고 그의 여동생 소피 숄이 주도를 했는데, 한스가 당시 읽고 있었던 스페인 소설 《백장미》에서 이름을 따왔다. 나치는 이들 대학생들을 검거한 후 바로 사형을 집행했다. 처형당한 소피 숄은 겨우 22살이었다.

지금도 독일 뮌헨대학교에 가면 캠퍼스에 이늘의 비폭력 지향 성신을 기리는 조형물이 있다.

뮌헨대 본관 앞 건물 바닥에 새겨진 백장미단 기념 조형물
(Public domain | Wiki Commons)

1646년 2월 23일, 일본 에도 막부의 5대 쇼군인 도쿠가와 쓰나요시가 태어났다.

　자, 일본사 공부하면서 맥이 빠지는 것이 '무슨 시대, 무슨 막부' 이 부분이다. 간단히 이렇게 보면 된다. 앞의 '무슨'은 당시 실질적 수도 이름이다. 즉, 헤이안 시대는 헤이안(지금의 교토)이 수도였다. 그리고 뒤에 '막부(군인들의 막사)'가 붙으면 쇼군(장군)이 통치하는 '군사 정권'이라고 보면 된다. 즉, 에도 막부는 에도(지금의 도쿄)를 중심으로 한 군사 정권이라고 보면 된다.

　그럼 도쿠가와 쓰나요시는 왜 중요한가? 군인임에도 불구하고 불교와 유교를 바탕으로 일본을 통치했다. 즉, 일본에 유학이 정착하게 만들고 군사 정권임에도 불구하고 실제로는 일본을 '문민 통치'한 인물이다. 불교의 영향으로 동물을 아주 사랑해서 동물 살생 금지령을 내렸고, 특히 개를 너무 사랑해서 개를 버리거나 다치게 한 사람은 처벌했다. 너무 앞서 나갔던 것일지.

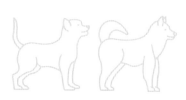

1637년 2월 24일, 병자호란 때 남한산성으로 도망간 인조가 결국 청태종 황제 앞에 무릎을 꿇고 절했다.

이른바 '삼전도의 굴욕'이다. 병원에서 하는 심전도(心電圖) 아니다. 삼전도(三田渡)다. 삼전도는 조선 시대에 서울과 남한산성을 이어 주던 나루로, 지금 잠실 롯데월드 부근이다. 다시 이야기로 돌아가 보자. 인조도 자존심이 있었는지 이 사건을 '정축하성'이라고 부르게 했다. 정축년(1637년)에 하성 즉, '성에서 내려왔다'라는 나름 인조만의 깜찍한 주장.

조선 27명의 왕 중 인조만큼 무능한 왕도 없었다. 26년 재위 기간 동안 같은 혁명(?) 동지였던 이괄이란 장수한테 뒤통수를 맞지 않나(이괄의 난), 정묘·병자라는 두 차례의 호란(오랑캐의 난)을 당하질 않나, 인질로 끌려갔다 고생하고 돌아온 아들 소현세자를 죽게 만들지 않나(독살했는지 논란은 있지만), 아들과 같이 고생하고 돌아온 며느리에게 사약을 내리질 않나, 어린 친손자들을 제주도로 유배 보내 죽게 만들지 않나.

어휴…… 여기까지 하겠다. 👓

1983년 2월 25일, 북한의 이웅평 대위가
미그 19기를 몰고 한국으로 귀순했다.

북한 레이더를 피하기 위해 북한에서 이륙하자마자 기수를 낮춰 고도 50미터를 유지한 채 시속 1,000킬로로 남하했다. 월남의 이유로는 '북한에서 남조선 라면 봉지를 봤는데 불량품은 교환해 준다는 말을 보고 감동했다. 그만큼 남조선은 인민들의 인권을 존중해 준다는 의미라 생각했다'란 주장인데 사실이 아니고, 실수로 김일성의 사진을 훼손한 후 처벌이 두려워 귀순했다는 것이 정설이다.

하여간 그때 끌고 온 미그 19기는 당시로선 최신예 전투기였기 때문에 우리 정부는 15억 원이 넘는 보상금을 이웅평 씨에게 줬다. 귀순 후 우리 공군 장교로 복무했는데 북에 두고 온 어머니 생각에 폭음을 자주 했고 결국 간 질환으로 47세의 젊은 나이에 세상을 떴다. 같은 민족 분단의 희생자였다.

1815년 2월 26일, 나폴레옹이 유배되었던 엘바섬에서 탈출을 감행한 후…… 성공한 날이다!

1789년 프랑스 혁명은 결국에는 '죽 쒀서 개 준' 결과만 남겼다. 루이 16세 왕을 죽인 후《레 미제라블》등으로 유명한 대혼란기를 겪은 후 결국 나폴레옹이란 인물이 다시 황제가 되는…… 즉 '왕국→공화국→황제국' 이 되어 버렸으니까.

웃기는 건 나폴레옹은 당당하게 국민투표로 황제가 된다. 프랑스 국민 들도 혁명 이후 10년 동안의 난장판을 못 견 뎠던 것이다. 다시 강력한 황제가 나타나 사 태를 수습해 주길 원했지. 하여간 황제로 집 권한 나폴레옹은 '유럽 정벌'이란 무시무시한 계획을 추진하다 결국 실패하고 이탈리아 앞 바다에 있는 엘바섬으로 유배를 간다.

거기서도 권력 욕심을 놓지 못하고 섬을 탈출해 파리로 돌아오지만 쿠데타는 실패! 이 번에는 아예 프랑스 근처에도 못 올 서아프리 카 앞바다의 세인트헬레나섬으로 '2차 유배' 를 가고…… 거기서 죽는다.

〈나폴레옹의 초상〉, 안드레아 아피아니 작품
(Public domain | Wiki Commons)

380년 2월 27일, 로마 황제 테오도시우스 1세가
기독교를 로마의 국교로 공식 선포했다.

　그리고 그 유명한 '성부와 성자와 성령'이라는 기독교의 중심 교리 '삼위일체'를 공식화했다. '가톨릭(보편성이란 뜻의 라틴어)'이란 이름으로 기독교를 부르게 한 것도 테오도시우스 황제다. 그러면서 기독교 이외의 모든 종교를 다 불법화한다.

　기독교(가톨릭)를 왜 국교로 정했나? 정치적인 이유에서였다. 이전에 기독교는 이미 로마에서 공인이 된 상태였다. 기독교를 믿는 걸 나라에서 허락해 준다는 뜻. 그러다 보니 기독교 인구가 점점 늘어났고 서기 380년경에는 로마 인구의 무려 80%가 기독교 신자가 된 것이다! 이들을 다 적으로 돌린다? 미친 짓이지. 차라리 쿨하게 기독교를 나라의 종교로 만들어 80%의 유권자들의 환심을 사는 것이 정치적으로 현명한 판단이었다.

1947년 2월 28일, 대만에서
2·28 대학살이 일어났다.

대륙에서 넘어온 중국인들 즉, 외성인이 원래 대만 원주민인 내성인을 대량 학살하는 사건이다. 1945년 대만도 일본으로부터 독립한다. 그리고 대만엔 당시 중국의 유일한 합법 정부였던 국민당 소속 국민당군이 대륙에서 넘어와 주둔하기 시작했다. 당연하지. 일본으로부터 독립해 다시 '중국 땅'이 된 대만에 중국 정부군이 들어가는 것은.

그러나 대륙에서 넘어온 국민당은 철저하게 대만 원주민을 차별하고 탄압한다. 그런 가운데 원주민 할머니 1명이 국민당 소속 치안 경찰에게 폭행당하는 일이 발생한다! 이에 격분한 대만 원주민들은 격렬하게 저항 시위를 벌이고…… 국민당군은 기관총까지 동원하는 무력 진압을 벌인다……. 무려 3만 명 이상의 희생자가 나왔다.

그 이후 국민당이 통치한 대만에선 이 사건 자체를 언급하는 것이 금기시된다. 이 비극을 그린 영화가 있다. 바로 양조위 주연의 〈비정성시〉란 영화다. 꼭 한번 보시기를.

1288년 2월 29일, 모스크바 공국의 대공 이반 1세가 태어났다(추정 날짜).

자, 여기서 이반 1세 덕분에 이것 좀 정리하고 넘어가자. 우리가 유럽사 공부할 때 가장 궁금하지만 막상 물어보기 애매했던 부분은 '공국(公國)'이 뭐고 '공작(公爵)'이 뭔지이다. 공국은 공작이 다스리는 땅이다. 그럼 공작은 뭐냐? 때는 4세기 로마로 거슬러 올라간다. 당시 유럽 북부에선 동양계로 추정되는 훈족이 중앙아시아로부터 밀려든다. 북부 유럽에 살던 게르만족은 기겁을 하고 남쪽으로 도주를 한다. 즉, 당시 로마 땅이었던 지금의 프랑스 지역으로 밀려 내려온 것. 당시 서부 유럽은 말 그대로 '야만인의 땅'이었다. 밀려드는 게르만족 때문에 골치가 아팠던 로마는 '야! 우리가 너희들을 로마 대장군으로 임명해 줄 테니까 우리 대신 서부 로마를 잘 지켜 줘' 하고 동쪽으로 이사를 가 버린다. 로마가 서로마, 동로마로 갈리는 순간이었다. 얼떨결에 로마 대장군이 된 게르만족 부족장들은 으쓱해진다. '나 이제부터 로마 대장군이야. 하하하!' 하면서.

그런데 주변을 둘러보니 개나 소나 로마 대장군들 아닌가! 이 로마 대장군을 영어로 하면 'Duke'라고 하고 이걸 한자로 번역한 것이 '공작'이다. 그리고 이 공작들은 자기가 맡은 땅을 바탕으로 그 유명한 '영주'로 발전한다. 이 영주들 가운데 가장 대장이 나중에 '왕'으로 발전한다. 즉, 공국은 '왕이 다스리는 왕국은 아니지만 그 밑에 있는 애매한 공작(영주)들이 다스리는 땅'으로 보면 된다. 맞다. 왕국이 만들어진 이후에도 거기에 소속되지 않거나 소속되더라도 어느 정도 자치권이 유지되는 공국들이 많았다. 유럽이 아직까지 강력한 통일 국가가 안 만들어지고 철저한 지방 자치가 유지되는 것도 이 공국의 전통과 영향 때문이다.

2월의 주요 역사

1815년 2월 26일

나폴레옹이 유배되었던 엘바섬 탈출에 성공한 날이다.
파리로 돌아오지만 쿠데타는 결국 실패.
세인트헬레나섬으로 유배되고, 그곳에서 생을 마감한다.

1913년 2월 4일

미국의 인권 운동가 로자 파크스가 태어났다.
흑인 인권 운동의 어머니였다.

1943년 2월 22일

독일에서 반나치 단체인 백장미단의 단원들이 처형당했다.
나치의 만행을 적은 전단지를 돌린 것이 전부였던 비폭력 단체였다.

1945년 2월 11일

흑해의 도시 얄타에서 얄타 회담이 마무리되었다.
2차 대전 이후 처리가 논의됐는데 일본의 식민지였던 조선을
미국과 소련이 반씩 나눠 주둔하기로 한다.

1952년 2월 6일

영국의 국왕 조지 6세가 사망했다.
2차 대전 당시 독일 히틀러의 런던 공습에도 끝까지 맞서 싸운 왕이다.

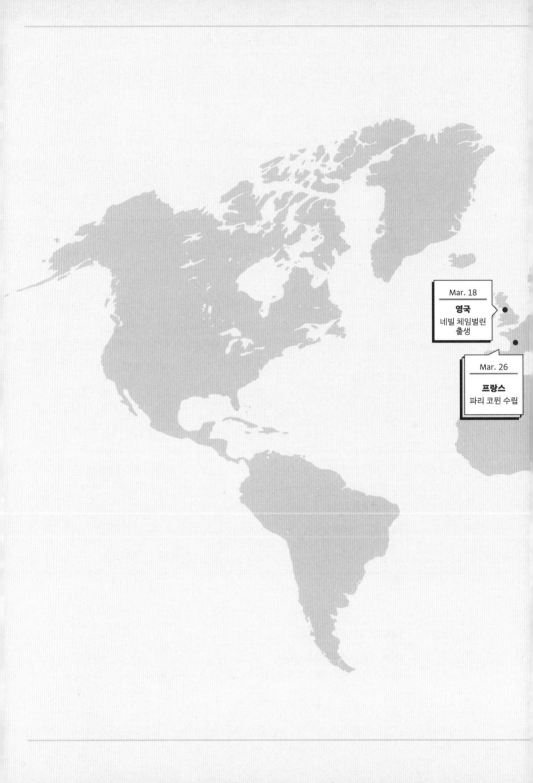

Mar. 18

영국
네빌 체임벌린
출생

Mar. 26

프랑스
파리 코뮌 수립

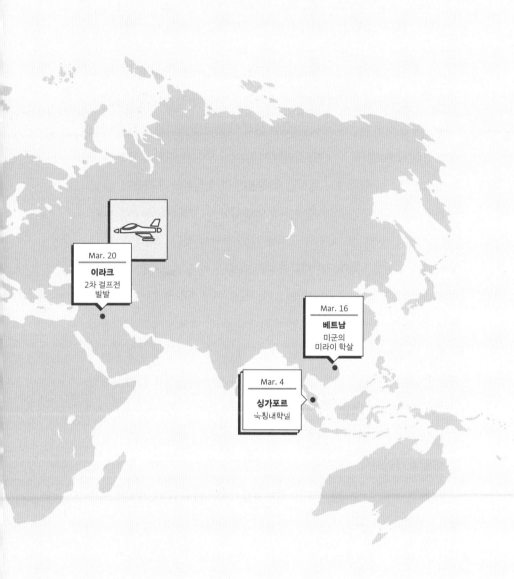

Mar. 20

이라크

2차 걸프전
발발

Mar. 16

베트남

미군의
미라이 학살

Mar. 4

싱가포르

녹칭내학실

3월

1974년 3월 1일, 미국 대통령 리처드 닉슨의 자진 사퇴를 촉발한 워터게이트 사건과 관련된 중요한 날이다.

워싱턴 D.C.의 대배심은 워터게이트 조사를 방해하기 위해 공모한 닉슨의 전 보좌관들을 기소했는데, 이날 닉슨은 비밀리에 기소되지 않은 공모자로 지명됐다. 닉슨은 미국 역사상 현직 대통령을 하다가 스스로 물러난 유일한 대통령이다. 가난한 집안에서 태어난 닉슨은 정말 공부를 잘했고 명문 하버드에 합격까지 했지만 등록금이 없어 입학을 포기했다. 그 대신 전액 장학금을 주는 자기 동네 대학을 졸업한 후 변호사로 활동을 했다.

하도 없이 자라다 보니 돈과 권력에 대한 집착이 컸다. 그래서 일찍 정계에 진출도 했고 1960년엔 드디어 대망의 대선에 도전했지만 케네디에게 진다. 닉슨은 돈 많은 케네디와 그의 소속 민주당을 증오하기 시작했다. 그리고 와신상담 끝에 1968년 대선에서 승리, 미국의 제37대 대통령 자리에 드디어 오른다! 그리고 바로 다음 대선, 즉 자기의 재선을 준비하는데 욕심을 부린 나머지 상대편 민주당 대선 준비 사무소가 있던 워싱턴 D.C.의 워터게이트 호텔에 도청 장치를 설치했다!

이 모든 것은 닉슨이 재선에 성공한 후에 세상에 공개되었다. 그리고 그는 대통령 자리에서 스스로 물러났다. 사실 닉슨은 워터게이트 호텔 도청을 안 했어도 쉽게 재선에 성공할 수 있었는데 무리수를 두다 미국의 흑역사를 쓰고 만 것.

1855년부터 1881년까지 러시아를 이끈
알렉산드르 2세가 이날 황제로 즉위했다.

이 양반, 러시아 역사뿐 아니라 세계사에서도 등장하는 여러 일들을 했다. 흑역사도 있고 밝은 역사도 있다. 먼저 흑역사. 이 양반이 바로 원래 러시아 땅 알래스카를 미국에 팔아넘긴 인물이다. 당시 알렉산드르 2세가 보기엔 물개와 북극곰만 살던 얼음 천지인 알래스카가 러시아 본토와 너무 멀고 아무 짝에도 쓸모가 없다고 판단, 1867년대 당시 720만 달러(현재 가치로 원화 약 1조 8,000억 원)에 팔아넘긴다.

엄청 비싸게 팔았다고? 어허! 알래스카를 미국에 팔고 몇 년 후 알래스카에선 석유가 터져 나왔다. 뿐만 아니라 전 세계 석탄 매장량 중 1/10이 그 얼음 밑에 까꿍 숨어 있었다는 것이 밝혀진다. 러시아 뒷목 잡을 일이었다.

자, 이젠 밝은 역사. 이 양반이 지금의 블라디보스토크가 있는 이른바 연해주를 중국 청나라로부터 얻어 낸다. 맞다. 여러분들이 대게를 먹으러 가끔 놀러 가는 블라디보스토크가 이 양반 때문에 러시아 땅이 된다.

알렉산드르 2세
(Public domain | Wiki Commons)

1991년 3월 3일 새벽, 흑인 운전자 로드니 킹이 백인 경찰관들에게 구타당하는 장면이 언론에 폭로됐다.

미국의 한 아마추어 카메라 기사가 캘리포니아 LA의 한 도로에서 백인 경찰관들이 로드니 킹을 곤봉으로 두들겨 패는 장면을 찍어 지역 언론에 보냈다. 그 집단 구타로 로드니 킹은 청력을 잃는다. 그만큼 정말 난폭하게 때렸다.

백인 경관들은 폭행 등의 혐의로 기소가 되었지만 다음 해 1992년 4월 29일, 전원 백인인 배심원단은 당시 로드니를 폭행했던 4명 중 3명은 무죄, 1명은 재심 판결을 내렸다. 이 모든 재판 과정을 숨죽이며 지켜보던 LA의 흑인들은 무죄 선고가 나자마자 LA에서 폭동을 일으켰다. 그 악명 높은 1992년 LA폭동이다.

이때 LA 코리아타운 90%가 불타고 무너져 내렸다. 그리고 LA 교민들은 자기 슈퍼마켓과 세탁소 지붕에 총으로 무장을 하고 올라가 흑인 폭도들과 맞서 싸웠다. 이른바 '루프탑 코리안(rooftop korean)'들. 이 글을 쓰고 있는 저자 썬킴도 그중 하나였다. 지금이야 웃으며 이런 이야기를 하지만 당시는 유서를 써 놨을 정도로 정말 무서웠다.

1942년 3월 4일, 당시 싱가포르에 살던 중국계 화교들이 일본군에게 학살당한 이른바 숙칭대학살이 끝났다.

1937년 본격적으로 중국을 침공한 일본은 같은 해 12월 당시 중국의 수도였던 난징에서 무려 중국인 30만 명을 학살하는 참극을 일으킨다. 이 소식은 전 세계 중국 화교들을 경악하게 만들었다. 그런 가운데 태평양 전쟁까지 일으킨 일본은 1942년 2월 15일, 기어이 당시 '일본의 적국' 영국이 통치하던 싱가포르까지 점령하게 된다.

난징대학살 소식에 일본인들에 대한 증오가 극에 달했던 싱가포르 화교들은 일본과 맞서 싸웠다. 그런데 무려 30만 명의 중국인들을 이미 죽여 본 일본은 최대 10만 정도였던 싱가포르 화교들을 우습게 봤다. 그리고 또다시 대학살극을 벌인다. 무려 5만의 화교들이 도륙을 당했다. 이것이 이른바 싱가포르 숙칭대학살이다. 숙칭(肅清)은 청나라를 숙청한다는 뜻.

싱가포르는 그래서 다른 동남아 국가들에 비해 아직까지 반일 감정이 상당하다. 당시 희생자들의 추모비가 싱가포르 도심 한가운데 있으니 나중에 한번 방문해 보자.

1770년 3월 5일, 미국 독립을 촉발시킨
보스턴 학살이 발생했다.

일단 그 앞의 역사부터 보자. 영국과 프랑스는 북미 대륙의 패권을 놓고 1754년부터 1763년까지 싸웠다. 결과는? 영국의 승리. 그때까지 지금의 캐나다는 프랑스 식민지였다. 그러나 이 전쟁에서 프랑스가 영국에 지면서 캐나다는 영국의 식민지가 된다.

하여간 이 전쟁에서 영국이 이겼지만 돈을 너무 많이 썼다는 것. 영국 정부는 당시 대서양 연안의 아메리카 영국 식민지(나중에 미국이 되는) 주민들에게 엄청난 세금을 부과하기 시작했다. '우리가 너희를 위해 전쟁까지 해 줬는데 세금은 더 내야지'란 논리로 말이다. 당연히 아메리카 식민지 주민들은 영국 정부에 부글부글 끓기 시작한다.

그러다가 1770년 3월 5일 보스턴 시내에서 아메리카 식민지 주민과 현지 주둔 영국군 병사들 사이에서 충돌이 일어나고 주민 5명이 죽는 일이 발생한다! 이른바 보스턴 학살 사건이다. 이 '학살(massacre)'이란 표현을

놓고 논란이 많다. 물론 안타까운 일이지만 5명이 죽은 걸 놓고 '학살' 표현이 적절하냐는 논란.

하여간 이 무력 충돌을 계기로 아메리카 식민지 주민들은 영국과 맞서 싸우게 되고 결국 영국을 몰아내고 신생 국가 '미국'을 건국한다.

보스턴 학살을 묘사한 그림
(Public domain | Wiki Commons)

1521년 3월 6일, 스페인의 탐험가 마젤란이 태평양 횡단에 성공하고 괌에 도착했다.

1492년부터 시작된 대항해 시대(이건 유럽인들이 자기들 역사를 멋지게 묘사하려고 만든 표현)는 사실 '후추' 때문에 시작되었다. 원래 후추는 남인도가 원산지인데 중동, 그러니까 인도와 유럽 중간에 이슬람 제국이 들어서면서 '남인도-유럽' 무역 노선이 끊겨 버린다. 당연히 인도에서 가장 먼 포르투갈과 스페인은 후추 구경도 못 하게 되었고 스스로 바다를 뺑 돌아 인도까지 가는 해상 루트를 개척한다.

원래는 지금의 남아공의 희망봉을 돌아 인도로 가는 루트를 주로 이용했는데 마젤란은 좀 엉뚱한 생각을 한다. '반대 방향으로 가 보자'란 생각. 그래서 대서양을 따라 쭉 남쪽으로 내려와 지금의 칠레 아래 바다를 돈다. 그래서 그 바다를 지금도 '마젤란해협'이라고 부른다. 그 바다를 돌자마자 엄청 고요하고 평화로운 바다를 만난다! 그래서 그 바다를 아주 평화로운 바다라는 이름의 '태평양'이라고 불렀다. 그리고 목숨을 걸고 태평양 횡단을 시작한다.

결국 1521년 3월 6일 지금의 미국령 괌에 도착한다. 태평양 횡단 성공이었다. 마젤란은 또다시 항해를 계속하다 지금의 필리핀에서 사망한다. 마젤란에 대해서는 이 책의 뒤에서(8월 10일 글) 더 재밌게 알아보자.

1936년 3월 7일, 독일의 히틀러가
베르사유 조약을 어기고 독일과 프랑스 사이의
비무장 지대 라인란트 지역을 다시 점령했다.

1차 세계 대전에서 영국과 프랑스, 그리고 미국 연합군에 패배한 독일은 '다시는 전쟁 안 하겠습니다'란 약속을 한다. 그 약속을 프랑스 파리 인근의 베르사유 궁전에서 했다고 해서 '베르사유 조약'이라고 부른다.

조약 내용을 보면 그냥 '독일, 너 그냥 굶어 죽어'일 정도로 독일 입장에선 너무나도 혹독했다. 그중에서도 '앞으로 독일은 치안 유지를 위해 필요한 최소한의 군대만 가질 수 있고 특히 프랑스와 국경 지대인 라인란트 지역은 비무장 지대로 둔다'란 내용도 있다.

1933년에 나치당을 통해 독일 권력을 잡은 히틀러에게 그 베르사유 조약이란 것은 눈엣가시였다. 그래서 슬금슬금 위반을 하기 시작하더니 결국 1936년 3월 7일, 라인란트 비무장 지대를 재무장시켰다! 2차 대전의 실질적인 시작이었다.

1944년 3월 8일, 일본 역사상 최악의 삽질 전투이자 소모전인 임팔 작전이 이날 시작됐다.

임팔(Imphal)은 현재 미얀마와 인도 사이 국경 지대에 있는 동네 이름이다. 때는 태평양 전쟁이 한창이던 1944년, 일본은 당시 영국이 통치하던 인도의 임팔 지역을 공격하기로 결정한다. 왜? 임팔에는 대규모의 영국군 군대가 주둔 중이었기 때문에.

문제는 그 작전을 지휘했던 일본군 사령관이 무타구치 렌야란 인간이었는데 일본군의 여러 가지 흑역사를 쓰신 분이다. 그 최악은 임팔 작전이었다. '우리 일본인은 초식동물이기 때문에 보급이 필요 없다. 밀림에서 풀 뜯어 먹으면 된다(실제 발언), 필요한 물품은 적군에게서 약탈해 쓰면 된다(실제 발언)' 등의 명언을 시전하신 결과, 이 작전에 참전했던 9만 명의 일본군 중 무려 7만 명이 밀림 속에서 죽거나 다치고 말았다. 물론 임팔까지 도착한 일본군은 단 한 사람도 없었다.

이 삽질 작전은 이런 말을 다시금 생각하게 한다. '무능한 지휘관은 용맹한 적군보다 무섭다.' 🐵

무타구치 렌야
(Public domain | Wiki Commons)

1945년 3월 9일, 미군의 무차별적인
도쿄 대공습이 시작됐다.

1945년이면 이미 태평양 전쟁의 승패는 결정된 상태였다. 미국의 승리, 일본의 완패. 미국은 계속해서 일본에 무조건 항복을 요구했지만 일본은 계속 거부. 결국 미국은 B-29 폭격기로 일본 수도 도쿄를 박살 내기로 결정한다. 당시 작전을 지휘했던 미국의 커티스 르메이 장군은 도쿄의 민간인들까지 다 죽이기로 결정했는데 그 이유는 '이 전쟁에서 무고한 민간인은 없다'였다. 도쿄 시내의 수많은 주택 안에서 가내 수공업으로 군복과 무기의 기본 재료를 만들고 있다는 주장이었다.

결국 사이판 미 공군 기지에서 발진한 B-29 344대는 1945년 3월 9일 저녁 10시, 총 2,400톤의 네이팜탄을 도쿄 상공에 뿌린다. 무려 2,000도 이상의 화염을 일으켜 주변을 모두 불태워 버릴 수 있는 폭탄을. 목조 건물이 대부분이었던 도쿄는 전체가 불바다가 된다.

10만 명의 도쿄 시민들이 불에 타 죽고 100만 이상의 이재민이 발생했다. 몇 개월 후의 원자폭탄 투하보다 더 무서운 결과였다. 일본은 이때 항복했어야 한다. 그러나 끝까지 버틴다. 그리고 몇 개월 후 인류 최초로 원자폭탄 공격을 당한다.

2006년 3월 10일, '발칸의 도살자' 전 유고슬라비아 대통령 밀로셰비치가 감옥에서 사망하기 전날이다.

지금의 발칸반도에는 1946년부터 1992년까지 유고슬라비아 연방 공화국이란 나라가 있었다. '남쪽 슬라브인들의 국가'란 뜻인데 말이 슬라브인이지 그 지역엔 원래 워낙 다양한 인종과 민족들이 세운 여러 나라들이 있었다. 이것을 요시프 티토란 공산 게릴라 출신 지도자가 강력한 카리스마로, 유고슬라비아라는 한 나라로 통합을 해 버렸다.

그런데 이 티토가 1980년 사망하자 그동안 수면 아래에서 부글부글하던 각 인종과 민족이 다시 서로 치고받고 하는 상황이 발생한다. 그러면서 각 민족과 나라들이 '우리 따로 살래!' 하며 독립을 선언하는 일이 발생해 버린다. 당시 유고슬라이바의 실권자는 밀로셰비치란 인물. 이 인간은 나라가 여러 조각으로 쪼개지는 걸 그냥 두고 볼 수 없어 분리 독립을 선언한 지역을 쳐들어 들어가 대량 학살을 저지른다. 이른바 유고슬라비아 내전을 일으킨 것이다.

무려 75만 명의 희생자가 발생했다. 그는 전범으로 헤이그 국제시법재판소에서 재판을 받는데…… 재판 도중 그만 감옥에서 죽는다. 누가 죽인 건 아니고 자연사였다.

1925년 3월 11일, 중국의 국부 쑨원이 유언을 남겼다.

이 쑨원이란 인물은 현재 대만(중화민국) 그리고 대륙의 중국(중화인민공화국) 양쪽에서 동시에 추앙받는 몇 안 되는 인물 중 하나다. 대만에선 정식 국부로 추앙을 받고 있고 중국에서도 각 도시의 중앙로 이름을 '중산로(中山路)'로 정할 정도로 존경받고 있다. 쑨원의 호가 중산이다.

평생을 청나라 타도를 외치며 민주 운동을 펼친 쑨원은 마침내 남부 중국에서 청나라를 몰아내고 1912년 중화민국의 임시 총통(우리나라의 대통령) 자리에 오른다. 아시아 최초의 공화국이 탄생하는 순간이었다.

중국 대륙에서 공화국이 탄생했다는 소식을 조선에서 짜장면 집을 하던 화교들이 듣고 '드디어 공화국의 봄이 왔네' 하면서 그걸 축하하기 위

공화춘의 내부 모습
(© 인천광역시 중구청 | 국가유산청)

해 짜장면 이름을 '공화춘(共和春)'으로 바꿨다. 지금 인천의 짜장면 박물관 이름이기도 하다.

쑨원의 유언은? '혁명은 아직 완성되지 않았다. 계속 노력해 달라'였다.

1938년 3월 12일, 나치 히틀러가
오스트리아를 강제 합병해 버렸다.

1933년 나치당을 통해 집권에 성공한 히틀러. 그 인간은 위대한 게르만 민족이 살 땅이 너무 부족하다고 느꼈다. 그리하여 유럽 정벌이라는 미친 계획을 세우는데 그 첫 단계가 바로 자기 고향 오스트리아를 합병하는 것이었다. 그렇다. 히틀러는 독일 사람이 아니라 오스트리아 사람이다!

그는 오스트리아 정부에게 제안한다. '어이, 좋은 말로 할 때 합병하자'라고. 당연히 오스트리아 정부는 거부한다. 히틀러는 1938년 3월 12일, 나치 병력을 이끌고 오스트리아 국경을 넘었는데 오스트리아 국민들은 이런 히틀러의 군대와 맞서 싸우는 것이 아니라 오히려 열렬히 환영하는 것이 아닌가! '오스트리아 출신이 독일로 건너가 총통이 된 후 금의환향하는 것'으로 본 것!

결국 히틀러는 오스트리아 수도 비엔나 광장에서 고향에 돌아온 소감을 연설한 후 오스트리아를 강제 합병해 버렸다.

1954년 3월 13일, 1차 인도차이나 전쟁에서 베트남의 승리를 결정지은 디엔비엔푸 전투가 시작됐다.

참고로 인도차이나는 베트남, 라오스, 캄보디아 3국이 있는 긴 반도를 말한다. 알다시피 베트남은 오랫동안 프랑스의 식민지였다. 2차 대전이 끝난 1945년 8월 이후, 대부분의 서구 국가들은(영국, 미국 등) 자기들 식민지를 독립시켜 줬다. 문명국가가 식민지를 가진다는 것이 '좀 그렇다'는 판단 하에.

그러나 프랑스는 베트남을 절대 포기할 수 없었고 결국 베트남 건국의 아버지 호찌민은 1946년 프랑스와 전쟁을 선포한다. 무려 8년을 끈 이 전쟁에서 베트남의 결정적 승리로 이끈 전투가 바로 디엔비엔푸란 산악 지대에서 벌어진 양국 간의 전투이다. 프랑스는 16,000명의 공수 부대까지 투입했지만 호찌민의 베트남군의 끈질긴 저항에 결국 참패를 한다. 결국 프랑스는 항복을 선언한다.

참, 1차 인도차이나 전쟁이 있다면 2차 전쟁도 있겠지? 2차 인도차이나 전쟁이 우리가 '월남전'으로 알고 있는 베트남과 미국과의 전쟁이다.

1879년 3월 14일, 물리학자 알베르트 아인슈타인이 독일에서 태어났다.

그의 업적 중 가장 중요한 건 뭐니 뭐니 해도 미국이 핵폭탄 제조 계획인 맨해튼 프로젝트를 시작하게 설득한 것이다. 독일에서 태어났지만 유대인이었던 아인슈타인. 1933년 히틀러가 나치 독재를 시작하자 미국으로 망명해 버린다. 그리고 동료 학자들로부터 듣는다. 히틀러가 핵분열을 이용한 핵무기 개발에 들어갔다고.

미국보다 히틀러가 먼저 핵무기를 손에 넣는다면 인류의 역사는 바뀌게 된다! 결국 미국의 여러 학자들과 아인슈타인은 미국의 루스벨트 대통령을 설득했다. 미국이 먼저 핵무기 개발을 해야 한다고. 결국 미국은 독일보다 앞서 인류 최초로 핵무기 개발에 성공한다.

참고로 아인슈타인은 세계여행에 진심이었는데 1922년 일본을 방문해 깊은 인상을 받았던 것 같다. 아들들에게 이런 편지를 보낸다. '일본인들은 겸손하고 총명하고 사려 깊고 예술적이다'라고. 뭐, 그렇다고.

기원전 44년 3월 15일, 로마의 독재자
카이사르가 암살됐다.

아주 간단히 암살 이유를 말씀드리면 '너무 튀는 행동'을 했다. 시저는 황제는 아니지만 종신 독재가 가능했던 독재관(dictator)이란 타이틀이 있었다. 그리고 그는 역사에 위대한 인물로 남길 원했다. 그래서 땅을 일반 주민들에게 골고루 나눠 주고, 곡물도 시장 가격보다 훨씬 싼 가격에 풀고 실업자들에게 일자리를 나눠 주었고 별의별 무료 오락거리까지 제공했다.

이런 카이사르의 행동에 불만을 품은 이들이 있었다. 바로 로마 기득권층. '저 자식은 뭔데 지 혼자 잘났다고 저리 마음대로 하나? 원래 땅과 재물과 인기는 우리 기득권층 것 아니야? 안 되겠는데. 더 나대기 전에 죽이자'란 생각까지 하게 된 그들. 결국 한 회의장에서 회의를 주재하던 카이사르를 칼로 수십 차례 찔러 죽인다. 암살에 가담한 인물 중엔 카이사르가 아들같이 예뻐했던 브루투스란 인물도 있었다.

카이사르는 그를 보고 이런 말을 했지. '브루투스, 너마저?'

1968년 3월 16일, 베트남전 당시 미라이 마을에서 미군이 비무장 민간인을 학살한 사건이 일어났다.

1968년 정초부터 베트콩의 대대적인 반격으로 큰 타격을 받은 미국은 보복 반격에 들어갔다. 베트콩이 지나갔거나 머문 것으로 추정되는 민간인 마을의 대대적인 수색에 들어간 것. 그 과정 중 미라이 마을에서 '묻지마 대학살'을 벌였다. 노인, 부녀자, 아기들 포함 500여 명의 희생자가 나왔다. 마을 여인들을 무차별 성폭행 살해했다. 갓난아기를 안고 있던 젊은 엄마도 학살을 피해 갈 수 없었다.

이 학살은 군 작전 수행 중 불가피한 민간인 희생이 아니었다. 일방적인 도륙이었다. 군 당국은 은폐를 시도했지만 학살이 세상에 폭로되자 22명의 미군이 전범 혐의로 기소됐다. 하지만 학살을 지휘했던 윌리엄 켈리 중위 혼자만 유죄 판결을 받고 종신형을 선고받았다. 하지만 얼마 후 가택 연금으로 감형을 받았고 이마저 3년 후 해제되고, 그는 석방되었다.

미라이 학살 사건 위령비
(© -JvL- from Netherlands | Wiki Commons)

1537년 3월 17일, 일본에서
도요토미 히데요시가 태어났다.

맞다, 임진왜란을 일으킨 그 인간 말이다. 어릴 적 아버지 없이 비천한 신분의 어머니 밑에서 생고생을 하고 자랐다. 일찍 가출해서 방랑 생활을 했다. 그러다가 정말 비상한 머리로 일본 최고 권력자 자리에 오른다.

당시 일본은 무려 100년 동안이나 각 지역의 영주들이 내전을 벌이던 전국 시대였다. 이 난장판을 정리하고 일본을 통일한 업적을 세운 것. 그는 일본을 통일하자마자 바로 조선과 명나라 침공을 시작한다. 왜? 통일을 했다곤 하지만 지금 자기 밑에서 머리를 숙이고 있는 옛 영주들은 불과 몇 년 전만 해도 자기한테 맞서 싸우던 각 지역의 사실상 왕이었다. 즉, 언제든지 다시 반란을 일으킬 수 있던 상황이었단 말이지.

그래서 도요토미는 또 다른 전쟁을 준비했다. 그 영주들의 관심을 다른 곳으로 돌리기 위해. 그것이 바로 임진왜란이었다. 이순신 장군 등의 활약으로 일본이 패전을 당하기 직전, 도요토미는 전쟁 중에 사망한다.

1869년 3월 18일, 히틀러에게 뒤통수를 맞게 되는 무능한 영국 총리 네빌 체임벌린이 태어났다.

1937년 영국 총리가 된 체임벌린이 가장 먼저 해야 했던 일은 바로 다시 세계 대전을 준비하던 히틀러를 말리는 일. 하지만 영국도 코가 석 자였던 상황. 1차 대전의 승전국이었지만 영국 또한 나라가 거의 구석기 시대로 돌아갔을 정도로 망가진 상태에서 딱히 전쟁광 히틀러를 막을 방법이 없었다.

그래서 체임벌린이 한 선택은? 히틀러의 말을 믿는 것. 히틀러는 영국의 체임벌린 총리 등을 독일 뮌헨에 초대해 '나는 전쟁을 일으킬 생각이 없다. 걱정 마라' 하며 안심을 시키고 서명서에 사인까지 했다. 그 악명 높은 뮌헨 협정이다.

히틀러의 이 거짓말을 철석같이 믿은 체임벌린은 런던에 돌아와 진정한 평화의 시대가 열렸다고 연설했다. 그리고 얼마 후 히틀러는 2차 대전을 일으켰다.

1938년 9월, 뮌헨에 도착한 체임벌린
(© Bundesarchiv, Bild 183-H12967 | Wiki Commons)

1279년 3월 19일, 지금의 홍콩 부근 바다에서
남송의 군대와 몽골 원나라 군대가 최후의 일전을 벌였다.

이 전투에서 남송이 지면서 송나라를 포함한 남송은 역사 속으로 사라진다. 남송은 송나라가 망하고 남쪽으로 도망가서 세운 왕조이다. 그리고 유목 민족이 처음으로 중국 대륙 전체를 지배하게 된다.

남송의 군은 애산 앞바다에서 몽골군과 처절한 해전을 펼쳤지만 전 세계를 점령한 몽골의 기세를 꺾지 못했다. 당시 남송의 재상(국무총리)은 육수부란 인물이었는데 나라가 망하기 직전 배 위에서 겨우 8살짜리 어린 남송의 황제를 껴안고 바다로 뛰어들었다. 남송이 멸망한 순간이었다. 어린 황제는 울면서 외쳤다. '살고 싶다'라고.

해전이 끝난 후 무려 10만 명의 남송군 시신이 바다 위에 떠올랐다고 한다. 지금 홍콩 근처 바다였다. 나중에 홍콩에 가면 어린 황제의 마지막 절규를 한번 생각해 보자.

2003년 3월 20일, 미국의 조지 부시(아들 부시) 대통령이 전격적으로 이라크를 침공했다.

2차 걸프전의 시작이다. 1991년에 아버지 조지 부시 대통령이 일으킨 1차 걸프전에서 미국은 이라크 독재자 사담 후세인을 제거하지 못했다. 겨우 살아남은 후세인은 미국을 골탕 먹이려 여러 가지 조치를 취했다. 대표적인 것이 바로 '국제 석유 결제를 미국 달러가 아니라 유럽의 유로화로 하기로 한' 것.

당연히 미국 달러화의 가치는? 폭락했다. 후세인은 미국 입장에선 건드리지 말아야 할 두 가지를 동시에 건드렸다. 석유와 미국 달러화. 결과는? 바로 미국의 2003년 이라크 침공이었다. 미국은 무려 한화 170억 원의 현상금을 걸고 후세인을 추격했고 결국 2003년 12월, 그는 생포된다. 그리고 2006년 12월 30일, 후세인은 교수형에 처해진다. 왜? 당시 이라크법에 나이 70이 넘으면 사형을 면제해 줬다. 2007년이면 후세인이 70살이 되기 때문에 연말에 전격 사형을 해 버린 것.

1927년 3월 21일, 중국 공산당이
상하이에서 무장봉기를 일으켰다.

1840년 일어난 아편전쟁에서 영국이 승리하면서 상하이는 강제 개항을 당했다. 뭐, 그 결과가 나쁜 것만은 아니었다. 왜냐하면 상하이는 급속도로 서구화, 자본주의화되면서 중국에서 제일 잘사는 동네가 된 것. 회사도 들어오고, 공장도 들어오고. 그러다 보니 자연스럽게 노동자 문제도 슬슬 생기기 시작한 것이다.

1921년 상하이에서 중국 공산당이 창당된 것은 당연한 결과였다. 중국 공산당은 상하이에서 주도권을 잡기 위해 무장봉기를 시도한다. 1926년 9월, 1차 시도, 실패. 1927년 2월, 2차 시도, 실패. 그리고 대망의 1927년 3월 21일, 중국 공산당은 결국 상하이에서 무장봉기를 일으키고 상하이의 일부 지역을 장악한 후 '공산당 시민 정부'까지 수립하게 된다. 이 사건 이후 중국 국민당과 공산당은 중국 대륙 패권을 놓고 본격적인 결전을 시작하게 된다.

여담이지만 두 세력 간 대결의 결과는? 공산당의 승리. 패배한 국민당은 지금의 대만으로 쫓겨 가고 공산당은 1949년 10월 1일, 중국 대륙에 중화인민공화국을 수립한다.

1916년 3월 22일, 중화제국 황제이자 중국 역사상 마지막 황제 위안스카이가 황제 자리를 내놓고 물러났다.

이 인간, 우리나라 역사에도 등장한다. 1882년 조선에서 구식 군대가 반란을 일으킨 이른바 임오군란이 일어나자 진압을 위해 청나라는 군대를 조선에 파병한다. 그리고 조선을 자기 마음대로 쥐락펴락하기 시작한다. 그 와중에 일종의 '주 조선 청나라 대사'로 위안스카이가 조선에 들어왔다. 20대 팔팔하고 건방진 청년이었는데 조선 고종을 마치 자기 신하 다루듯 시건방진 태도로 대해 고종이 격분하기도 했다.

하여간 1911년 중국에서 신해혁명이 일어나 대륙의 남쪽에 중화민국이 들어선다. 아직 대륙의 북부는 청나라가 살아 있었다. 당시 청나라의 실권을 어린 황제가 아니라 이 위안스카이가 쥐고 있었는데 남쪽에 중화민국을 세운 중국의 국부 쑨원이 한 가지 제안을 한다. '어이, 북쪽의 위안스카이! 당신이 청나라의 마지막 숨통을 끊어 준다면 당신에게 중화민국 총통 (대통령) 자리를 줄게'란 제안을. 위안스카이는 그 제안을 받아들이고 청나라를 멸망시킨다. 그리고 중화민국의 총통 자리에 오른다.

그런데! 욕심이 생겼는지 갑자기 자기가 '중화제국'이란, 황제가 다스리는 나라를 세우고 스스로 황제 자리에 오른다. 민주공화국의 맛을 본 중국 민중은? '이 미친 놈 몰아내자!'라며 전국적인 저항 운동을 시작한다. 결국 위안스카이는 1916년 3월 22일, 눈물을 흘리며 황제 자리에서 내려온다. 그리고 몇 달 안 가서 화병으로 죽는다.

1022년 3월 23일, 송의 제3대 황제
진종이 사망했다.

진종은 중국 역사상 과거제도를 본격적으로 실시한 황제다. 과거제도, 좋은 제도. 하지만 너무 강조를 하다 보면 부작용이 하나 생긴다. 바로 과거에 합격한 문관들(문과생들)은 엄청 좋은 대접을 받는 반면 무관(장군들)은 푸대접을 당하게 된다는 것. 결국 진종 때 송나라의 국방력은 무너지기 시작한다.

당시 송나라 북쪽에는 거란족이 세운 요나라가 세력을 점점 키우고 있었다. 맞다. 우리 역사 고려-거란 전쟁에 등장하는 그 거란의 요나라 말이다. 20만 대군을 이끌고 송나라를 침공한 요나라 대군의 기세에 눌려 버린 진종 황제는 바로 바짝 엎드리고 '우리 이렇게 싸우지 말고 화해하자. 그 대신 우리 송나라가 요나라의 동생 국가가 될게. 아직 만족 못 해? 그럼 우리 송나라가 매년 요나라에 막대한 은을 바칠게. 콜?'이란 제안을 한다.

나쁠 것이 없었던 요나라도 진종의 그 제안을 받아들이고 문서에 서명한다. 그 합의서에 사인한 곳이 전연(澶淵)이란 곳이어서 이 합의를 '전연의 맹세'라고 부르는데 중국 한족 입장에선 북방 유목 민족을 '형'이라고 부르게 된 최악의 수치 중 하나이다.

1603년 3월 24일, 영국 여왕
엘리자베스 1세가 죽었다.

죽을 때까지 결혼을 한 번도 안 했다. 그 유명한 말을 했다고 하지. '나는 국가와 결혼했다'란 말. 그래서 별명이 처녀 여왕(Virgin queen)이었다.

당시 아메리카 대륙은 스페인의 거의 독무대였다. 특히 남미는 스페인이 거의 다 꿀꺽한 상태. 즉, 당시 국력을 보면 영국은 스페인에 명함도 못 내밀던 상태였다. 그런 상황이 못마땅했던 엘리자베스 여왕은 프란시스 드레이크란 해적에게 남미에서 돌아오는 스페인 배들을 노략질할 것을 공식 명령한다. 맞다, 여왕이 해적에게 왕의 명령으로 도둑질을 시킨 것이다. 그만큼 영국은 스페인에 비하면 거지 국가였다.

이런 상황이 진짜 마음에 안 들었던 엘리자베스. 스페인이 점령한 남미 말고 더 북쪽을 탐사하도록 한다. 그래서 결국 영국인들이 북아메리카 대륙에 상륙을 하게 되고, 그들은 그 새로운 땅 이름을 여왕의 별명을 따서 버지니아(Virginia)라 부르기 시작했다. 처녀의 땅이란 뜻. 맞다, 미국 버지니이의 시작이었디.

1905년 3월 25일, 히틀러를 암살하려 했던
독일군 장교 알브레히트 크비른하임이 태어났다.

맞다, 독일군 장교가 독일의 히틀러를 암살하려고 했던 일이 있었다. 처음엔 나치 독일을 지지하며 히틀러의 군대에 입대했으나 시간이 흐르면서 점점 히틀러의 만행을 보고 '이건 아닌데……'란 생각을 하기 시작한다.

그리고 1944년, 독일이 점점 패망의 길을 걸을 때 '미친 히틀러 하나만 제거하면 이 전쟁은 끝난다'란 생각에 군대에서 절친이었던 클라우스 폰 슈타우펜베르크 대령과 함께 히틀러 암살을 시도했다. 1944년 7월 20일이었다.

그러나 히틀러는 운 좋게 살아남았고 암살 기도에 참가했던 독일군 장교들은 모두 총살당한다. 이 히틀러 암살 계획을 영화로 만든 것이 톰 크루즈 주연의 〈작전명 발키리〉다.

1871년 3월 26일, 역사상 첫 노동자 사회주의 정부인 파리 코뮌이 파리에 세워졌다.

코뮌(commune)은 프랑스어로 '주민자치단체'란 뜻. 즉, 파리에 주민들의 정부가 세워졌다고 보면 된다. 당시 상황을 좀 보자. 1871년 프랑스는 옆 나라 프로이센(나중에 독일이 되는)과 전쟁을 벌인 후 그냥 박살이 난다. 프로이센은 파리 외곽 베르사유 궁전에, 근처의 독일어 좀 쓰는 게르만족 국가들 다 불러 '독일 통일 선언'까지 한다.

프랑스인들로서는 자존심이 갈기갈기 찢기는 순간이었다. 당시 황제였던 나폴레옹 3세는 성난 민중들에 의해 쫓겨나고 새로운 공화국 정부가 들어섰는데, 이 공화국 정부란 것이 독일에게 좀 더 떡고물을 얻기 위해 무차별 아부를 해 버리는 것이 아닌가! 나라야 어찌 되든 자기들 기득권은 지키겠다는 생각. 이에 격분한 파리의 노동자들이 공화국 정부를 뒤집고 시민들의 자치 정부를 세웠다. 이게 바로 1871년의 파리 코뮌이다.

역사적으로 큰 의미가 있다. 역사상 첫 노동자가 중심이 된 사회주의 정부였기 때문. 물론 파리 코뮌은 공화국 군대에 의해 얼마 후 처절하게 진압된다.

1958년 3월 27일, 니키타 흐루쇼프가
소련의 총리에 올랐다.

소련의 독재자 스탈린이 죽은 후 난장판 권력 투쟁 끝에 권력 싸움에서 최종 승자가 된 것이다. 권력을 잡자마자 그가 한 일은 '스탈린 지우기'. 그는 대놓고 '스탈린의 우상화는 잘못되었다! 나는 그 길로 가지 않겠다!'라고 선언했다. 그 소리에 공산 중국을 비롯해, 북한 등 공산 국가들로부터 욕 많이 먹었다. 권력을 잡더니 공산주의의 큰형 스탈린 뒤통수를 친다고 말이다.

흐루쇼프 집권 기간 동안 미소 간 냉전은 극에 달했다. 핵무기가 등장하는 3차 대전까지 일어날 뻔했다. 바로 1962년의 '쿠바 미사일 위기'다. 소련은 미국 플로리다 바로 코앞 쿠바에 핵미사일 기지 건설을 추진했고 당시 미국의 케네디 대통령은 '건설 취소 안 하면 핵전쟁이다'란 경고를 날

렸다. 흐루쇼프가 계획을 백지화하면서 지구는 핵전쟁 위기에서 벗어났다.

여담이지만 이걸 본 북한의 김일성이 '소련도 미국에 밀리는군. 소련도 믿을 수 없다. 북한도 자체 핵무기가 필요하다'란 생각에 본격 핵 개발에 들어간다.

1961년의 케네디(왼쪽)와 흐루쇼프(오른쪽)
(Public domain | Wiki Commons)

1979년 3월 28일, 미국 펜실베이니아 스리마일섬에 있던 원자력 발전소가 녹아내리는 사고가 발생했다.

원자로를 식히는 냉각수에 문제가 생겨 원자로가 녹아내리는 일이 발생한 것이다! 당시 그 동네에서는 '핵폭발이 일어난다! 원자로가 녹으면 지구 바닥까지 뚫고 들어가 지구 반대편까지 핵 구멍이 생긴다'는 소문에 주민 10만 명이 일제히 대피하는 아수라장이 벌어졌다. 물론 빠른 시간에 냉각수를 복구시켜 사태가 재앙으로 번지는 건 막았다.

이 사건 이전까지만 해도 세상에서 가장 안전한 발전 수단으로 선전을 하던 핵 발전소가, 알고 보니 주민들을 대량 몰살시킬 수 있는 무시무시한 존재란 걸 인류가 깨닫게 된 사건이었다. 이 사건을 소재로 만들어진 영화가 마이클 더글러스 주연의 〈차이나 신드롬〉이란 영화다. 미국에서 녹아내린 원자로가 지구를 관통해 지구 반대편 중국까지 뚫고 간다는 뜻.

기원전 87년 3월 29일, 중국 한나라의 황제
무제가 사망했다.

이 양반이 일단 실크로드의 개척자로 유명하다. 중국 한나라 바로 위에 있던 북방 유목 민족 흉노족을 정벌하기 위해 서역 월지국이란 나라와 동맹을 맺으려 장건이란 신하를 보낸다. 문제는 월지국이 어디 있는지도 모르고 출발한 것. 결국 십몇 년을 헤매다가 장건은 다시 한나라로 돌아왔는데, 장건이 돌아다닌 루트를 가만 정리해 보니 중앙아시아 지역과 무역을 할 수 있는 루트였던 것! 이른바 실크로드가 시작된 것이다.

이 한무제는 또 우리 역사에도 등장한다. 바로 기원전 108년 우리 고조선을 멸망시킨 인물이 한무제다. 고조선을 멸망시킨 자리에 낙랑군 등 이른바 '한4군'을 설치한 양반도 한무제다. 이 양반은 고조선뿐 아니라 당시 베트남도 정복해 한나라의 식민지로 만들었다. 그래서 베트남 역사에서 한무제는 '나쁜 독재자'로 묘사되고 있다.

1867년 3월 30일, 미국이 러시아로부터 알래스카를 헐값에 산다.

1853년까지 러시아는 영국과 프랑스와 지금 우크라이나 밑에 있는 흑해의 크림반도를 놓고 싸웠다. 이른바 크림전쟁이다. 이때 영국 측의 간호사로 참전했던 사람이 바로 나이팅게일이다. 하여간 러시아는 전쟁에서 박살이 난다. 당연히 전쟁 복구를 위한 돈이 필요했겠지. 그래서 저 멀리 캐나다 북쪽에 얼음덩어리였던 알래스카를 미국에 팔았다. 당시 돈으로 750만 달러(약 100억 원)의 헐값. 왜 헐값이냐고? 생각해 보자. 강남에 있는 빌딩 하나 살 돈으로 한반도 7배를 산 것이다. 당시 미국의 여론은 아주 싸늘했다. 돈 낭비라고.

그러나 몇 년 후 알래스카에서 유전과 금광이 발견되면서 미국 여론의 분노는 웃음으로 바뀌었다. 지금도 러시아 대통령 푸틴은 가끔 이런 농담을 한다. '미국으로부터 알래스카 다시 빼앗아 와야 한다'고. 다른 사람은 몰라도 푸틴이 그런 농담을 하니까 농담같이 안 느껴진다.

1889년 3월 31일, 프랑스 파리의 명물 에펠탑이 완공된다.

당시 프랑스 분위기는 1871년 독일과의 전쟁 패배 이후 '우리는 3등 시민이다. 우리는 찌질하다'란 패배주의가 만연한 상태였다. 게다가 바다 건너 옆 나라 영국 런던은 '유리 건축물의 걸작'인 수정궁을 만들어 프랑스의 자존심을 꺾어 버렸던 것. 수정궁은 100% 유리로 만들어진 궁전이었는데 길이 564미터에 폭 124미터, 당시로는 세계에서 옆으로 가장 긴 건축물이었다.

이에 프랑스는 '런던이 옆으로 길게 건축물을 만들었다면 우리는 위로 올라간다'란 생각에 당시 프랑스 최고의 철제 교량 전문가였던 구스타브 에펠에게 '위로 올라가는 초고층의 철탑' 주문을 했다. 그래서 만들어진 것이 설계자 에펠의 이름을 딴 에펠탑이다.

높이 324미터. 당시 위로 올라간 건축물 가운데선 최고층. 그런데 에펠탑이 완공됐을 때 프랑스 지식인들은 거품을 물었다. '저런 흉물을 볼 수가 없다'고. 당시 모파상이란 작가는 매일 점심을 에펠탑에서 먹었다지. 에펠탑에서 밥을 먹으면 에펠탑이 안 보이니까.

3월의 주요 역사

1869년 3월 18일

히틀러에게 뒤통수를 맞게 되는 무능한 영국 총리 네빌 체임벌린이 태어났다.
그가 전쟁을 일으킬 생각이 없다는 히틀러의 말을 믿은 것이
1938년의 뮌헨 협정이다.

1871년 3월 26일

역사상 첫 노동자 사회주의 정부인 파리 코뮌이 파리에 세워졌다.
얼마 후 공화국 군대에 의해 처절하게 진압되어 결국 와해되지만,
역사적으로 큰 의미가 있다.

1942년 3월 4일

싱가포르에 살던 화교 5만 명이 일본군에게 학살을 당한
이른바 숙칭대학살이 끝났다.
당시 희생자들의 추모비가 싱가포르 도심 한가운데에 세워져 있다.

1968년 3월 16일

베트남전 당시 미라이란 마을에서
미군이 비무장 민간인을 학살한 사건이 일어났다.
이 일은 은폐되다가 결국 밝혀졌지만 관련자들은 제대로 처벌받지 않았다.

2003년 3월 20일

미국의 조지 부시 (아들 부시) 대통령이 전격적으로 이라크를 침공했다.
이라크의 독재자 사담 후세인이 같은 해 12월 체포되고,
2006년 연말 교수형에 처해진다.

Apr. 19
스페인
영국, 스페인
무적함대 공격

Apr. 2
포클랜드 제도
포클랜드 전쟁

Apr. 6

르완다
르완다 대학살

4월

만우절이자 홍콩 배우 장국영이 안타까운 삶을 마감한
4월 1일은 세계사에서도 큰 의미를 가진 날이다.

1815년 4월 1일, 독일 통일의 영웅 오토 폰 비스마르크가 독일(정확하게는 프로이센)에서 태어났기 때문이다. 그가 태어났을 때만 해도 독일은 하나로 통일된 나라가 아니었다. 38개의 '독일어 쓰는' 조그만 나라들로 쪼개져 있던 상태. 이 독일어 쓰는 꼬마 국가들을 1871년 하나로 통일한 이가 바로 비스마르크였다.

통일의 계기는 1871년 그가 이끌던 프로이센이 프랑스와 치른 전쟁이었는데 프랑스가 졌다. 승리 기념 연설을 프랑스의 자존심 그 자체인 베르사유 궁에서 했는데 비스마르크는 '유럽 최강 프랑스도 무찔렀는데 이 기회에 독일어 쓰는 나라 다 모여 통일하자!'라고 그 자리에서 통일 선언을 한다. 그래서 지금도 프랑스인들은 비스마르크를 좋게 보지 않는다.

베르사유 궁전의 거울의 방
(사진 © Myrabella | Wiki Commons)

1982년 4월 2일, 아르헨티나 군사 정권이 뭘 잘못 먹었는지 대서양의 영국령 섬인 포클랜드 제도를 공격했다.

포클랜드 전쟁이다. 결론적으로 말씀드리면 영국군의 압도적인 화력에 아르헨티나는 2개월 만에 항복을 했고 결국 아르헨티나 군사 정권까지 몰락해 버렸다. 지도를 보면 알 수 있듯이 이 섬은 사실 아르헨티나 앞바다에 있다. 그럼에도 1766년부터 영국인들이 이 섬을 실질적으로 지배해 온 것도 사실이다.

그럼 왜 아르헨티나는 1982년 갑자기 이 섬을 공격했을까? 1976년, 쿠데타로 정권을 잡은 아르헨티나 군부는 수많은 '헛발질' 정책으로 나라를 구석기 시대로 돌려 버린다. 게다가 물가 폭등, 반대파 탄압(말이 탄압이지, 저항 세력의 여인이 아이를 낳으면 아이는 빼앗아 가고 엄마는 죽였다) 등 나라가 엉망으로 돌아가자 그 관심을 바깥으로 돌리기 위해 무리해서 침공을 가한 것이다.

결과는? 영국에 참패. 그리고 군사 정권의 몰락. 에휴…… 축구 영웅 메시의 나라 흑역사다.

포클랜드 제도 위치

1922년 4월 3일, 이오시프 스탈린이
소련 서기장(書記長) 자리에 올랐다.

서기장은 공산당 최고 지도자를 뜻한다. 영어로는 'General Secretary'라고 하는데 공산당 비서 중 최고위직을 의미한다. 이걸 우리나라에서 한자로 번역하면서 '서기장'으로 번역했는데 언뜻 들으면 무슨 사무실 사서 같이 느껴진다. (가장 이상한 한자어 번역 중 하나라고 생각한다.)

하여간 사상 최악의 독재자가 이날 독재자의 자리에 공식적으로 올랐다. 이 스탈린이란 인간 백정은 자신에게 반대한다고 간주되는 그 누구라도 죽였다. 비공식적으로 약 300만 명이 스탈린에게 목숨을 잃었다. 부모가 자식을 반역자로 고발하고 선생이 학생을 고발하던 야만의 시절이었다.

2차 대전이 터지고 소련은 히틀러의 독일과 전면전을 벌이는데 초반에 소련군은 독일군에 박살이 났다. 왜? 스탈린의 숙청 기간 동안 유능한 군 장교들을 다 죽여 버려서 제대로 지휘할 장교가 없었기 때문.

1968년 4월 4일, 미국의 흑인 인권 운동가 마틴 루서 킹 목사가 암살됐다.

그가 암살된 미국의 1960년대는 백인들의 흑인 차별이 극에 달했을 시기다. 흑인은 백인과 같은 학교도 다닐 수 없고 심지어 버스 안에서도 같은 자리에 앉을 수도 없었다. 1955년 흑인 여성 로자 파크스가 버스 안에서 백인 승객에서 자리를 양보하지 않았다고 경찰에 연행되는 일이 발생했고 이 말도 안 되는 차별에 항의하는 운동이 흑인들 사이에서 일어났다. 이 저항을 이끌면서 킹 목사는 본격적으로 흑인 인권 운동에 뛰어든다.

1963년 링컨 기념관 앞에서 열린 인권 집회에서 그는 '나는 꿈이 있습니다(I have a dream)'란 연설을 했는데 JFK(케네디 대통령) 취임 연설과 함께 미 역사상 가장 유명한 양대 연설이 된다. 그리고 비폭력 저항 운동으로 1964년 노벨 평화상까지 받는다. 이런 모습을 아니꼽게 바라보던 이들이 있었다. 바로 주류 백인들이 이끌던 FBI.

실제 당시 FBI 국장 에드가 후버는 킹 목사가 노벨상을 받자 격분했다고. FBI의 견제가 극에 달하던 1968년 4월 4일, 킹 목사는 백인 우월주의자의 총격에 암살당한다. 그러나 그 배후에 FBI가 있었다는 음모론은 아직까지 끊이지 않는다.

1975년 4월 5일, 중화민국(대만) 총통 장제스가
대만의 타이베이에서 사망했다.

1911년 신해년, 청 왕조를 무너뜨리기 위한 혁명이 중국에서 일어났다. 이른바 신해혁명. 하지만 혁명 이후에 '짜잔' 하고 바로 중국이 공화국으로 통일된 건 아니었다. 수많은 혼란을 거친 후 당시 중국 국민당을 이끌던 장제스에 의해 1928년 중국 대륙이 완전 통일되었다. 진정한 중화민국의 탄생이었다.

그러나 장제스에게 만만치 않은 라이벌이 있었으니 바로 중국 공산당을 이끌던 마오쩌둥. 국민당과 공산당은 대륙의 패권을 놓고 치열하게 내전을 벌인다. 결과는? 1949년 10월 1일 마오쩌둥이 베이징에서 중화인민공화국 성립을 선포하면서 공산당의 승리로 내전은 끝났다.

장제스는 피눈물을 흘리며 '언젠가는 다시 대륙 수복'을 외치며 대만 섬으로 후퇴를 했다. 그리고 평생 대륙 수복을 시도하다 1975년 한 많은 생을 마친다. 그의 유언은 '내 무덤은 가묘로 만들어라. 진짜 묘는 대륙을 수복한 이후 대륙에 만들어 달라'였다고. 아직까지 장제스의 무덤은 대만 타이베이 외곽에 대륙을 바라보는 가묘로 남아 있다.

1994년 4월 6일, 아프리카 르완다에서
무려 100만 명이 희생된 대학살이 시작됐다.

1919년부터 벨기에의 식민지가 된 르완다. 벨기에는 아주 황당한 식민지 통치를 시작한다. 바로 '종족 분열 정책'이다. 당시 르완다는 약 80%에 달하는 후투족 그리고 15% 정도의 투치족이 있었다. 그리고 오랜 세월 서로 결혼도 하고 사이좋게 잘 살았다. 그런데 벨기에는 갑자기 소수 종족인 투치족에게 '너희들이 르완다 대리 통치를 해'라며 통치권을 준다. 왜? 투치족이 좀 더 유럽인과 비슷하다고. 그럼 후투와 투치를 구별하는 방법은?

벨기에는 황당한 방법을 제시한다. 자를 가져와 코 길이를 재 본 후 코가 더 길면 준 유럽인 투치, 납작코면 후투. 그리고 피부가 밝으면 투치, 어두우면 후투. 뭐 이런 미친 방법으로 두 종족을 가른다. 그리고 신분증에 각각의 소속 종족을 표시한다. '완장'을 찬 투치족은 아주 잔혹한 방법으로 후투족을 탄압한다. 그러다가 1962년 벨기에가 물러가고 르완다는 독립을 한다. 이제? 맞다. 후투족 반격의 타임.

후투족에 의한 내규모 '투치족 사냥'이 시작된다. 그 시상의 설성은 1994년 후투족 출신 르완다 대통령이 탄 비행기가 4월 6일 격추되면서 시작된다. 당시 후투족 극우파들은 '우리 후투족 대통령을 투치가 죽였다. 복수하라!'란 선언을 했나. 신분증에 투치라고 적혀 있는 모두에 대한 대학살이 시작된다. 4월에 시작된 학살은 7월까지 이어지는데 공식적으로만 100만 명이 학살됐다. 이 비극을 다룬 영화가 바로 〈호텔 르완다〉다.

1141년 4월 7일, 마틸다라는 여인이
영국 역사상 첫 여왕이 됐다.

영국은 참 여왕이 많았던 나라다. 2022년 사망한 엘리자베스 2세를 포함해서 말이다. 이 모든 영국 여왕의 시작은 마틸다이다. 자, 그럼 이 여인은 누구인가? 아빠는 헨리 1세란 영국 왕이었다. 굳이 외울 필요 없다. 하여간, 그런데 애지중지하던 아들이 물에 빠져 죽어 버린다! 이제 왕 자리를 물려줄 아들은 없다!

그래서 당시 독일 왕에게 시집가 있던 자기 딸 마틸다를 영국으로 부른다. '너, 다음 영국 왕 해!'라면서. 마침 남편이었던 독일 왕도 죽어서 '돌싱'이 된 상태였기 때문에 마틸다는 바로 영국으로 와 Lady of The England, 즉 영국 여왕 자리에 오른다. 하지만 대관식에 돈을 너무 쓴 나머지 반란이 일어나 여왕 자리에서 쫓겨나 다시 프랑스로 도망을 간다. 즉, 공식적으로는 여왕이 되었지만 즉위식 때 쫓겨났기 때문에 실제 영국을 통치해 보지는 못했다.

서기 622년 4월 8일, 일본을 오늘의 일본으로
자리 잡게 만든 쇼토쿠 태자가 사망했다.

한때 일본 만 엔 지폐의 표지 모델(그만큼 중요한 인물)이기도 했던 이 인물은 누구인가. 자, 우리나라가 삼국 시대 절정일 때인 서기 590년경 일본으로 가 보자. 당시 일본은 일왕(덴노)이 있었음에도 소가노 우마코란 세력가가 권력을 쥐고 있었다.

그때 일본 왕은 소가노의 손자뻘이었다. 하지만 할아버지가 너무 독재를 하니까 손자 일왕은 할아버지에게 반기를 든다. 그러자 할배는 자기 손자를 가볍게 암살해 버린다. 그리고 새로운 일왕 자리에 자기 여조카를 앉혀 버린다. 국정 경험이라곤 하나도 없는 이를.

그래서 그 여왕은 왕족 중 능력 있는 애 하나를 데리고 와서 태자로 임명한 후 일본을 대신 통치하게 만든다. 그 사람이 쇼토쿠 태자다. 즉, 타이틀은 태자지만 당시 실질적으로 일본을 통치한다. 여러 업적이 있지만 '17개조 헌법'이란 법을 만들었는데 일본 헌법의 시초로 일본인들은 본다.

1940년 4월 9일, 나치 독일이
전격적으로 덴마크를 침공했다.

덴마크는 변변한 저항도 안 하고 바로 항복을 해 버린다. 왜 독일은 덴마크를 공격했을까? 때는 독일이 2차 대전을 일으킨 직후. 영국이 노르웨이를 거쳐 북쪽으로 아래의 독일을 공격한다는 첩보를 입수했기 때문. 영국이 노르웨이에 상륙하기 전 먼저 노르웨이를 치겠다는 것이었다.

노르웨이, 덴마크, 독일의 위치

그럼 갑자기 왜 덴마크를 공격했을까? 덴마크는 노르웨이로 가는 징검다리 정도의 역할을 했기 때문. 그냥 고속도로 휴게소 정도 역할이었기 때문. 덴마크 입장에선 씁쓸하겠지. 하지만 역설적으로 독일이 침공해 들어오자 바로 항복을 했다고 해서 독일은 덴마크를 아주 '나이스'하게 대해 준다. 파괴, 약탈 이런 것이 거의 없었다. 또 덴마크에 살던 유대인 단속도 느슨하게 해서 수많은 덴마크 거주 유대인들은 국외로 탈출할 수 있게 된다.

1847년 4월 10일, 황색 언론 혹은 찌라시라고 불리는 저질 언론을 탄생시킨 조셉 퓰리처가 태어났다.

엥? 참 언론인에게 수여하는 퓰리처상의 그 퓰리처? 맞다. 그 퓰리처. 퓰리처는 뉴욕에서 〈뉴욕 월드〉라는 가장 큰 신문사를 운영하고 있었다. 그런데 윌리엄 허스트란 경쟁자가 나타나 〈모닝 저널〉이란 신문사를 차리고 퓰리처와 경쟁을 하기 시작한다! 당시 〈뉴욕 월드〉는 〈황색 아이(The yellow kid)〉란 만화를 연재하고 있었는데 상당한 인기가 있었다. 그런데 〈모닝 저널〉이 그 만화를 그리는 만화가에게 거액을 주고 스카우트를 해 간다! 그리고 〈모닝 저널〉에서 〈황색 아이〉를 연재하게 한다!

열받은 퓰리처는 다른 만화가를 고용해 계속해서 〈황색 아이〉를 연재한다. 즉, 뉴욕에 〈황색 아이〉를 동시에 연재하는 신문사가 두 개 등장한 것이다! 그리고 두 사람은 자극적인 저질 기사들을 경쟁적으로 쏟아 내기 시작한다. 이것이 바로 저질 언론, 즉 황색 언론의 시작이다.

말년에 자기 잘못을 깨달았는지 자기가 번 돈을 '참 언론인'을 위해 쓰라는 취지로 만든 것이 퓰리처상이다. 나쁜 상 아니냐고? 말년에 반성했다고 하잖나. 노벨상을 만든 알프레드 노벨도 평생 '사람 죽이는 다이너마이트'를 만든 것에 대한 반성으로 노벨상 만든 거 아닌가.

서기 999년 4월 11일, 중국 송나라에서
판관 포청천이 태어났다.

사극 드라마 주인공 아니냐고? '개작두를 준비하라!'라고 외치던? 맞다. 중국 역사상 실존 인물이다. 송나라의 수도 개봉의 시장으로 취임한 후 공정한 판결로 유명하다.

드라마에 나온 개작두는 실제 존재한 형벌 도구였다. 일단 목을 자르는 작두는 사형 도구였다. 용작두는 왕족 사형 때, 호작두(호랑이)는 관리들 사형시킬 때, 그리고 개작두(멍멍)는 일반 평민과 천민 사형 때 사용했다.

사심 없는 판결로 유명했던 그가 나중에 수많은 희극, 시, 연극, 그리고 소설의 주인공으로 재탄생한다. 그렇다. 추억의 드라마 〈판관 포청천〉에 나오는 이야기 대부분은 후대에 과장된 스토리들이다. 여담으로 너무도 공정한 판결을 내렸기에 수많은 암살 시도들이 있었다. 그걸 중원의 무림 고수들이 다 보디가드 역할을 하며 포청천을 지켜 줬다고 한다. 이런 좋은 소재를 후대의 작가들이 그냥 놔둘 리 없지. 드라마로 나올 만도 하다.

1606년 4월 12일, 영국의 국기
유니언 잭이 만들어졌다.

당시 영국, 정확하게는 '잉글랜드'의 상황으로 들어가 보자. 1603년, 영국의 엘리자베스 1세가 죽었다. 맞다. 현재의 미국 버지니아를 개척하게 만든 그 여왕. 평생 결혼을 안 하고 '나는 국가와 결혼했다'란 유명한 발언을 했지. 그래서 당시 북미를 개척한 영국인들이 그 땅을 처녀 여왕에게 바친다 하여 지은 땅 이름이 버지니아라고 했다(이 책의 3월 24일 글을 참고할 것).

하여간 여왕이 후사 없이 죽자 영국 귀족들은 다음 왕을 누구에게 시킬지 고민하다 먼 친척이었던 당시 스코틀랜드의 왕 제임스에게 연락을 한다. '당신 잉글랜드 왕 안 할래?'라고. 당연히 '오케이'였다. 그래서 스코틀랜드의 왕 제임스가 '스코틀랜드+잉글랜드' 통합 왕국의 왕이 된다.

그러면서 당시 잉글랜드의 국기와 스코틀랜드의 국가를 하나로 합치는데 그것이 바로 유니언 잭(Union Jack)이다. Union은 '연합'이란 뜻이고 Jack은 '깃발'의 또 다른 표현이다.

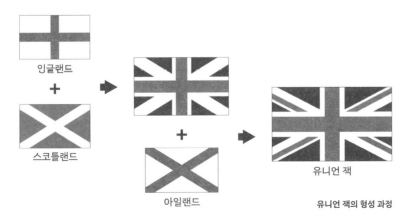

잉글랜드

스코틀랜드

아일랜드

유니언 잭

유니언 잭의 형성 과정

1204년 4월 13일, 4차 십자군이 같은 기독교 도시인 동로마 제국 수도 콘스탄티노플을 폐허로 만들었다.

200년 십자군 전쟁 가운데 가장 멍청하고 어이없는 '삽질 전쟁'이었다. '이슬람에 점령당한 성지 예루살렘을 탈환하자!'라는 목표로 무려 200년 동안 8차례나 원정 전투를 벌인 십자군 전쟁. 그 가운데서 4차 십자군은 원래 목표인 예루살렘 근처에도 못 가 본다. 너무 성급하게 유럽을 출발하다 보니 제대로 돈도 준비 안 하고 출발했다. 베네치아에서 배와 식량을 구해 바다로 예루살렘에 들어갈 계획이었으나 예상보다 참가 인원이 적어 베네치아에서 구한 배와 식량 대금을 치르지 못했다. 십자군에게 돈을 빌려준 베네치아 재벌 단돌로란 인물은 '야! 십자군! 빨리 돈 갚아!'라고 독촉하기 시작했다. 그러나 돈을 어디서 구해.

그 난감한 상황에서 단돌로는 한 가지 제안을 한다. '돈 안 갚아도 좋아. 그 대신 우리 베네치아의 경쟁 도시 하나만 박살 내 줘'란 제안을. 그 도시는 지금의 크로아티아에 있던 자라란 도시였는데 십자군은 어이없게도 그 제안을 받아들이고 같은 기독교 도시인 자라를 박살 낸다. 그런 와중에 이 십자군은 또 다른 기독교 도시인 동로마 제국 수도 콘스탄티노플도 잿더미로 만들어 버린다. 다 돈 때문이었다.

결국 이들은 예루살렘 근처에도 안 가 보고 기독교 도시들만 폐허로 만든 후 돈을 챙겨서 유럽 고향으로 돌아간다. '과연 종교란 무엇인가, 신이란 무엇인가'라는 진지한 생각을 하게 만드는 역사적 삽질이었다.

1865년 4월 14일, 미국 제16대 대통령
링컨이 암살 저격을 당했다.

　미 역사상 대통령이 암살된 첫 케이스. 흑인 노예 해방을 명분으로 시작된 남북전쟁, 남군이 4월 10일 항복을 선언하면서 막 끝난 상태였다. 링컨을 저격한 범인은 '극렬 남부 지지자'였던 존 부스. 흑인 노예 해방을 추진하던 링컨이 너무나도 미웠던 인물이다. 심지어 링컨이 흑인에게 참정권까지 준다는 소식을 들은 후 '안 되겠다. 링컨 죽이자'라고 결심한 상태였다. 그리고 운명의 4월 14일, 링컨이 수도 워싱턴의 한 극장에서 공연을 본다는 정보를 입수한다. 그리고 공연을 보던 링컨 바로 뒤에서 권총을 발사한다. 그리고 외친다. '독재자는 언젠가는 이렇게 된다!'라고.

　경호원 없었냐고? 지금과 같은 백악관 경호팀은 당시엔 없었다. 링컨은 그다음 날 사망하고 존 부스는 체포를 피해 도주하다가 추격대와 교전 끝에 사망했다. 남북전쟁에서 이긴 북부는 남부 출신 암살자의 이런 만행에 '남부를 아예 지도에서 지워 버리자'라고 격앙을 했지만 남북 화합을 위해 목숨을 바쳤던 링컨을 생각해 참는다. 그리고 미국은 오늘날의 '통일 미국' 상태를 유지할 수 있게 된다.

1998년 4월 15일, 캄보디아의 독재자이자 인간 백정 폴 포트가 사망했다.

그는 자국민 200만 명 이상을 학살했다. 1925년 캄보디아의 가난한 농민의 아들로 태어난 폴 포트는 '캄보디아 농민들이 못살게 만든 건 왕족과 왕실이다! 그리고 그 방법은 공산주의다!'란 생각에 '타도 왕조! 공산주의 만세!' 운동을 시작한다.

당시 캄보디아는 왕국이었다. 그러면서 만든 단체가 바로 '크메르루주'. '크메르'는 캄보디아 민족 이름이고(우리가 한민족인 것처럼) '루주'는 프랑스어로 '붉은'이란 뜻. 즉 크메르루주는 붉은 크메르 민족이란 뜻이다. 간단히 크메르족 공산당이란 것. 이때 옆 나라에서 변수 하나가 터진다! 바로 베트남전. 그런데 캄보디아 왕국이 미국의 협조 요청 즉, '어이, 캄보디아. 옆에서 우리 미국 지원 사격 좀 해 줘'를 거부한 것. 여기에 격분한 미국은 '친미 쿠데타'를 일으키고 왕을 끌어내린 후 친미 허수아비 독재자 론놀을 앉혀 버린다.

이런 모습을 보던 폴 포트와 크메르루주는 목표를 바꾼다. '친미 론놀타도! 미국 타도!' 결국 폴 포트와 론놀 사이에 치열한 내전이 일어나고 1973년, 폴 포트가 내전에서 승리하고 크메르루주 정권을 세운다. 그러면서 막장 드라마가 시작된다. 이상적인 공산주의 사회를 만든다는 명분에 예전 왕실 관계자, 자본주의 부자, 배운 놈들, 뭐 마음에 안 드는 모두를 싹 다 죽이기 시작한다. 안경 꼈다고 죽이고, 손이 너무 부드럽다고(농사 안 지었다고) 죽이고…… 무려 200만 명을 학살한다. 오죽했으면 당시 캄보디아를 킬링필드(Killing Fields)라고 불렀겠나. 동명의 영화도 있다.

하여간 이런 인간이 천수를 누리다 4월 15일 사망했다. 세상은 공정하지만은 않다.

서기 73년 4월 16일, 로마 제국에 끝까지 저항하던 유대인의 마사다 요새가 결국 로마군에 함락됐다.

그리고 성안의 주민들은 전원 자결을 한다. 알다시피 유대의 땅, 현재의 이스라엘은 꽤 오랫동안 로마의 식민지였다. 그런데 유대인들이 '독립하자!'란 외침과 함께 서기 66년 독립전쟁을 시작한다. 당연히 계란으로 바위 치기. 유대인들의 마지막 요새였던 마사다(지금 이스라엘 남부에 있고 유네스코 세계 문화유산이다)의 지도자였던 엘리아젤은 로마의 개돼지로 살 바엔 깨끗하게 죽자고 주민들을 설득한다.

결국 성안에 있던 약 960명의 유대인들은 성이 로마에 함락되기 직전, 모두 죽음을 선택한다. 먼저 아버지가 가족들을 죽이고, 남자 10명이 모여 제비뽑기로 1명이 나머지 9명을 죽이고, 이런 식으로 마지막 2명이 남았을 때 한 사람이 나머지를 죽이고 최후의 1인은 성에 불을 지르고 자결했다.

이것이 현재 이스라엘에선 유대인의 저항 정신으로 추앙되고 있는데…… 하…… 부모들의 잘못된 결정으로 짧은 생을 마감한 애들은 무슨 죄인가.

1895년 4월 17일, 청일전쟁을 마무리하는
시모노세키 조약이 체결됐다.

조선의 패권을 놓고 청나라와 일본이 '조선 땅'에서 싸운 청일전쟁. 결과는 청나라의 완패. 솔직히 1894년 발발한 청일전쟁에서 일본이 승리하면서 조선은 실질적으로 일본의 식민지가 된다.

승리 후 일본은 청나라 대표를 시모노세키로 부른다. 왜? 당시 일본 측 협상 대표가 바로 이토 히로부미였고 시모노세키는 그의 고향. 즉, 가뜩이나 전쟁에서 진 청나라를 최대한 모욕 주려고 했던 것. 수도 도쿄가 아니라 협상단 대표의 고향집으로 부른 것도 모자라 거기에 있는 복어 식당으로 청나라 대표를 부른다. 왜? 그곳이 이토 히로부미의 단골집이었거든.

하여간 식당에서 체결한 시모노세키 조약에서 가장 중요한 부분은 '청나라는 조선을 독립국으로 인정한다'란 조항. 좋은 거 아니냐고? 겉보기엔 그런 것 같지만 아니다. '이제 청나라는 조선에서 손 떼라. 조선 소유권은 일본으로 명의 이전하겠다'란 소리이기 때문.

1942년 4월 18일, 미국의 둘리틀 특공대가 도쿄 공습을 감행했다.

1941년 12월 7일, 일본은 하와이 진주만에 있던 태평양 함대를 기습 공격했다. 일요일 아침이어서 수많은 병사들은 여유롭게 휴식을 취하고 있다가 속수무책으로 공습을 당했다. 수천 명이 순식간에 목숨을 잃었고 수많은 전함들이 진주만 바닷속으로 침몰했다. 분노한 미국은 그다음 날 일본에 선전포고를 하고 복수를 다짐했지만 뾰족한 복수 방법이 없었다.

'이에는 이, 눈에는 눈.' 똑같은 방식으로 공습을 때려 줘야 했지만 당시 미국이 가지고 있던 폭격기를 태평양을 건너 일본까지 날려 보낸다는 것은 그냥 불가능. 그래서 짜낸 묘수가 항공 모함 위에 가장 작은 폭격기를 싣고 도쿄 앞바다까지 몰래 가서 도쿄 공습을 하자는 것.

폭격기는 무겁기 때문에 항공 모함의 짧은 활주로에서 이착륙하는 것이 일단 불가능하다. 이때 제임스 둘리틀이란 항공 장교가 나타나 '폭격기를 최대한 가볍게 만들어 항공 모함 위에서 이륙하도록 만들겠다'란 주장을 하고 결국 성공한다. 드디어 진주만에 대한 복수 타임! 도쿄 앞바다까지 간 미국 항공 모함 위에서 폭격기들은 이륙하고 도쿄 공습에 성공한다! 이 특공대 이름이 바로 둘리틀 특공대다! 관련 영화도 많이 있으니 꼭 찾아보도록.

1587년 4월 19일, 영국의 해적왕이 스페인 카디스항에서 스페인 무적함대에 물통을 제공하는 상선에 불을 지른다.

그리고 그다음 해인 1588년, 무적함대를 궤멸시킨다. 1570년경, 스페인은 남미 식민지 개척에 성공해서 재벌이 된 상태. 영국은? 유럽 최빈국 중 하나였다. 그래서 영국이 할 수 있는 일은? 남미에서 금은보화를 잔뜩 싣고 오는 스페인 배들을, 해적을 동원해 노략질하는 것.

맞다. 당시 영국은 해적에게 스페인 배를 약탈하라고 국가가 허가증까지 내줬다. 당연히 스페인은? 이런 영국 거지 떼들을 무적함대를 동원해 단속을 했지. 당시 가장 유명한 영국 해적이 바로 프랜시스 드레이크. 그는 생각한다. '무적함대를 쳐부수자'란 생각. 그리고 바로 카디스항에 정박 중이던 상선, 특히 수통을 만들 나무를 잔뜩 실은 상선을 전부 불 질러 버린다.

수통이 왜 중요한가? 바다에 나간 선원들도 물을 마셔야 하잖나. 무적함대 포함해서. 그런데 이 나무 수통을 만드는 데 최소 몇 년이 걸린다는

것. 바짝 말려야 하니까. 1587년 4월 19일, 드레이크는 스페인 수통의 씨를 말려 버린다. 수통과 물이 없었던 무적함대는 도저히 드레이크와 싸울 수가 없었다. 그리고 역사 속으로 사라진다.

스페인 무적함대
(Public domain | Wiki Commons)

1889년 4월 20일, 오스트리아에서
아돌프 히틀러가 태어났다.

그냥 태어나지 말지……. 히틀러는 오스트리아 국적이다. 물론 다 같이 독일어를 쓰는 게르만 민족이지만. 어릴 적부터 화가가 되고 싶었던 히틀러는 오스트리아 비엔나 국립 미술 아카데미에 계속 지원을 했지만 계속 미역국이었다. 왜? 당시 미술계의 유행은 인물을 묘사하는 것이었는데 히틀러는 계속 건물만 그렸으니까.

보다 못한 당시 미술학교 '유대인' 교장은 히틀러에게 독일 유학을 권한다. 순수 미술 말고 독일에 가서 차라리 건축학을 공부해 보란 얘기였다. 나중에 히틀러가 쓴 자서전에 따르면 그런 유대인 교장의 완곡한 입학 거절에 상당히 모욕감을 느꼈다고 한다.

지금 타임머신이 있다면 타고 그 교장 앞으로 가서 '제발 히틀러 입학 좀 시켜 달라' 빌고 싶다. 그때 입학을 했다면 히틀러는 독일로 갈 이유도 없었고 독일로 가서 독재자가 될 이유도 없었기 때문. 그때 입학을 했다면 아돌프 히틀러는 오스트리아 화가로 역사에 남았을 수도 있는데 안타깝다.

1671년 4월 21일, 스코틀랜드에서 국가급 사기꾼이 되는 존 로가 태어났다.

젊은 시절은 도박과 살인으로 막장 인생을 산다. 살인 혐의로 런던에서 구금 중 탈출, 프랑스로 도주한다. 당시 프랑스는 전임 왕 루이 14세가 베르사유 궁전 건설 등으로 너무나도 돈을 펑펑 써 나라가 파산 직전이었다.

사기꾼 존 로는 프랑스 당국에 접근해 '제가 빚을 청산해 드리겠습니다'란 제안을 한다. '방법이 뭔데?'란 프랑스 측 질문에 '국립 은행을 만들어 지폐를 찍어 낸 후 그 지폐로 일단 나랏빚을 정산하시면 됩니다'란 깜찍한 답을 내놓는다. 지금이야 너무도 당연한 은행 운영 방법이지만 당시로선 획기적이었다. 그래서 스코틀랜드 범죄자 존 로는 프랑스 역사상 최초의 국립 중앙은행을 설립한다. 그리고 실제 나랏빚을 정리한다.

거기까진 좋았다. 그는 욕심을 더 내서 당시 프랑스 식민지였던(그러나 황무지였던) 현재 미국의 루이지애나에 투자하라고 프랑스 투자자들을 모은다. 그러면서 미시시피 회사라는 투자개발 회사까지 차린다. 금광이 개발될 것이란 소문과 함께. 회사의 주가는 급상승했고 너도나도 미시시피 회사에 투자를 했지만 금광은 발견되지 않았고…… 회사 주식은 휴지 조각이 된다. 투자 사기를 친 거다. 존 로는 프랑스에서 쫓겨나고 여기저기를 전전하다 이탈리아에서 병들어 죽는다.

1904년 4월 22일, 미국의 물리학자
로버트 오펜하이머가 태어났다.

맞다. 영화로도 만들어진 핵 개발의 아버지 오펜하이머 말이다. 맨해튼 프로젝트를 이끌고 인류 최초의 핵 실험에 성공한 그 오펜하이머. 대학에서 물리학을 전공한 그는 그 유명한 맨해튼 프로젝트에 참여했다. 나치 독일이 핵무기를 만들기 전에 미국이 먼저 만들어야 한다는 목표로 만들어진 그 계획.

1945년 7월 16일, 미국 뉴멕시코 사막에서 인류 최초로 '실제' 핵무기 폭발이 실험됐다. 칠판에서 공식으로만 보던 핵분열을 눈으로 지켜본 참여 과학자들은 자기도 모르게 욕을 했다고 하지. '우리가 지금 무슨 짓을 했지?'라고. 하지만 오펜하이머는 적극적으로 핵무기의 일본 투하(히로시마, 나가사키)를 주장했다. 특히 민간인 집단 거주 지역에 투하해서 최대한 많은 민간인들을 죽이자고 주장했다. 왜? 그는 자기가 만든 핵무기가 '인류 최후의 무기'일 것으로 생각했기 때문. 즉, 처음이자 마지막 단 한 번의 핵무기 사용이 인류에게 큰 충격을 줘서 다시는 전쟁을 못 하도록 거대한 겁을 많이 줘야 한다는 생각이었다.

그러나 그의 예상과 달리 미국 정부는 태평양 전쟁이 끝난 후 원자탄을 넘어 수소폭탄(원자탄 위력의 최소 10배 이상) 개발까지 시작하고……! 경악한 오펜하이머는 그때부턴 아이러니하게도 반전·반정부 운동가가 되어 활동한다.

2007년 4월 23일, 러시아 연방 공화국의 초대 대통령 보리스 옐친이 사망했다.

옐친이 스포트라이트를 받은 것은 1991년 8월이었다. 당시 러시아는 소련(소비에트 연방) 시절이었는데 대통령이던 고르바초프가 소련을 개혁·개방한다면서 어설픈 초보 운전으로 집권 세력이었던 공산당에게 미움을 받고 있었다. 그런 가운데 고르바초프가 1991년 8월 여름휴가를 가자 그 공백을 이용해 갑자기 공산당이 쿠데타를 일으켰다!

이때 옐친이 등장한다. 탱크 위에 올라가 '공산당 독재 물러나라!'라고 외친 것이 언론에 보도되면서 일약 스타가 된다. 결국 옐친의 활약으로 공산당 쿠데타는 실패했다. 잡혀 있던 고르바초프는 풀려나지만 이미 소련의 실권은 옐친에게 넘어간 상태. 결국 고르바초프에게 권력을 넘겨받은 옐친은 소련의 문을 닫아 버리고(소련 공식 해체) 새롭게 러시아 연방을 만들면서 초대 대통령이 된다.

그러나 좋았던 시절은 거기까지. 너무도 급격하게 친미 자본주의 경제 정책을 강행하다 러시아를 구석기 시대 거지 국가로 만들어 버린다. 게다가 술을 너무 좋아해서 국정이고 뭐고 매일 술을 마시며 폐인으로 살다가, 결국 젊고 패기 넘치는 후배에게 나라를 넘기고 자기는 대통령 자리에서 스스로 물러났다. 그 젊은 정치인이 바로 푸틴이다. 그놈의 술이 문제다.

1986년 4월 24일, 사랑을 위해 왕위를 포기한
영국 에드워드 8세의 부인 월리스 심슨이 사망했다.

1896년 미국에서 태어난 심슨 부인은(만화 〈심슨 가족〉 아니다) 일단 수많은 남성 편력과 이혼으로 악명 높았다. 첫 번째 남편은 미국 군인이었다. 여러 부대를 전전하는 것이 싫어 결국 이혼. 두 번째 남편은 미국 재벌. 그와 사교 모임을 다니다가 당시 영국 왕세자였던 에드워드 8세를 만나…… 사랑에 빠진다. 아니, 정확하게는 에드워드 8세가 유부녀 심슨 부인에게 빠져 버린다.

결국 심슨 부인은 남편과 이혼한 후 에드워드 8세와 결혼을 추진하지만 영국 왕실은 도시락을 싸 들고 다니며 말린다. '영국 국왕이 미국인 이혼녀와 절대 결혼할 수 없다'는 것. 우여곡절 끝에 일단 에드워드 8세는 영국 국왕에 즉위하지만 심슨 부인을 잊을 수가 없어 곧바로 영국 왕 자리를 동생에게 물려준 후 자기는 평민으로서 심슨 부인과 결혼을 한다.

하지만 심슨 부인은 그걸 반기지 않았는데…… 왜? 자기 목표는 영국 왕비가 되는 것이었는데 이 눈치 없는 범생이 구왕이 갑자기 지 기랑 결혼한다고 왕 자리를 내팽개쳐 버리니까. 심슨 부인은 나치 히틀러와도 손을 잡는다. 자신을 영국 왕비로 만들어 주는 조건으로 나치 편을 들고 영국 처칠 수상까지 암살할 계획까지 세웠다고. 심슨 부인에겐 그저 권력뿐이었던 것.

1644년 4월 25일, 명나라의 황제 숭정제가 자살하면서 명나라가 공식적으로 멸망했다.

임진왜란 때 무리한 파병 등으로 국력이 갑자기 곤두박질친 명나라. 전국 곳곳에서 일어난 농민 반란에 나라는 쑥대밭이 되어 버린다. 그 농민 반란군 가운데서 가장 세력이 강했던 인물이 바로 이자성이란 인물이었는데 베이징 자금성까지 치고 들어온다!

숭정제는 반란군이 수도 한복판까지 들어왔다는 소식을 듣고 환관 1명만 데리고 자금성 뒷산에 올라 나무에 목을 매 자결을 한다. 마지막 유언은 '내가 죽으면 옷으로 얼굴을 덮어 달라. 선왕들 얼굴을 뵐 면목이 없다'였다.

지금도 자금성 뒷산에 올라가면 숭정제가 목을 맨 나무가 보존되어 있다. 숭정제가 자결하면서 명나라는 멸망한다. 맞다. 명나라는 여진족의 청나라에 의해 망한 것이 아니다. 자체 농민 반란으로 인해 '셀프 멸망'한 것이다.

1986년 4월 26일, 우크라이나(당시 소련) 체르노빌에서 원자력 발전소가 폭발했다.

당시 발전소에선 특이한 실험이 진행되고 있었다. 발전소 전원이 끊긴 상태에서 비상 전원이 들어오기 전에 원자로가 얼마까지 스스로 돌아가며 발전할 수 있는지에 대한 실험. 당연히 여러 안전 조치들이 있어야 하지만 당시 공산권 특유의 '닥치고 강행해!'란 성과주의에 안전 조치들은 싹 다 무시된 상태였다.

결국 원자로에서 이상 반응이 생기고 뜨거운 열기를 식혀야 하는 냉각수도 부글부글 끓기 시작하다 원자로가 폭발해 버린 것이다! 당연히 콘크리트로 된 원자로를 뚫고 방사능 물질이 대기로 그냥 쏟아져 나오기 시작한다.

사고가 나서도 소련 정부는 사건을 은폐한다. 그러다가 스웨덴 등 주변국가 대기에서 엄청난 방사능 물질이 검출되기 시작하고 소련에 '너희 무슨 짓을 저질렀어?'란 주변국들의 추궁이 이어지자 4월 28일이 돼서야 겨우 사고 사실을 주변국들에게 알린다. 현재 체르노빌은 우크라이나 영토 안에 있다. 2022년 2월 러시아-우크라이나 전쟁 발발 후 체르노빌 원전은 인류에 심각한 위협 중 하나가 된다.

1791년 4월 27일, 모스 부호를 만든
새뮤얼 모스가 미국에서 태어났다.

모스는 '긴 전류, 짧은 전류'의 반복으로 메시지를 전달할 수 있는 모스 부호를 만든 것으로 유명한데 이 부호를 '딧, 닷'으로 배웠으면 신세대, '돈, 쓰, 돈돈쓰'로 배웠으면 아재 세대다. 딧 닷(dit, dah)은 영어, 돈쓰(トンツ)는 일본어 모스 부호다. (이 책을 쓴 아재 필자도 어렸을 때 일본어로 모스 부호를 배웠다.)

새뮤얼 모스는 전형적인 금수저였다. 할아버지가 프린스턴대학 총장을 지낼 만큼 빵빵한 집안이었다. 그러다 보니 자기가 하고 싶은 공부도 하고 연구도 하고, 그림도 그리고 진짜 신나게 살았다. 인성은 꽝이었다. 흑인 노예제를 극렬하게 지지했고 흑인은 인간으로도 안 봤다. 필요한 것이 있으면 사거나 빌리지 않고 훔쳤다. 진짜 훔쳤다. 돈이 없어서가 아니라 그냥 그러고 싶어서.

모스 부호를 만든 이유도 하도 여유와 시간이 있다 보니 '전류로 메시지 한번 전달해 봐?'란 호기심으로 만든 것이다. 그렇다고 해도 모스 부호는 인류 항해 역사에 큰 변화를 준다. 먼 바다에서 항해를 하던 배가 난파를 당하면 이 모스 부호로 바로 SOS를 쳐서 구조가 가능하게 된 것.

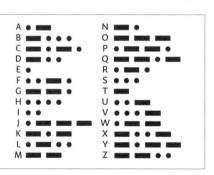

국제 모스 부호 중 알파벳
(Public domain | Wiki Commons)

1952년 4월 28일, 샌프란시스코 강화조약이 공식적으로 발효되었다.

일본과 미국 등 연합국이 '이제 공식적으로 태평양 전쟁을 종결하고 일본은 뭘 포기하고 뭘 배상해야 하는지' 결정한 조약이다. 즉, 태평양 전쟁에서 진 일본이 '뭘 토해 내야 하는지' 결정한 것. 이 중요한 조약에 일본의 식민 지배 피해 당사자인 한국은 끼지도 못했다. 당시 한국은 전쟁 중이고 일본과 직접적인 교전을 한 연합국이 아니라는 말도 안 되는 이유에서. 즉 '일본의 식민지 주제에 어디 감히 낄 생각을!'이었다.

샌프란시스코 강화조약은 상당히 일본에게 유리한 조건으로 체결된 조약이었다. 당시 일본은 이미 친미 정권이 들어선 상태였고 막 시작된 소련과의 냉전에서 일본은 소련, 중국, 북한을 막아 내는 미국의 최선전이 되었기 때문에 미국은 일본에게 유리한 조항을 마구 넣어 줬다.

이 조약 내용 중 문제가 되는 부분이 바로 '일본은 한국의 독립을 인정하고 울릉도, 거문도, 제주도 등의 소유권을 포기한다'란 부분이다. 일본은 이 조항에서 독도가 빠졌다는 이유로 독도가 일본 땅이라는 억지를 아직까지 부리고 있다.

1901년 4월 29일, 태평양 전쟁을 일으킨
일본의 왕 히로히토가 태어났다.

참고로 히로히토 일왕의 생일을 천장절이라고 해서 기념했는데 1932년 중국 상하이 홍커우 공원에서 윤봉길 의사가 폭탄 의거를 일으킨 날도 바로 천장절이었다. 상하이 일본군이 일왕의 생일 기념식을 연 자리에서 윤봉길 의사가 의거를 일으키셨다.

하여간 히로히토 일왕의 최종 결심으로써 일본은 진주만 공습을 시작으로 태평양 전쟁을 일으켰다. 히로히토의 죄악은 1945년에 이르러 절정에 달한다. 이미 오키나와 등 태평양의 일본 점령 섬들이 미군에 점령을 당하고 곧 일본 본토까지 치고 올라오고 있던 상황에서 히로히토는 무조건 항복을 바로 해야 했다. 하지만 끝까지 항복을 안 하다가, 원자폭탄이 떨어지고 급기야는 소련까지 일본에 선전포고를 하고 참전한 후에야 겨우 항복을 한다.

본격적인 대살육전이 시작되기 전인 1945년 초에만 항복했어도 수많은 사람들의 목숨을 살릴 수 있었고 일본은 원자폭탄 공격을 피할 수 있었다. 히로히토는 평생 천수를 누리다 87세에 죽었다.

1945년 4월 30일, 나치의 히틀러가 베를린 지하 벙커에서 부인인 에바 브라운과 동반 자살을 했다.

죽기 하루 전날, 히틀러 부부는 조촐한 결혼식을 올렸다. 그리고 운명의 4월 30일 오후 1시, 히틀러 부부는 지하 벙커에서 측근들에게 마지막 작별 인사를 나눈다. 그리고 한방으로 들어간다. 그 전에 히틀러는 주치의에게 '어떻게 권총을 쏘면 즉사를 할 수 있나' 조언을 구했다고 한다. 문을 닫고 들어간 후 방 안에선 총성이 울렸다. 측근들이 들어가 보니 에바 브라운(정식 결혼을 했으니 에바 히틀러)은 청산가리를 먹고 죽어 있고 히틀러는 관자놀이에 권총을 쏴 자살한 후였다.

히틀러는 부하들에게 '내가 죽으면 휘발유를 붓고 흔적도 없이 태워라'란 지시를 내린다. 적들이 자기 시체를 가져가 해부 조사하는 모욕을 당하기 싫다는 뜻. 하여간 이날 히틀러가 스스로 목숨을 끊으면서 인류 역사 최악의 살육전, 2차 세계 대전이 실질적으로 종결된다.

May. 1

미국
시카고 노동자
대규모 파업

May. 26

영국
덩케르크
철수 작전

May. 10

인도
세포이 항쟁

5월

1886년 5월 1일, 미국 시카고에서 노동자들이
하루 8시간 노동을 주장하며 총파업 궐기대회를 열었다.

전 세계 노동절(labor day)이 5월 1일이 된 이유가 이날 일어난 총파업 덕분이다. 당시 미국 분위기는 이랬다. 남북전쟁이 공업화가 된 북부의 승리로 끝나면서 미국 전국이 전후 복구, 전국의 공장화로 노동자들이 쉬는 시간도 제대로 없이 엄청난 노동력 착취를 당하던 때였다. 노동자 인권? 어린이 노동 금지? 그딴 건 없었다. 미국 거대 자본주의와 미국 재벌들이 이때 대부분 탄생한다.

하여간 5월 4일까지 계속된 노동자 시위에서 진압 경찰과 시위대 간 충돌이 고조되고 결국 경찰이 발포하면서 사망 노동자가 나온다! 이제 경찰과 시위대 양측의 무력 충돌이 시작되고 무려 70여 명의 사상자가 발생하고 만다! 가장 큰 충돌이 시카고의 헤이마켓 광장에서 일어나서 이 무력 충돌을 미국사에선 '헤이마켓 사건'이라 부른다.

이 사건으로 강력한 목소리를 내기 시작한 미국 노동계는 결국 하루 8시간 근무를 이뤄 냈다. 이 모습을 본 전 세계 노동자들은 미국 노동자들의 투쟁과 희생을 기리기 위해 5월 1일을 노동자의 날로 정한다.

2011년 5월 2일, 9·11 테러를 기획한 테러리스트 오사마 빈 라덴이 미국 특공대에 의해 사살된다.

원래 빈 라덴은 사우디 금수저 집안 출신이다. 건설업으로 재벌이 된 라덴 가문의 54명의 자녀 가운데 일곱 번째 아들로 태어났다. 이 정도면 아버지도 자기 자식들 다 기억 못 할걸. 금수저였지만 어릴 적부터 이슬람 극단주의에 푹 빠진 빈 라덴. 그는 왜 모든 걸 버리고 미국 뉴욕에 민항기를 몰고 가 충돌시키는 말도 안 되는 테러를 저질러 미국의 '공적 1호'가 되었을까? 복잡한 얘기를 아주 간단히 하면 다음과 같다.

1990년 이라크는 옆 나라 쿠웨이트를 침공한다. 국제 유가에 아주 민감한 미국은 바로 이라크를 공격한다. 1991년의 걸프전이다. 전투기들의 이착륙 등 이라크 근처 나라에 임시 군 기지가 필요했던 미국은 사우디에 '우리 미군 기지 좀 짓자'라고 요구하고 사우디는 오케이한다. 그런데 그 미군 기지가 하필이면 사우디 메카(이슬람교의 중심지) 근처였다.

'서방 외세가 이슬람교의 성지를 모욕했다. 복수다'가 간단히 말하면 9·11 테러의 근본 원인이다. 2001년 테러를 저지른 후 숨어 살던 빈 라덴은 결국 파키스탄 주택가에 숨어 살고 있다는 것이 미 정보 당국에 걸려 총격전 끝에 현장에서 사살된다.

1481년 5월 3일, 오스만 제국(현재 튀르키예)의
위대한 술탄 메흐메드 2세가 사망했다.

그의 업적 중 가장 세계사적으로 중요한 사건은 1453년 그의 나이 겨우 21세 때 콘스탄티노폴리스(현재 이스탄불)를 점령하고 동로마 제국을 멸망시킨 사건이다. 항구 도시인 콘스탄티노폴리스는 해안가에 3중 성벽을 하고 있어 해안으로는 거의 침략이 불가능한 도시였다. 특히 해안가 바다 속에 쳐져 있는 수중 쇠사슬은 그 어떤 적선의 접근도 불허!

그런데 메흐메드 2세는 해안가 반대쪽의 뒷산 위로 전함을 올려 보내 전함을 산 아래로 굴려서 성벽 앞바다로 내려 보낸다! 즉, 해안가 수중의 쇠사슬을 피한 것! '사공이 많으면 배가 산으로 간다'가 아니라 '사령관 머리가 좋으면 배가 산으로 간다!'였다.

이 작전의 성공으로 동로마 제국의 수도는 오스만 제국에 함락되고 2천 년 동안 지속된 로마는 역사 속으로 사라진다. 이게 또 역사적인 사건인 것이 이슬람교가 중동을 넘어 유럽 대륙에 상륙한 순간이기 때문이다. 메흐메드 2세가 위대한 지도자였던 이유는 이슬람교 지도자임에도 콘스탄티노폴리스에 입성한 순간 기독교 유물 파괴 금지 명령을 내린다. 있는 그대로 보존. 왜? 파괴하기엔 로마의 유산이 너무도 위대해서 이런 걸 파괴하는 건 종교를 떠나 인류에 죄를 짓는 것이라는 놀라운 판단을 했기 때문이다. 지금도 이스탄불 시내에 가 보면 이 위대한 오스만 지도자의 동상이 곳곳에 서 있다.

메흐메드 2세 동상
(© AdamAppel | Wiki Commons)

1919년 5월 4일, 중국 베이징 천안문 광장에서
시민들이 모여 '타도 일본!'을 외친 5·4 운동이 일어났다.

알다시피 칭다오로 유명한 중국 산둥반도 대부분은 독일 식민지였다. 그런데 1914년 유럽에서 1차 대전이 일어나자 일본이 갑자기 빈집 털이를 한다! 독일이 전쟁한다고 정신이 없는 사이 독일 식민지 산둥반도를 일본이 꿀꺽 먹어 버린 것이다. 그런 정신없는 와중에 1차 대전이 끝났다.

놀랍게도 당시 중국도 연합국 측에 서서 1차 대전에 참전을 한 상태. 즉, 중국도 승전국. 그리고 일본 또한 1차 대전 승전국. 중국은 요구한다. '우리도 승전국이니까 패전국 독일이 점령한 산둥반도를 중국에 공식적으로 돌려달라'라고. 여기에 일본도 주장한다. '뭔 소리냐? 우리 일본이 실질 지배를 하고 있었다'라고. 이제 결정은 미국, 영국 등 '진짜' 승전국들의 결정. 미영프는 일본의 손을 들어 준다. '산둥반도는 일본이 먹어'라고. 1919년 4월의 일이었다.

이에 중국 국민들이 들고일어난다. 마침 2달 전 우리나라에선 3·1 만세 운동이 일어났잖나. 중국인들은 '조선인들도 목숨 걸고 일본에 맞서 싸우는데 우리도 싸우자!'라며 5월 4일 대대적인 반일 저항 운동을 시작한다. 지금도 중국 칭다오에 가면 5·4 운동 기념 광장이 있다. 베이징이 아니라 웬 칭다오? 5·4 운동 자체가 산둥반도의 칭다오를 놓고 처음 시작됐기 때문.

1821년 5월 5일 전직 프랑스 황제 나폴레옹이
서아프리카 앞 대서양 세인트헬레나섬에서 사망했다.

　지중해의 깡촌 섬인 코르시카섬에서 태어난 나폴레옹. 심지어 코르시카섬은 나폴레옹이 태어나기 몇 해 전까지만 해도 이탈리아 섬이었다. 그래서 나폴레옹은 어렸을 때 프랑스어를 못했다. 하여간 그 섬 출신 촌사람이 승승장구를 해서 프랑스의 황제 자리까지 올라갔다. 당당히 국민투표로 황제가 된다.

　프랑스 혁명 이후 난장판 아수라장 프랑스에 염증을 느낀 프랑스인들이 '됐고, 강력한 황제가 나와서 이 난장판 좀 수습해 줘'란 마음을 가지고 있던 때에 마침 나폴레옹이 등장한 것이다. 유럽을 다 정복하면서 한창 잘나가던 나폴레옹은 1812년 무리해서 러시아 정벌에 나섰다가 참패한다. 왜? 당시 러시아는 이 장군이 지켜 주고 있었기 때문. 바로 겨울의 동장군. 대부분의 나폴레옹 병사들, 얼어 죽거나 병으로 죽었다고 한다.

　여론은 급격히 나빠졌고 결국 나폴레옹은 황제 자리에서 쫓겨난다. 그리고 지중해 엘바섬으로 유배를 가는데……. 그 섬에서 탈출해 다시 권력을 잡기 위해 최후의 시도를 하다가…… 또 잡힌다. 이번엔 정말 먼 대서양의 세인트헬레나섬으로 유배를 간다. 그리고 그곳에서 한 많은 삶을 마감한다. 51세였다.

1840년 5월 6일, 영국에서
세계 최초의 우표가 발행됐다.

그 이전에도 영국엔 편지 배달 서비스가 있었다. 그러나 착불이었다. 그래서 배달부가 편지를 배달해도 받는 측이 돈 내기 싫어서 편지를 거부하는 일이 꽤 자주 일어났다. 게다가 거리에 따라 요금도 제각각이어서 배달부가 요금을 일일이 계산하는 것도 너무 번거로웠다.

심지어 요금 흥정을 하는 일도 발생! 예를 들어 배달부가 편지를 배달하러 갔는데 받는 사람이 '이거 바가지 아니야? 왜 이 요금이야? 깎아 줘!'란 황당한 요구들을 한 것. 그래서 로렌드 힐이란 영국인이 아이디어를 낸다. 거리에 상관없이 요금을 통일하고 우표란 걸 만들어서 아예 편지를 보낼 때 돈을 지불하고 지불했다는 증거로 우표를 편지에 붙이자는 아이디어를. 그리고 드디어 1840년 5월 6일, 영국에서 우표 유통이 시작됐다. 그런데 요즘 젊은 친구들은 우표가 뭔지도 모를걸.

1915년 5월 7일, 북대서양 영국 부근에서
영국 여객선 루시타니아호가 독일 잠수함 공격을 받고 침몰했다.

약 2,000명의 승객 중 1,198명이 물에 빠져 죽었다. 당시 1차 대전이 한창이었는데 독일은 섬나라 영국을 굶겨 죽이려 했다. 잠수함으로 영국 주변 바다를 다 봉쇄해 버리고 국적을 불문하고 영국으로 가거나 영국에서 나오는 배는 다 격침시키겠다고 경고까지 했다. 하지만 영국 배 루시타니아호는 이 경고를 무시하고 영국 부근을 지나가다 독일 잠수함 어뢰를 맞고 말았다!

문제는 이 배에 미국인 128명이 타고 있었다는 것! 이들도 목숨을 잃었다. 이 배가 침몰하기 전까지 1차 대전 참전을 꺼리고 있었던 미국은 독일에 격분한다. '우리 미국인들을 죽여?' 하며. 그리고 1917년 잠자던 사자 미국은 1차 대전 참전을 선언한다.

물론 이 배의 침몰이 미국의 유일한 참전 이유는 아니었지만 상당히 중요한 참전 이유가 됐다. 미국이 1차 대전에 본격 참전을 하면서 독일은 탈탈 털리고 결국 항복을 한다. 참고로 루시타니아호 침몰 3년 전에 비슷한 바다에서 그 유명한 타이태닉호가 침몰했다.

1886년 5월 8일, 미국 조지아주 애틀랜타의
한 약국에서 코카콜라가 처음 판매됐다.

약국? 맞다. 코카콜라는 처음에는 청량음료가 아니라 '마시면 기운이 난다'고 선전을 하면서 자양 강장제로 판매됐다. 두통, 소화불량에서 효과가 있다고도 선전했지. 코카콜라를 처음 만들어 판 사람은 조지아의 약사 존 팸버턴이었다. 코카나무 잎, 콜라나무 열매 추출물 등을 섞어서 팔았는데 그래서 이름이 '코카-콜라'다.

마약인 코카인을 만드는 그 코카나무? 맞다. 코카콜라가 처음 판매될 때는 아주 조금이지만 코카인 성분이 들어 있었다. 왜? 놀랍게도 당시는 코카인이 마약이 아니었다! 먹으면 힘이 난다는 에너지 식품(?)이었다! 심지어 당시엔 코카인을 넣은 와인까지 인기였다. 물론 지금은, 이름은 코카 콜라지만 코카인 성분은 전혀 없다. 안심하시길. 😎

코카콜라가 전 세계인들이 즐기는 음료가 된 계기는 2차 대전이다. 당시 미 국방부는 참전 미군들이 휴식 시간에 술 대신 마실 수 있는, 맛있고 기분도 업(UP)시켜 줄 음료가 없을지 고민했다. 그러다가 눈에 들어온 것이 바로 코카콜라! 그리고 전 세계에서 미군이 싸우고 있던 모든 곳에 코카콜라가 대량 보급이 되었다. 현지인들도 미군들이 마시는 '까만 물'을 마셔 보고 그만 중독이 된다. 그리고 세계인의 음료가 된다.

1915년 5월 9일, 중국 정부가 산둥반도를 일본에 넘겨주는 문서에 사인했다.

그래서 중국에선 5월 9일을 '국치일'이라고 부른다. 자, 당시 상황을 좀 보자. 1915년이면 유럽에선 1차 대전이 한창이었다. 칭다오가 있는 산둥반도는 원래 독일 식민지. 독일이 유럽에서 전쟁을 하느라 정신이 없을 때 일본이 갑자기 산둥반도를 꿀꺽 먹어 버린다. 중국은 반응은? '어서 산둥반도를 가져가세요'였다. 왜 그랬을까?

당시 중국의 실권은 위안스카이란 인간이 차지하고 있었는데 아직 권력 기반이 약했다. 권력을 강화하기 위해선? 그렇지. 자금, 즉 돈이 필요했다. 일본은 이 점을 노렸다. '어이, 위안스카이. 돈 필요하지? 우리 일본이 자금 지원해 줄 테니까 우리가 산둥반도 먹는 거 동의 좀 해 줘'란 제안을 했고 위안스카이는 그 제안을 1915년 5월 9일에 받아들인 것이다.

맞다. 위안스카이는 중국의 매국노다. 참고로 그 문서는 '21개조 요구'라고 한다. '산둥반도의 지배권을 독일에서 일본에게 준다' 등 총 21개 요구가 있기 때문이다.

1857년 5월 10일, 인도에서
세포이 항쟁이 일어났다.

오타 아니다. '세포'가 아니라 '세포이'가 맞다. 세포이는 페르시아(지금의 이란)어로 '용병'이란 뜻이다. 용병이란 간단히 '돈 받고 남의 나라 전쟁에 가서 싸워 주는 병사'란 뜻. 세포이는 주로 인도인들로 구성되었는데 영국이 벌이는 전쟁에 동원되었다.

당시 인도는 실질적으로 영국의 지배를 받고 있었다. 엄청 넓은 인도 땅을 영국군만 가지고는 감당이 안 되다 보니 영국은 인도인들을 동원해서 인도를 다스렸다. 인도인들이 영국 편에 서서 자기 나라 인도를? 맞다, 돈의 힘이다.

그런데 해가 갈수록 영국의 대접은 점점 나빠지고 월급은 안 오르고 업무의 강도는 점점 세지고, 세포이의 불만은 갈수록 쌓여 갔다. 이때! 결정적 사건이 터진다. 당시 영국은 세포이들에게 신형 소총을 지급해 줬는데 종이로 싼 탄약 주머니를 이로 물어뜯어 총 안에 부어 넣는 총이었다. 문제는 종이가 찢에 찢지 말라고 소·돼지기름을 발랐다는 것! 그런데 인도인들은 돼지를 먹지 못하는 이슬람교도, 소를 먹지 못하는 힌두교도들이란 것!

자기들이 입으로 뜯은 종이가 소·돼지 기름칠이 되어 있다는 사실을 안 세포이들은 경악을 하고 영국을 상대로 반란을 일으킨다. 이게 세포이 항쟁이다. 결론을 말씀드리면 세포이 항쟁은 영국에 의해 완전 진압된다. 그리고 인도는 '공식적으로' 영국의 식민지가 된다.

1960년 5월 11일, '유대인 도살자' 아돌프 아이히만이 도피 중이던 아르헨티나에서 체포됐다.

나치 장교로 유대인 학살의 총 실무 책임자 역할을 했다. 아우슈비츠 등 유대인 수용소를 돌아다니며 조금 더 효율적으로 더 많은 유대인들을 학살시킬 여러 아이디어를 제공했다. 600만 명의 유대인을 학살했다.

독일이 패망한 후 미군 수용소에 잡혀 있다가 탈출에 성공해서 남미 아르헨티나에 몰래 숨어든다. 그리고 신분을 세탁한 후 평범한 직장 생활을 하다…… 걸린다! 아들 때문에. 아들이 애인에게 '우리 아빠 유대인 학살 책임자였다'란 말을 자랑스럽게 했는데 하필이면 그 여자 친구의 가족 중에 나치에 의해 학살된 사람이 있었던 것! 이스라엘 정보 당국에 이 사실이 알려졌고 아르헨티나까지 날아온 이스라엘 정보 요원에 의해 아이히만은 집 앞에서 체포된 후 이스라엘에 끌려온다.

체포 직후 이스라엘 요원은 이런 말을 했다고 하지. '지금 여기서 죽을래? 이스라엘에 가서 재판 받고 죽을래?' 결국 이스라엘에 끌려와 재판을 받았는데 재판 중 그 유명한 말을 했다. '난 공무원이었고 국가가 시키는 대로만 했다. 난 죄가 없다'란 말을. 말인지 방귀인지. 👓

1820년 5월 12일, 이탈리아 피렌체에서
영국 간호사 플로렌스 나이팅게일이 태어났다.

참고로 그래서 5월 12일이 '국제 간호사의 날'이다. 금수저 집안에서 태어났다. 부모가 세계 일주 신혼여행을 하다 나이팅게일을 이탈리아 피렌체에서 낳았을 정도. 그래서 나이팅게일의 이름을 피렌체의 영어식 발음인 플로렌스로 지었다. 만약 조선 한양을 여행하다 그녀를 낳았으면 '한양 나이팅게일'이 될 뻔.

1853년에 영국과 오스만 제국이 흑해의 크림반도 지배권을 놓고 전쟁을 벌이자(크림전쟁) 영국군 부상병들을 치료하기 위해 현재 튀르키예까지 날아간다. 그때 그녀의 부모는 간호사가 되려는 딸을 미친 듯이 말렸다. 지금은 절대 아니지만 당시는 의사도 부자 입장에선 별 볼 일 없는 직업이었다. 아프면 병원에 가는 것이 아니라 의사를 집으로 불렀으니. 의사도 그럴 정도로 무시당하는 직업이었는데(절대 지금이 아니라 당시 관점에서) 그 의사 밑에서 일하는 간호사라니!

하지만 사명감으로 똘똘 뭉친 당돌한 딸은 부모의 만류에도 크림전쟁 전선으로 뛰어들었고 현대 간호사의 대명사가 되었다.

나이팅게일
(Public domain | Wiki Commons)

서기 189년 5월 13일, 그 유명한
《삼국지》헬게이트를 연 한나라 황제 영제가 사망했다.

그리고 유비, 관우, 장비가 등장한다. 영제는 자기가 황제임에도 매관매직을 즐겼다. 즉, 돈 받고 벼슬을 판 것. 국정은 다 팽개치고 매일 밤 파티만 열다 보니 나라를 10명의 내시들이 지들 마음대로 쥐락펴락했다. 이른바 '십상시'들.

나라를 이렇게 말아먹다 보니 곳곳에서 반란들이 일어났고 그중 제일 컸던 반란이 바로 황건적의 난이었다. 이 황건적을 진압하기 위해 등장한 영웅들 중 유비, 관우, 장비가 있었던 것이다. 하여간 황건적의 난은 진압이 되었지만 영제는 술을 너무 많이 마셔서 34세의 나이에 요절한다.

한나라는 실질적으로 멸망하고 중국은 유비의 촉나라, 손권의 오나라, 조조의 위나라로 갈라져 치고받고 싸운다.《삼국지》의 시작이다.

1881년 5월 14일, 자메이카의 흑인 간호사 메리 시콜이 사망했다.

나이팅게일이 간호사로 참전한 크림전쟁. 그 전쟁에서 간호사가 부족하다는 소식을 듣고 메리는 고향 자메이카를 떠나 영국으로 건너갔다. 영국 간호사로 참전하기 위해서.

그런데 영국 당국은 매번 '간호사 자리가 다 찼다'란 핑계로 메리의 간호사 지원을 거부했다. 영국의 식민지 자메이카 출신 흑인이 백인 병사를 치료하게 할 순 없다는 게 진짜 이유였다. 메리는 실망하지 않고 영국 당국을 통하지 않고 직접 크림반도로 날아갔다. 그리고 사비를 털어 야전병원을 세우고 부상당한 병사들을 치료해 준다. 영국 병사뿐 아니라 맞서 싸우던 오스만 제국 병사 등 국적, 피부색 가리지 않고 다 치료해 줬다.

나이팅게일에 묻혀 잊힐 뻔했던 메리의 공은, 그녀 덕분에 목숨을 건진 병사들에 의해 적극적으로 세상에 알려진다. 그리고 영국, 프랑스뿐 아니라 오스만 제국도 그녀에게 훈장을 수여했다. 진정한 간호사란 무엇인가를 보여 준 영웅이었다.

메리 시콜
(Public domain | Wiki Commons)

1932년 5월 15일, 일본 해군 장교들이
당시 일본 총리 이누카이 쓰요시를 암살했다.

　일본에선 이 일을 '5·15 사건'이라고 부른다. 당시 일본 상황은 정치, 경제적으로 엉망이었다. 일단 1929년에 터진 세계 대공황으로 일본 경제도 주저앉기 시작했다. 여기에 일본 군부가 사고를 하나 친다. 군부는 '일본의 위기는 전쟁으로 풀어야 한다'란 형이상학적 헛소리를 하며 1931년 중국 만주를 침공해 버린 것이다. 이른바 만주 사변을 일으켰다.

　당시 일본 정부와는 구체적인 협의 없이 육군이 그냥 강행한 참공이었다. 그만큼 육군의 입김이 대단했다. 이런 와중에 일본 정부는 해군의 군함 등을 줄이기로 결정한다. 여기서 일본 해군의 뚜껑이 열린다.

　육군은 정부까지 무시하며 전쟁을 일으키고 독주하고 있지, 정부는 이런 육군에 질질 끌려다니지, 이 상황에서 완전 꿔다 놓은 보릿자루에 찬밥 신세가 된 해군. 그런데 우리 해군에게서 군함까지 빼앗아 가? 열받은 일부 해군 장교들이 총리를 찾아가 막무가내로 암살해 버린다. 권총을 맞고 쓰러진 쓰요시 총리가 죽기 직전에 남긴 마지막 유언은 '아까 나한테 총을 쏜 젊은이들 좀 다시 데려오게. 내가 잘 설득할 수 있어'였다.

1929년 5월 16일, 미국 할리우드에서
제1회 아카데미 시상식이 열렸다.

원래 미국 영화사들은 뉴욕 등 동부에 몰려 있었다. 그런데 비가 자주 오는 동부 날씨가 야외 촬영에 늘 걸림돌이었다. 그래서 땅값도 싸고 비도 오지 않는 캘리포니아의 할리우드란 동네에 하나둘씩 영화사들이 이사를 가기 시작했다.

할리우드에 모인 영화인들이 '우리 이렇게 먼 타지에 와서 살고 있는데 친목 단체 하나 만들자. 그리고 모인 김에 올해 가장 잘 만든 영화에 상도 좀 주고 그러자' 해서 만들어진 것이 아카데미상이다. 1회 시상식은 할리우드가 있는 LA의 루스벨트 호텔이란 곳에서 열렸는데 270명 정도가 모인 진짜 '친목 모임'이었다. 아카데미상이란 이름은 당시 만들어진 영화인 단체 이름이 '영화 예술 과학 아카데미(Academy of Motion Picture Arts and Sciences)'였기 때문.

지금도 LA에 가면 루스벨트 호텔이 영업 중이다. LA 여행 가시면 하룻밤 묵고 제1회 아카데미 시상식이 열린 홀에서 사진도 한 번 찍어 보자.

루스벨트 호텔
(© Bohao Zhao | Wiki Commons)

1645년 5월 17일, 명나라를 실질적으로 멸망시킨
농민 반란군의 두목 이자성이 사망했다.

명나라는 말기에 와서 나라 재정에 구멍이 뚫리고 나라 곳곳에서 농민 반란이 일어난다. 안될 나라는 정말 안되는지 설상가상으로 중국 역사상 최악의 기근까지 들고, 만리장성 북쪽에서 '갓 건국한' 만주족의 청나라가 명나라를 위협하는 대략 난감의 상황이었다. 군인들 월급? 당연히 안 나왔다.

명나라 군인이었던 이자성은 월급도 안 나와, 밥도 굶고 있어, 에라이 모르겠다 하며 반란을 일으킨다. 똑같이 월급 안 나오는 것에 불만을 품은 탈영병들과 힘을 합쳐 대규모 반란군으로 세를 키운다. 그리고 명나라 수도 베이징으로 쳐들어가 결국 명나라 마지막 황제 숭정제가 자살하게 만든다. 그런데 이자성은 베이징을 쑥대밭으로 만들어 버리고 황족을 삶아 요리해 먹는 등(진짜 사람을) 무자비한 만행을 저질러 민심을 잃는다.

그때! 청나라군이 '어이, 명나라! 만리장성 문 열어 주면 우리가 무자비한 이자성 반란군 진압해 줄게'란 말도 안 되는 명분으로 만리장성을 넘어 들어온다. 그리고 약속대로 청나라군이 반란군을 진압하고 이자성을 처형한다.

맞다. 다시 한번 강조하지만 명나라는 청나라가 멸망시킨 것이 아니라 농민 반란으로 자멸했다.

160

1868년 5월 18일, 러시아의 마지막 황제 니콜라이 2세가 태어났다.

아버지인 전임 황제 알렉산드르 3세가 갑자기 죽는 바람에 얼떨결에 갑자기 '준비가 안 된 상태'에서 러시아 황제 자리에 올랐다. 황제 즉위식부터 불길했다. 일단 목에 걸고 있던 목걸이가 바닥에 떨어졌고 즉위식 축하 행사에 모스크바 시민 수십 명이 한꺼번에 몰리고 쓰러져서 1,000명 이상이 압사당하는 사고까지 발생했다.

그리고 라스푸틴이라는 요승을 나라의 스승 자리에 앉히고 그 인간의 말도 안 되는 조언만 들으며 나라를 혼돈에 빠뜨린다. 게다가 러일전쟁에서 그때까지 아시아의 변방 국가였던 일본에게 지면서 엄청난 망신을 당한다.

그러는 와중 1905년 1월, 빵을 달라고 황궁으로 시위를 하며 행진하던 시민들을 향해 발포 진압을 했다. 수많은 무고한 시민들이 죽었다. 결국 레닌이 주도하는 공산혁명으로 황제 자리에서 쫓겨나고 일가족(부인, 아들, 딸) 모두 지하실에서 총살당하는 비극을 맞는다.

1994년 5월 19일, 존 F. 케네디 전 미국 대통령의 부인 재클린 오나시스가 사망했다.

참으로 파란만장한 삶을 살았다. 희대의 바람둥이를 남편으로 둔 죄로 정말 마음고생 많이 했다. 가장 대표적인 것이 바로 케네디와 배우 매릴린 먼로 간의 불륜. 하루는 매릴린이 대놓고 백악관으로 전화를 해 재클린을 바꾸라고 요구했다고 한다. 매릴린은 이렇게 얘기했다고 하지. '조만간 백악관 여주인이 나로 바뀔 것 같다'라고. 그러자 재클린은 '그렇게 하세요'라고 대답했다는데 '너도 우리 남편 바람기에 한번 당해 봐라'란 뜻.

하여간 1963년 남편이 대낮의 길거리에서 저격 암살을 당하는 날벼락을 맞은 후 재클린은 자기 시동생이었던 로버트 케네디 당시 미 법무장관과도 연애를 하는, 이해 불가 행동도 보였다. 어찌 되었건 국민적 사랑을 받았던 전 영부인이었던 재클린. 그냥 그 이미지로 남았으면 좋았을 텐데 갑자기 그리스 선박 재벌 오나시스와 재혼을 한다. 그래서 마지막 공식 이름이 재클린 케네디가 아니라 재클린 오나시스다.

1873년 5월 20일, 미국 사업가 리바이 스트라우스가 사상 최초로 청바지 특허를 받았다.

처음부터 청바지 아이디어를 생각한 건 아니다. 당시 미국은 캘리포니아에서 금광이 발견되면서 전국적인 골드러시가 이어졌는데 캘리포니아로 달려가는 마차의 덮개용으로 질긴 천을 개발한 것이다. 그러던 어느 날 한 사업가가 10만 장의 덮개를 주문한 것! 대박을 칠 것 같았지만 막판에 그 사업가가 갑자기 주문을 취소하면서 날벼락을 맞는다.

이 질긴 덮개를 가지고 무엇을 할까 고심하다가 그는 '금광 노동자들이 입을 수 있는 질긴 바지나 만들자' 생각했다. 그렇게 사상 최초의 청바지가 탄생한 것이다. 이 질기고 튼튼한 작업용 바지는 대박을 터뜨렸고 리바이는 상표 등록까지 한다. 그래서 탄생한 것이 바로 리바이스(Levi's) 청바지 브랜드다. 직역을 하면 '김가네', '박가네'처럼 '리바이네'란 뜻이다.

1904년 5월 21일, 프랑스 파리에서
국제 축구연맹(FIFA)이 설립됐다.

맞다. 영국이 아니라 프랑스에서. 그래서 FIFA는 영어가 아니라 프랑스어다. FIFA(Fédération Internationale de Football Association). 영어로 알고 있었던 분들, 지금 충격과 공포에 싸여 있다는 것 안다.

원래 지금 축구의 규칙(선수 11명 등)은 영국에서 만든 것이 맞다. 축구 종주국으로서 영국의 자부심은 대단하다. '대한축구협회'는 영어로 KFA(Korea Football Association)이고 '일본축구협회'는 JFA(Japan Football Association)인 반면 '영국축구협회'는 그냥 FA(The Football Association)이다. 나라 이름 따위는 앞에 필요 없다는 뜻. 왜? '영국=축구'니까.

1990년대 초 전 세계 축구인들이 국제적으로 축구를 하나로 통합하는 단체의 필요성을 느낀다. 주로 프랑스 축구계가 주도를 했다. 영국은 '건 방진 프랑스 놈들. 우리 영국 빼고 니들끼리 잘 해 봐'라며 자기들은 단체를 만드는 데 빠져 버린다! 그래서 열받은 프랑스가 그냥 영국을 빼고 자기 나라에서 FIFA를 설립한다. 그리고 영국(정확하게는 잉글랜드)을 빼고 월드컵을 개최하는데…… 흥행하기는커녕 망한다. 당연하지. 종주국이 빠졌는데.

그래서 나중에 프랑스가 월드컵 좀 출전해 달라고 영국에 읍소를 했고, 영국은 조건을 걸고 참가한다. 그 조건은 잉글랜드, 스코틀랜드, 웨일즈, 북아일랜드가 각각 한 나라로 출전하게 해 달라는 것. FIFA는 울며 겨자 먹기로 그 제안을 받아들인다. 지금도 월드컵에 영국이 아니라 잉글랜드 등이 각각 출전하는 이유다.

서기 337년 5월 22일, 기독교를 공인한
첫 로마 황제 콘스탄티누스 1세가 사망했다.

이 황제 이전까지만 해도 기독교에 대한 박해가 어마어마했다. 기독교 신자들을 '인간 횃불'이라고 해서 산 채로 태워 버리고 사자 우리에 밥으로 던져 넣고 별의별 탄압을 다 했다. 그러던 로마였는데 왜 갑자기 콘스탄티누스는 기독교를 공인(정식 종교로 인정)해 줬을까? 정치적 결단이었다.

이미 로마엔 통제할 수 없을 정도로 기독교인들이 늘어났다. 황제는 결정을 해야 했다. '다 죽일까? 아니면 내 백성으로 다 끌어안을까?' 중 하나의 결정. 그리고 현명하게 후자를 선택했다.

그리고 이 황제, '이왕 기독교를 공인해 준 김에 기독교의 교리도 정확하게 정하자'라고 해서 이른바 부활절, 삼위일체 등의 기독교 교리도 정한다. 이것도 다분히 정치적 결정이었다. 고스톱도 동네마다 규칙이 다르면 명절 친척들 모임에서 싸움 난다. '전 로마 제국에서 믿는 기독교로 하나의 통일된 규칙대로 믿어라, 그리고 서로 싸우지 마라'란 결정이었다.

1937년 5월 23일, 미국의 석유 재벌
존 록펠러가 97세로 사망했다.

돌팔이 약장수 아버지 밑에서 태어났는데 아버지는 사기꾼인 것도 모자라 엄청난 바람둥이였다. 미국에서 돌팔이 약장수가 있었냐고? 있었다. '이 약 잡숴 봐! 관절염 바로 사라져!'라고 가짜 약을 팔고 다른 동네로 도망가 버리곤 했다. 그러나 미국 땅이 워낙 넓어서 한번 튀면 잡을 수가 없었지.

하여간 바람둥이 남편에 속이 시커멓게 타들어 가는 어머니를 보면서 '이 인생은 답이 없다'란 좌절로 어린 시절을 보냈다. 그러던 중 우연히 회계 일을 하게 되는데 그 안에서 인생의 답을 본다! 답이 없을 것 같았던 인생이었는데 숫자 계산은 언제나 1+1=2, 10-3=7이었던 것!

록펠러는 그래서 죽을 때까지 '돈 계산, 회계'를 신처럼 숭배한다. 그러던 중 마침 자기 동네 오하이오에서 유전이 터지고 그 유전 판매를 독점하면서 미국의 석유 재벌로 성장한다. 그리고 생을 마감할 때 '내가 평생 번 돈은 신이 잠시 내게 맡겨 둔 돈이다. 원래대로 사회에 재산을 돌려준다'라며 막대한 재산을 다 사회에 기부한다. 그래서 생긴 것이 바로 미국의 록펠러 재단이다.

1607년 5월 24일, 지금 미국 버지니아주에 첫 영국인 식민지 제임스타운이 건설됐다.

엥? 첫 식민지는 1620년 메이플라워호를 타고 지금의 보스턴 근처에 상륙한 영국인 청교도들 아니었냐고? 아니다. 그 이전에 보스턴 남쪽 버지니아 해안에 약 100명의 영국인들이 상륙해서 제임스타운이란 식민지를 건설한 것이 지금 미국의 첫 시작이었다. 왜 제임스타운이었냐고? 당시 영국 왕 이름이 제임스 1세였다. 끝.

이 식민지, 성공했냐고? 결론부터 말씀드리면 완전 실패했다. 이들 영국인들은 '해안가는 위험해'란 생각에 강 하나를 발견하고(그 강 이름도 자기들 마음대로 제임스강이라고 불렀다) 그 강을 따라 내륙 쪽으로 들어간다. 내륙은 안전할 것으로 믿었다. 하지만 그것은 오판. 내륙에는 막강한 원주민들이 진을 치고 앉아 있었고 게다가 제대로 정착 준비도 안 해 와서 결국 도착한 100명 대부분이 굶어 죽었다. 남편이 자기 아내를 잡아먹은 케이스도 있다.

식민지 정착은 실패했지만 첫 미국의 시작으로 인정되어 지금도 옛 제임스타운 터에 미국판 민속촌을 만들어 놓고 관광객을 받고 있다.

제임스타운의 위치

1977년 5월 25일, 사상 첫 〈스타워즈〉가 미국에서 개봉됐다.

1977년에 개봉한 〈스타워즈〉는 '스타워즈 시리즈 4편'이다. 왜 1~3편을 건너뛰고 4편부터 개봉을 했냐고? 감독이었던 조지 루카스 왈, 당시 기술력으론 앞부분의 우주 스토리를 만들 수가 없어서 일단 제작 가능한 4편부터 만들었다고 한다. 그리고 제작 기술이 확보된 한참 후에 1~3편이 제작되고 개봉이 되었지.

미국에서 〈스타워즈〉는 거의 신화다. 막말로 '스타워즈 학(學)'이 있을 정도. 그리고 이 영화가 영화사에 큰 의미를 가지는 것이 바로 영화사 처음으로 머천다이징(마케팅 활동의 하나로 상품화 계획을 의미)을 시작했다는 것. 간단히 말해서 영화에 나오는 주인공들을 장난감으로 만들어 팔기 시작한 것이다.

의도는 좀 불쌍하다. 아무리 봐도 영화가 망할 것 같았던 제작자가 적자를 보충하기 위해 울며 겨자 먹기로 장난감 끼워팔기를 생각해 낸 것인데…… 이게 슈퍼 대박을 터뜨린 것이다. 참고로 저자는 이 〈스타워즈〉 머천다이징에 관한 연구로 미국에서 석사 학위를 받았다. 😎

1940년 5월 26일, 2차 대전 당시 영국군의 운명을 가른 덩케르크 철수 작전이 시작됐다.

1939년 9월 1일, 히틀러는 전격적으로 2차 대전을 일으켰다. 먼저 독일의 동쪽에 있는 폴란드를 박살 낸 후 바로 서쪽의 프랑스로 치고 들어왔다. 영국과 프랑스는 즉각적으로 독일에 선전포고를 하고 참전했는데 서쪽으로 밀고 들어오는 독일군의 진군 속도가 너무 빨랐다. 그래서 바다를 건너온 영국 원정군 30만 명은 졸지에 그냥 해안가에 고립이 되어 버린다! 그리고 2차 대전 최대의 미스터리가 발생한다.

히틀러가 독 안에 든 쥐인 이들을 바로 공격하지 않고 잠시 진군을 멈춘 것이다! 여러 가지 설이 있는데 첫째는 너무 빨리 탱크를 몰고 진군을 하는 바람에 기름이 떨어져 멈춘 것이다, 둘째는 영국과의 본격적인 대결을 꺼려서 '좋은 말로 할 때 다시 바다 건너 영국으로 돌아가라'는 등의 설이 있다.

하여간 당시 영국의 처칠 총리는 고립된 30만 명을 지금의 프랑스 덩케르크 해안에 집결시킨 후 영국에서 쓸 수 있는 모든 배들을 다 동원해 이들을 구출해 낸다. 관련 영화 〈덩케르크〉를 한번 보면 당시 상황이 쉽게 이해된다.

1905년 5월 27일, 지금의 대마도 앞바다에서
일본 해군과 러시아 해군이 격돌했다.

　러일전쟁 중이었는데 이 해전에서 일본이 승리하면서 사실상 러일전쟁에서 일본이 최종 승리한다. 러시아는 육지에서 일본과 붙어 본 후 '어? 이놈들 생각보다 꽤 잘 싸우는데? 두고 보자. 해군은 우리가 이길걸?'이란 생각에 러시아 최강 발트 함대(지금의 스웨덴 부근 바다에 있던)를 일본 쪽으로 보낸다. 원래는 수에즈운하를 통과해 갈 예정이었는데 당시 일본은 영국과 동맹! 그리고 수에즈운하의 관리는 영국이!

　결국 '어이, 러시아. 미안한데 수에즈 통과 불가'라고 영국이 통보를 하고, 러시아 함대는 본의 아니게 다시 '후진해서' 아프리카 희망봉을 도는…… 태어난 김이 아니라 전쟁한 김에 세계 일주를 하게 되었다. 결국 지구 반 바퀴를 돌고 와서 지칠 대로 지친 러시아 발트 함대. 지금의 대마도 앞바다에서 기다리던 일본 해군에게 궤멸을 당한다. 그리고 러일전쟁에서 진다. 이 전투에 대한 이야기는 5월 30일 글에서 더 풀어 드리겠다.

1972년 5월 28일, 영국의 에드워드 8세가 파리에서 사망했다.

젊은 시절부터 유부녀와 끊임없이 바람을 피우는 등 기행을 저질렀다. 오죽했으면 아버지(당시 영국 왕 조지 5세)로부터 '네 이놈! 지금같이 막 살면 다음 왕 자리는 다른 사람한테 줘 버린다!'란 협박까지 들었다. 우여곡절 끝에 영국 왕에 즉위는 했다.

그러나 또 다른 유부녀였던 미국인 심슨 부인에게 또 푹 빠져 버렸는데…… 앞에서도 설명한 것과 같이 영국인들은 심슨 부인을 에드워드 8세를 결코 사랑한 적이 없는 여자로 보는 경향이 있다. 영국 왕비가 되고 싶어 이 순진한 바람둥이에게 접근했다는 것. 그런데 그런 것도 모르고 심슨 부인과 결혼을 하기 위해서 즉위한 지 얼마 안 되어 스스로 왕 자리에서 물러난다!

그의 동생이 얼떨결에 다음 영국 왕이 되는데 바로 '말더듬이'로 알려진 조지 6세였다. 조지 6세의 말더듬 극복기는 콜린 퍼스 주연의 영화 〈킹스 스피치〉에도 잘 나온다. 참고로 에드워드 8세는 고국 영국에서 거의 쫓겨난 후 프랑스 등을 전전하며 살다 프랑스 파리에서 죽었다.

1917년 5월 29일, 미국 제35대 대통령 존 F. 케네디가 태어났다.

아일랜드 이민자이자 가톨릭 집안에서 태어났다. 케네디의 아버지인 조셉 케네디의 거의 집착에 가까운 성공에 대한 욕심으로 JFK를 비롯한 자녀들은 불행한 삶을 살았다. 조셉은 마피아와 밀주 거래도 하고 주가 조작을 하는 등 상당히 더러운 방법으로 돈을 벌었다. 그리고 꿈이 있었다. 모든 아들들은 다 하버드에 진학시키고, 그 아들 중 1명은 반드시 백악관 주인으로 만들겠다는 야무진 꿈 말이다. 그리고 기어이 둘째 아들을 백악관에 입성시킨다. 바로 존 F. 케네디.

그를 대통령으로 만들었던 1960년 대선이 미 현대사에 큰 의미를 지닌다. 왜? 바로 사상 첫 TV 생중계 토론이 실시되었기 때문. 민주당 JFK의 상대는 당시 현직 부통령 공화당의 닉슨(맞다. 나중에 워터게이트 사건으로 쫓겨난 닉슨)이었다. 두 사람의 나이 차는 별로 안 났지만, 케네디는 각종 미디어 전문가들의 조언을 받아 토론을 하면서 젊고 힘 있는 이미지를 준 반면 닉슨은 병든 이미지를 유권자들에 보였다. 이게 대선 결과에 결정적 역할을 했다.

대통령에 당선된 케네디는 1964년 대선에서 재선을 원했고 자기를 별로라고 생각했던 적지(敵地) 텍사스 댈러스에 유세를 하러 갔다 저격을 당해 숨졌다. 케네디를 누가 암살했는지는 아직까지 논란이다.

1934년 5월 30일, 대마도 전투에서 러시아 함대를 격파한 일본 해군 사령관 도고 헤이하치로가 사망했다.

대마도 전투는 러일전쟁에서 일본의 승리를 만든 결정적인 전투이다. 도고 제독은 1848년, 현 규슈 가고시마에서 사무라이의 아들로 태어났다. 그는 청나라가 영국에 박살이 난 아편전쟁, 그리고 미국에 의한 강제 일본 개항 등을 보고 자라면서 '언젠가는 우리 일본도 서구 열강과 전쟁을 할 것이다. 그때는 육군보다 해군의 역할이 클 것이다'란 생각을 했다. 그리고 당시 최강 해군을 보유했던 영국으로 군사 유학을 가서 열심히 해군학을 공부했다.

이후 일본에 돌아와서 1894년, 우리 한반도에서 청일전쟁이 일어나자 일본 해군 전함의 함장으로 참전해 수많은 청나라 군함들을 격침시켰다. 그 공을 인정받아 1904년 러일전쟁 때는 일본 해군 총사령관으로 참전한다. 그는 '지구 반 바퀴를 돌고 겨우 동아시아에 도착한 '굶주린 거지 떼' 러시아 함대는 반드시 보급을 위해 일단 블라디보스토크로 갈 것이다'란 예측을 하고 그 길목인 대마도 앞바다에 대기

하고 있다가, 진짜 보급을 위해 몰래 대한해협을 통과하던 러시아 함대를 궤멸시켰다. 그리고 러일전쟁을 일본의 승리로 이끈다.

러일전쟁에서 일본이 이기면서 우리나라는 실질적으로 일본의 완전 식민지로 전락한다. 우리로선 박수를 보낼 수 없는 인물이다.

도고 헤이하치로
(Public domain | Wiki Commons)

1945년 5월 31일, 미 공군이
타이베이 대공습을 실시했다.

엥? 미국이 대만을 공습했다고? 맞다. 당시 대만은 일제의 식민지였다. 사실 일본은 우리나라보다 대만에서 더 오래 식민 통치를 했다. 우리는 1910년에 국권이 일본으로 넘어갔던 반면 대만은 1894년 청일전쟁에서 일본이 이기고 청나라가 대만을 일본에 넘기면서 일본 식민지가 된다.

하여간 운명의 1945년, 태평양 전쟁을 일으킨 일본이 끝까지 항복을 안 하고 버티니까 미국은 일본의 전략 거점들에 대한 대규모 공습을 실시한다. 타이베이도 그 목표 중 하나였다. 이 공습으로 사망자 3,000여 명, 그리고 수만 명의 이재민이 발생했다. 그나마 한반도는 다행이었다. 제주도를 제외하고 본토는 미군의 공습을 받은 일이 없었기 때문.

엥? 제주도도 미 공군의 공습을 당했다고? 당했다. 제주도엔 일본군의 최후 방어 기지들이 꽤 있었다. 지금도 제주도에 가면 일본군이 파 놓은 군 사용 땅굴들이 해안가에 꽤 많이 남아 있다. 그래서 미군의 공습을 당했고 그 결과로 해방 이후에도 제주도엔 상당한 반미 분위기가 존재했다.

4-5월의 주요 역사

1587년 4월 19일

영국의 해적왕이 스페인 카디스항에서
스페인 무적함대에 물통을 제공하는 상선에 불을 지른다.
당시 영국은 해적에게 허가증까지 내줬다. 스페인 배를 약탈하라고.

1857년 5월 10일

인도에서 세포이 항쟁이 일어난다.
이 반영 항쟁은 실패하고 인도는 공식적으로 영국의 식민지가 된다.

1886년 5월 1일

미국 시카고에서 노동자들이 총파업 궐기대회를 열었다.
결국 미국 노동계는 하루 8시간 노동제를 쟁취했고,
이후 5월 1일은 노동자의 날이 된다.

1940년 5월 26일

2차 대전 당시 영국군의 운명을 가른 덩케르크 철수 작전이 시작됐다.
독일군에 밀려 해안가에 고립됐던 이들은
배를 타고 무사히 탈출할 수 있었다.

1982년 4월 2일

아르헨티나 군사 정권이 대서양의 영국령 섬인 포클랜드 제도를 공격했다.
물가 폭등, 반대파 탄압 등 나라 안이 엉망이니
관심을 바깥으로 돌리기 위해 전쟁을 일으킨 것.

1994년 4월 6일

아프리카 르완다에서 무려 100만 명이 희생된 대학살이 시작되었다.
종족 분열 정책을 바탕으로 한 벨기에의 식민 통치가 이 내전의 시작이다.

Jun. 15

영국
대헌장 선포

Jun. 4

베이징
천안문 사태

Jun. 9

로마
폭군 네로 황제
사망

6월

1926년 6월 1일, 비운의 여배우
매릴린 먼로가 미국 LA에서 태어났다.

참고로 국민 MC 고(故) 송해 선생님은 1927년생이다. 먼로가 요절을 해서 그렇지, 그렇게 먼 옛날의 인물이 아니다. 1년 차이는 친구라면, 송해 선생님과 매릴린 먼로는 친구였을 수도 있다. 본명은 노마 진 모텐슨. 친아버지는 누구인지 모르고 친어머니는 정신병원에 입원하면서 먼로는 이 집 저 집을 전전하며 어려운 유년 시절을 보냈다. 친아버지 존재가 그리웠는지 결혼한 상대마다 나이 많은 아재들이었다.

한물간 메이저리그 홈런왕 조 디마지오와의 결혼은 가정 폭력으로 끝이 났다. 예쁘고 어린 부인이 남자 팬들의 사랑을 받는 것에 무한 질투를 느낀 디마지오는 찌질하게 야구 방망이로 먼로를 때렸다고 한다. 그다음

결혼 상대는 《세일즈맨의 죽음》으로 유명한 작가 아서 밀러. 그는 친구한테 '아무리 봐도 먼로보단 전처가 나았다'란 소리를 했고, 그걸 알게 된 먼로는 절망 끝에 이혼했다. 그다음 연애 상대는 알다시피 JFK. 미국의 제35대 대통령 존 F. 케네디였다. 사람이 그리웠고 애정이 고팠던 이 불행했던 배우는 어느 날 갑자기 변사체로 발견된다.

매릴린 먼로는 눈이 반쯤 풀린 명청한 금발 이미지로 알려져 있는데 그건 영화계가 억지로 만든 이미지다. 실제 먼로는 공부도 열심히 했고 책도 많이 읽었던, 의식 있는 똑똑한 여인이었다.

매릴린 먼로
(Public domain | Wiki Commons)

1941년 6월 2일, 미국의 야구 선수 루 게릭이 사망했다. 38세였다.

뉴욕에서 독일 이민자의 아들로 태어났다. 신체 조건이 태어났을 때부터 대단했다. 출생 당시 몸무게가 6킬로가 넘었을 정도. 그런 신체 조건으로 야구 선수가 된다. 미국 프로야구 메이저리그 뉴욕 양키스의 최고 타자로 명성을 날렸다.

그런데 어느 순간부터 점점 몸에서 힘이 빠지는 것을 느꼈다. 그리고 정밀 진단 후 근위축성측색경화증이란 진단을 받는다. 근육이 점점 마비되고 결국 스스로 호흡도 못 하는 병이었다. 그는 용감했다. 바로 일반 대중에게 자기의 투병 사실을 알린다. 양키스팀도, 팬들로 가득 찬 뉴욕 양키스 타디움에서 루 게릭을 위해 성대한 은퇴식도 열어 준다. 그리고 그날 그의 등번호 4호를 영구 결번으로 만들어 준다. 전 세계 프로야구 사상 첫 영구 결번이다.

급격히 상태가 나빠진 그는 결국 젊은 나이에 세상을 떠난다. 그리고 세상은 그가 앓았던 병을 루게릭병이라 부르면서 그를 지금도 기리고 있다.

2016년 6월 3일, 전설의 복서
무하마드 알리가 사망했다. 74세였다.

본명은 캐시어스 마셀러스 클레이 주니어. 약 190센티의 키에 몸무게는 평균 107킬로. 양팔을 벌리면 거의 2미터……! 이 정도 복서가 휘두른 주먹에 맞으면 보통 '1톤 트럭과 정면충돌하는 충격'이라고 한다.

권투에 입문한 계기는 다음과 같다. 12살 때 하루는 자전거를 타고 가다 비가 왔다. 잠시 비를 피해 건물 안에 들어갔다 나왔는데 자전거가 사라진 것! 경찰에 신고하면서 '훔친 놈을 반드시 혼내 줄 것이다!'란 소리를 했는데 경찰은 '도둑을 혼내는 데는 권투가 최고다'란 말을 한 것. 그리고 바로 권투에 입문한다. 당시 경찰이 권투 대신 발레를 권했다면 알리는 최고의 발레리노가 되었을 것이다.

그런데 이름을 왜 개명했을까? 전국구 유명인 복서였지만 여전히 미국의 수많은 식당들이 흑인들에겐 음식을 안 판다는 걸 알고 그는 이렇게 외친다. '내 이름 클레이 주니어는 백인들이 준 노예의 이름이다. 난 백인들이 준 이름을 거부한다!' 그리고 당시 미국을 휩쓸던 이슬람계 흑인 인권 단체에 들어가면서 이름을 무하마드 알리로 개명했다.

권투를 은퇴한 후에도 죽을 때까지 흑인 인권 운동을 한다. 참고로 미국은 아직까지 인종 차별이 존재한다. 필자도 미국 중부의 한 백인 마을 식당에 들어갔는데 동양인이란 이유로 끝까지 주문을 받질 않더군. 이런 말이 있다. 미국에서 1년 살면 친미파가 되는 반면에 10년 이상 살면 반미주의자가 된다는. 👓

1989년 6월 4일, 중국 베이징 천안문 광장에서
천안문 사태가 발생했다.

천안문 광장에 집결한 반정부 시위대를 중국 정부가 탱크까지 동원해 무자비하게 진압했다. 중국 정부는 공식적으로 300여 명의 사망자가 발생했다고 말하나, 국제적십자사의 발표는 다르다. 무려 2,600여 명이 천안문 광장에서 중국군의 총에 맞고 탱크에 깔려 죽었다는 것이다.

왜 이런 참사가 일어났을까? 여러 복잡한 이유들이 있지만 간단하게 정리하면 '불평등'이다. 중국은 1980년대 초부터 이른바 개혁 개방을 실시한다. 즉, 시장을 개방하고 서구식 자본주의를 받아들이겠다는 말. 일단 취지는 좋지만 너무 급격하게 시장경제를 받아들이면? 그렇다. 있는 놈은 더 있게 되고, 없는 놈은 더 살기 힘들어진다. 자본주의의 단점이지.

당시 중국도 점점 빈부 격차가 심해졌고 노동자들의 상대적 박탈감은 커져 갔다. 게다가 사업 허가를 내주는 공무원들은 엄청난 뇌물을 받아 챙겼다. 이에 수많은 학생, 시민들이 천안문 광장에 모여 '노동자들에게 정당한 봉급을 달라! 뇌물 받은 공무원 처벌하라!'란 요구를 했는데 그걸 탱크로 밀어 버린 것이다. 현재 중국 정부가 가장 민감하게 여기는 역사적 사건이다. 중국 인터넷에선 '6·4' 자체가 검색되지 않는다.

2004년 6월 5일, 역대 미국 대통령 중
최고의 미남으로 평가받는 로널드 레이건이 사망했다.

미국 대통령 가운데 평가가 이토록 극과 극으로 나뉘는 대통령도 없었다. 노동자를 탄압한 자본주의의 파수꾼 대통령이란 안 좋은 평가부터 '고르바초프 소련 대통령! 베를린 장벽을 허무시오!'란 유명한 연설에서 볼 수 있듯이 미소 냉전을 종식시킨 훌륭한 대통령 등 평가가 다양하다. 여기 이 책에선 모두 다룰 수 없으니 그의 재미있는 에피소드만 전한다.

그는 영화배우 출신으로 상당한 유머 감각을 자랑했다. 예를 들어 1981년 암살 시도를 당한 적이 있다. 실제 암살범이 쏜 총을 맞았다. 피를 흘리며 구급차에 실려 병원에 가는 중 여자 간호사가 응급 처치를 하자 곧 죽을 위기에서도 '우리 마누라한테 허락받고 내 몸 만지는 거요?'란 역대급 썰렁한 조크를 던진다.

응급실에 도착해서도 의사들에게 '당신들 공화당원인가?'란 또 다른 조

크를 던진다(레이건이 공화당 대통령이었다). 또 병원에 영부인이 도착하자 '여보, 내가 총알이 날아올 때 고개를 숙이는 걸 깜빡했지 뭐야. 하하. 내가 아직 서부 영화배우였다면 카우보이같이 고개를 팍 숙였을 건데'란 조크를 던졌다. 죽을 뻔한 순간에도 농담을 던지는 전형적인 미국인이었다.

로널드 레이건
(Public domain | Wiki Commons)

1976년 6월 6일, 1960년대 미국 최고의 재벌
폴 게티가 세상을 떠났다.

맞다. 우리가 쓰는 게티 이미지(Getty Images)의 그 게티 말이다. 게티 이미지는 폴 게티의 손자가 설립한 회사다. 얼마나 돈이 많았냐고? 이런 도발적인 명언을 남겼다. '자기가 가진 돈을 셀 수 있다면 부자가 아니다.' 1966년 기네스북에 가장 돈이 많은 개인으로 등재까지 되었다. 당시 재산은 지금 환율로 약 10조 원. 물론 지금 잘나가는 기업인과 비교하면 많이 (?) 부족하지만 당시로는 재벌이었다.

뭘로 돈을 벌었냐고? 바로 석유. 미국 내 여러 유전을 개발해서 떼돈을 번다. 그런데 진짜 구두쇠 중의 구두쇠였다. 세탁비가 아까워 자기 옷을 화장실에서 손빨래를 할 정도. 또 대표적인 일화가 집에 놀러 오는 손님들이 자꾸 자기 집 전화를 공짜로 쓴다고 집 안에 공중전화를 설치했다는 것.

그리고 자기 손자가 이탈리아에서 마피아에 납치된 적이 있는데 마피아가 손자 몸값을 요구하자 거부한다! 당황한 마피아가 손자의 귀를 잘라 세니에게 보냈지만 또 몸값 지불을 거부한다! 결국 협상을 거쳐 많이 할인된 몸값만 내고 손자는 풀려났다. 그리고 그 몸값 낸 돈으로 세금 공제까지 시도한다. 이 말도 안 되는 실화를 바탕으로 영화도 만들어졌다. 〈올 더 머니〉란 영화인데 꼭 보자.

이 구두쇠 할배가 그 돈으로 뭘 했냐? 수많은 미술품 등을 수집했다. 지금 그 수집품들이 고스란히 전시가 되고 있는데 바로 미국 LA에 있는 게티 센터에서 볼 수 있다.

서기 192년 음력 6월 7일, 《삼국지》 초반에
가장 중요한 주인공 중 하나인 왕윤이 처형당했다.

왕윤 스토리는 두 가지 버전이 있다. 바로 《삼국지연의》 즉, 소설 버전 그리고 정사 《삼국지》 즉, '진짜 중국사' 버전. 어느 쪽을 말씀드릴까? 일단 연의 버전으로 말씀드리겠다. 왜? 더 재미있으니까. 연의(演義)란 말 자체가 소설이란 뜻이다.

한나라 말기, 권력에 눈이 먼 동탁이란 인간이 황제를 끌어내리고 지 입맛에 맞는 어린애를 허수아비 황제로 앉히고 나라를 맘대로 주무른다. 왕윤은 그런 동탁을 처치하고 싶었다. 그런데 동탁 옆에는 여포라고 하는 전투 머신 양아들이 하나 있어 접근이 쉽지 않았다. 그래서 자기의 수양딸인 초선(중국 4대 미녀 중 하나)을 이용해 미인계를 쓴다. 참고로 초선이란 미녀도 실존 인물이 아니다. 소설 속에 등장하는 가상 인물이다.

하여간 미인계를 써서 동탁을 제거하는 왕윤! 그리고 왕윤은 나머지 동탁 세력을 다 죽여 버린다. 살려 달라고 애원하는 동탁의 부하들! 그러나 가차 없이 다 죽여 버리고! 그중 일부가 '이렇게 죽을 바엔 한번 덤비다가 죽자!' 하고 왕윤에 반란을 일으킨다! 그 반란은 성공한다! 왕윤은 반란에 성공한 옛 동탁의 부하들에게 처형을 당한다. 사람은 어느 정도 융통성이 있어야 한다. 살려 달라고 빌면 좀 살려 주지.

1376년 6월 8일, 잉글랜드와 프랑스 사이의 백년전쟁에서 잉글랜드를 승리로 이끈 흑태자가 죽었다.

왜 흑태자일까? 간단하다. 전투할 때 항상 검정 갑옷을 입고 다녀서 그렇다. 붉은 갑옷을 입고 다녔다면 홍태자라 불렸겠지. 하여간 태자란 호칭에서 알 수 있듯이, 당시 현직 잉글랜드의 왕이자 흑태자의 아빠는 에드워드 3세였다. 초반의 백년전쟁(진짜 100년 넘게 치고받고 싸웠다)은 흑태자가 현직 왕인 아빠 대신 프랑스 땅에 가서 엄청나게 잘 싸웠다.

어찌 프랑스를 이겼냐고? 간단하다. 당시 잉글랜드군은 농민들로 구성된, 활을 멀리 쏘는 장궁병이었다. 그런 반면 프랑스는 겉멋만 들어 무거운 갑옷을 입고 말을 타고 다니던 기병 기사단이었다. 먼저, 멀리서 잉글랜드 장궁병이 화살로 말을 타고 있는 프랑스 기사의 말을 겨냥해 쏜다. 기사는 땅에 떨어진다. 그럼 이제 게임 끝이다. 철제 갑옷이 너무 무거워서 뛰지도 못하고 땅을 기어다닌다. 잉글랜드 농민병은 몽둥이를 들고 와 땅을 기고 있는 프랑스 기사들을 두들겨 패면 경기 끝. 이런 훌륭한(?) 전쟁을 이끈 이가 바로 잉글랜드의 흑태자였다.

19세기 미국 화가 줄리안 러셀 스토리가 묘사한 흑태자 에드워드
(Public domain | Wiki Commons)

서기 68년 6월 9일, 로마의 폭군 네로가 죽었다. 딱 30살이었다.

즉위 처음엔 정치를 꽤 잘했다. 그러나 자기 친엄마 아그리피나의 권력욕에 애가 점점 삐뚤어진다. 엄마가 아들을 이용해 본인이 권력을 휘두르려 했기에. 점점 아들과 엄마 사이에 권력 다툼이 일어나고……. 결국 참다 못 한 네로가 엄마를 죽여 버리는 일까지 일어났다!

이때부터 네로는 조금 이상해지기 시작한다. 아무리 미워도 그렇지 친엄마를 죽이고 제정신인 것이 더 이상하지. 이런 황제가 폭정까지 하니 민심은 점점 나빠지는 가운데 로마에서 큰일이 하나 터진다. 바로 로마 대화재.

로마의 2/3가량이 홀라당 다 타 버린다. 불타는 로마를 바라보며 네로가 악기를 연주했다는 얘기가 후대에 전해지는데 사실은 그렇지 않다. 네로는 나름 열심히 화재를 진압하려고 했다. 하여간 극도로 나빠진 민심에 원로원(지금의 국회)이 자기를 적으로 규정했다는 소식을 듣고 네로는 도주를 하다가 한 낡은 창고에서 스스로 목숨을 끊었다. 마지막 유언은 '위대한 예술가가 여기서 죽는다'였다.

엥? 예술가? 네로는 스스로를 아주 노래를 잘하는 가수로 생각했다. 순회공연을 할 정도였으니. 참고로 네로 하면 〈네로 25시〉가 생각나시는 분들은 올해 꼭 건강검진 받으시길. 그럴 연세가 되셨다.

서기 223년 6월 10일, 《삼국지》의 주인공 유비가 죽었다. 63세였다.

《삼국지》애기는 이 책 한 권으로도 모자랄 정도로 방대하니까 이 자리에선 정사 《삼국지》와 《삼국지연의》에서 다루는 유비가 어떻게 다른지 간략하게 소개하겠다. 정사 《삼국지》는 말 그대로 진짜 역사를 기록한 책이다. 《삼국지연의》는 실화를 바탕으로 한 소설로 허구가 상당하다. 우리가 알고 있는, 복숭아나무 아래에서 유비, 관우, 장비가 모여 의형제를 맺는 도원결의도 허구다. 실제로는 그딴 일 없었다. 그리고 정사 《삼국지》에선 놀랍게도 유비가 주인공이 아니다. 실제 《삼국지》의 최종 승자는 조조의 아들들이다.

뭐…… 사실, 진짜 최종 승자는 삼국(촉나라, 위나라, 오나라)을 다 이기고 진나라를 세운 '사마씨'들이다. 그런데 왜 소설 《삼국지》에선 유비가 주인공인가? 《삼국지연의》는 실제 삼국 시대가 끝난 지 천 년이나 지난 원나라 말기, 명나라 초기에 나관중이란 사람이 썼다. 그때 상황을 보자.

민족은 중국 내륙을 북방 민족인 상 눈속에게 빼앗긴 후 자존심은 땅을 뚫고 지하실까지 추락한 상황. 이때 '한족' 작가인 나관중은 '다시 한족이여 부활하라! 자존심 아자!'란 취지로 《삼국지》의 그 수많은 등장인물 가운데 유비를 주인공으로 민든 것이다. 왜? 유비는 '유'씨지. 중국인들은 자기 정체성의 시작을 한(漢)나라로 본다. 그래서 한(漢)족, 한(漢)자란 말을 쓰는 것. 그 한나라를 누가 세웠지? 위대한 한족 유방(劉邦)이 세웠지 않나. 그래서 한나라를 세운 유방의 후손 유비를 주인공으로 세운 것이다. '어게인 한족!'이란 취지로.

**1962년 6월 11일, 미국 샌프란시스코 앞바다에 있는
악명 높은 감옥 알카트라즈에서 탈옥 사건이 일어났다.**

알카트라즈 감옥은 영화 〈더 록〉의 촬영지이기도 하고 시카고 마피아 알 카포네가 한때 수감된 곳으로 유명하다. 지금은 감옥이 아니라 관광지로 꾸며져 있다. 일단 여기는 한번 갇히면 이론적으로는 탈옥이 불가능한 것으로 알려졌다. 바로 앞이 샌프란시스코 도심이지만 워낙 거친 물살 때문에 바다에 뛰어드는 순간 휩쓸려 먼 바다로 떠밀려 간다는 것.

이곳은 또 '희망고문'으로 악명 높았다. 샌프란시스코의 야경은 전 세계 야경 가운데서 가장 아름다운 곳 중 하나다. 종신형을 선고받고 그 철창 안에 갇혀 매일 밤 그 아름다운 야경을 구경만 한다고 생각해 보라. 어휴, 고통스러워.

하여간 1962년 6월 11일, 프랭크 모리스 등 죄수 3명이 무려 2년 동안 숟가락으로 벽을 파서 탈출에 성공했다. 아니, 성공했다고 믿어진다. 왜냐하면 바다에 뛰어든 죄수들은 많았지만 다 바다에서 시신으로 발견됐다. 그런데 이들 3명의 시신은 나타나지 않은 것! 이 스토리, 할리우드에서 가만 안 됐겠지. 그래서 클린트 이스트우드 주연의 〈알카트라즈 탈출〉이란 영화로 만들어졌다.

참고로 이들 3명에겐 허탈한 소식이겠지만 이들이 탈출한 후 1년 뒤 이 감옥은 폐쇄되고 죄수들은 육지로 이송됐다. 1년만 기다렸어도 훨씬 쉽게 육지에서 탈옥할 수 있었는데……

샌프란시스코의 알카트라즈섬
(© Dietmar Rabich | Wiki Commons)

1991년 6월 12일, 보리스 옐친이
러시아 대통령에 당선됐다.

이때 러시아는 푸틴의 러시아와는 다르다. 당시 러시아는 소련을 구성하는 여러 소속 국가들 중 하나였다. 지금 우크라이나도 당시 소련의 한 소속국이었다. 우리와 굳이 비교하자면 당시 러시아 대통령은 지금 우리의 경남도지사, 부산 시장 정도의 위치.

하여간 옐친은 운이 좋았다. 그가 러시아 대통령으로 당선된 해의 12월, 소련이 망한다(자세한 내용은 이 책 4월 23일 글을 확인해 보자). 그 말은? 러시아가 소련으로부터 독립을 했다는 뜻. 그리고 옐친은 신생 러시아의 초대 대통령에 또 취임하게 된다. 그다음이 문제였다. 소련이 말도 안 되는 공산주의 때문에 망했다고 믿고 너무 급진적으로 미국식 자본주의를 강행해 버린 것이다. 도둑도 해 본 인간이 한다고. 자본주의를 갑자기 하려니 그게 되나.

무리한 미국화 시도로 러시아는 일순간에 세계 최악의 빈국으로 전락해 버린다. 옐친은 나라를 거덜 낸 것도 모자라 알코올 때문에 자기 인생도 망쳤다. 만취해서 예정된 정상회담도 못 나가고, 독일에 가서는 술에 취해 공식 행사장에서 난동까지 부렸다.

결국 1999년 대통령 자리를 푸틴(바로 그 푸틴!)에게 넘겨주고 스스로 물러났다. 아침에 일어나자마자 제일 먼저 찾은 것이 보드카였다고 하지.

1231년 6월 13일, '잃어버린 물건의 수호자'인 성 안토니오 신부님이 눈을 감으셨다.

가톨릭에선 '선종하셨다'라고 한다. 포르투갈 출신의 가톨릭 수도자인데 왜 잃어버린 물건의 수호자인가. 생전에 여러 강연과 수업을 하면서 후배 수도사들을 교육하고 다녔다. 그런데 어느 날 학생 수도사가 안토니오의 책을 몰래 들고 가 버린다! 당시 책은 일일이 손으로 다 써야 했기에 엄청 비싼 물건이었다.

안토니오는 '빨리 책이 돌아오게 해 주세요' 하며 기도했고 책을 훔쳐 간 학생은 자기 행동을 반성하고 그 책을 안토니오에게 돌려줬다고 한다. 그때부터 가톨릭 신자들은 물건이 사라졌을 때 성 안토니오에게 기도를 한다. 물건 빨리 찾게 해 달라고. 그때 학생이 훔쳐갔다 다시 가져온 책은, 안토니오가 소속되어 있던 수도원에 지금도 보관 중이라고 한다. 물건이 사라졌을 때는 기도도 좋지만 120다산콜센터에 전화해 보는 것도 효과적이다.

1928년 6월 14일, 영원한 혁명가
체 게바라가 아르헨티나에서 태어났다.

많은 이들이 게바라가 쿠바혁명을 이끌어서 쿠바 사람으로 알고 있는데 아르헨티나에서 태어나고 자란 아르헨티나 사람이다. 꽤 잘사는 집안에서 태어나 의대까지 졸업한 의사 출신이다. 의대 친구와 오토바이 한 대를 타고 남미 곳곳을 다니면서 미국의 식민지로 전락한 남미의 현실, 빈민들의 처참한 삶을 두 눈으로 직접 보고 병을 고치는 의사가 아니라 세상을 고치는 의사가 되기로 마음먹는다. 이 과정을 그린 실화 영화가 〈모터사이클 다이어리〉다.

혁명가의 길을 걷던 중 쿠바 변호사 출신으로 쿠바의 독재 정권에 맞서 싸우던 평생 동지 피델 카스트로와 만난다. 그들은 함께 쿠바로 건너가 끝없는 게릴라전을 한 끝에 결국 친미 독재자를 몰아내고 쿠바혁명을 성공시킨다. 그러면서 미국에겐 '공공의 적 1호'로 찍힌다.

그 후 쿠바에서 정부 고위 관료로 살아가던 중, 자신은 '영원한 게릴라다'라는 선언을 하고 볼리비아 정글 속으로 다시 들어갔다가 CIA의 사주를 받은 볼리비아 정부군에 사살된다. 죽기 전 마지막 유언은 '혁명을 마무리 못 하고 죽는 것이 아쉽다'였다. 한때 우리나라에서도 체 게바라 얼굴이 프린트된 티셔츠를 많이들 입고 다녔는데 그 얼굴 주인공이 누구인지 알고 입었겠지?

1215년 6월 15일, 영국에서 마그나 카르타
즉, 대헌장이 만들어졌다.

당시 영국 왕은 존 왕(King John)이었는데 별명이 실지왕(失地王)이었다. 말 그대로 재위 기간 중 영토를 너무 많이 적국에 빼앗겼기 때문에 이런 불명예스런 별명을 얻게 된 것. 영국 왕 중 유일하게 2세, 3세가 없는 왕이다. 즉, '존 2세, 존 3세'가 없다는 것. 왜? 그만큼 후대 왕들이 '존'이란 이름을 따라 하는 것이 창피해서였다. 그래서 영국 역사상 '존 왕'은 '존 왕' 1명뿐이다.

이 존 왕, 명예 회복을 위해 빼앗긴 땅을 다시 찾는다며 전쟁을 준비한다. 그리고 돈이 필요하니까 세금을 또 왕창 걷으려고 한다. 이렇게 헛발질을 하고 다니는 왕을 귀족들이 가만 놔둘 리가 없지. 그래서 귀족들이 마그나 카르타란 걸 들고 온다. 주요 내용은 '앞으로 왕이 세금을 거둘 때는 납세자 허락을 받고 거둬라. 그리고 왕이라고 자기 마음대로 못 한다. 왕의 권리를 법으로 제한한다'였다. 존 왕은 사인하는 걸 거부했지만 귀족들이 협박해서 결국 서명하게 된다. 이게 인류 역사에서 굉장히 큰 의미를 가진다. 왜? 바로 국정에 일반 시민들(납세자)의 목소리가 들어가기 시작한 계기, 즉 의회 민주주의의 시작이었기 때문.

1903년 6월 16일 미국의 대표적인 자동차 회사
포드 자동차가 문을 열었다.

헨리 포드란 인물이 만든 회사이다. 헨리는 어렸을 때부터 기계를 조립하고 또 분해하고 또 조립하는 걸 즐기는 기계 마니아였다. 그는 1903년 자기 이름을 딴 자동차 회사를 만들긴 했으나 처음부터 잘나간 건 아니었다. 그러다가 우연히 도축장 겸 육가공 공장을 방문했는데 놀라운 광경을 본다. 도축된 소가 컨베이어벨트에 올려진 후 벨트를 따라 지나가면 한 자리에 서 있는 직원들이 누구는 머리를 자르고 누구는 내장을 정리하고 누구는 고기를 다듬고 하는 것이 아닌가! 그걸 본 헨리는 '자동차도 저렇게 분업화해서 만들면 빠른 시간에 더 많은 자동차를 조립할 수 있겠군' 하고 생각했고, 바로 해 본다. 그래서 만든 것이 세계 최초의 '국민 차'라고 불리는 포드 T형 승용차이다.

대량 생산이 가능해지니 자동차 가격은 엄청 저렴해졌다. 당시 노동자 2개월 정도 월급을 모으면 살 수 있었지. 바야흐로 세계의 도로에서 마차가 사라지고 자동차가 그 자리를 채우기 시작했다.

1994년 6월 17일, 전처와 그의 애인을 죽인 혐의를 받고 도주하던 미국의 흑인 스포츠 스타 O. J. 심슨이 체포됐다.

미국의 명문 남가주대학(USC, 서던캘리포니아대학교)에서 풋볼 선수로 뛰며 두각을 나타낸 뒤 프로미식축구에 뛰어들어 최고의 선수로 돈도 많이 벌고 인기도 폭발한다. 심지어 〈총알탄 사나이〉 같은 영화에도 출연해 최고 인기인이 된다. 미국에서 흑인도 출세할 수 있다는 걸 온몸으로 보여 줬다.

문제는 1994년 6월 12일, '백인' 전처와 그 전처의 '백인' 남자 친구를 죽인 범인으로 지목된 것. 경찰은 추적을 시작했고 결국 6월 17일 자동차를 타고 도주하는 O. J. 심슨을 추격하기 시작했다. 그 고속도로 도주 장면을 CNN 등 미국 방송사들이 헬기까지 동원해 생중계했는데 무려 1억 명이 동시 시청을 했을 정도로 전국적 주목을 받았다. 결국 그는 체포되어 재판을 받았는데 사상 최고로 화려한 변호인단을 꾸려 증거 부족으로 무죄 판결을 받았다.

미국 법을 보면 용의자가 1심에서 무죄 판결을 받으면 검찰은 항소를 할 수 없다. 바로 석방해 줘야 한다. 참고로 이때 '무료 오렌지주스 광고'가 유행했다. 왜? 도로 입간판에 느닷없이 'FREE OJ!'란 광고가 등장한 것. 언뜻 보면 'OJ를 석방하라!'처럼 보였다. 하지만 OJ가 또 Orange Juice의 약자. 즉, '오렌지주스 공짜!'란 광고였던 것.

필자도 USC 출신이다. USC 동문들은 O. J. 심슨을 가장 불명예스러운 동문으로 본다. 😎

1901년 6월 18일, 러시아의 마지막 황제 니콜라이 2세의 막내딸 아나스타샤가 태어났다.

앞에서도 설명해 드린 것과 같이 니콜라이 2세는 전혀 준비가 안 된 황제였다(5월 18일 글을 확인하자). 즉위하고 첫 공식 발언이 '난 준비 안 되었다'였다. 황제 즉위식 축제 때 대형 압사 사고가 발생해 수많은 러시아 국민들이 사망하는 불길한 일도 있었고, 황제로 있는 동안 러일전쟁이 일어났고 결국 일본에게 박살이 나는 망신을 당했다. 그리고 라스푸틴이라는 요승에게 휘둘리면서 나라를 엉망으로 만들어 버렸다. 당연히 혁명이 일어났지.

바로 레닌이 이끄는 볼셰비키 혁명이었다. 참고로 '볼셰비키'는 '다수'란 뜻. 당시 혁명을 이끌던 레닌의 무리들이 다른 세력보다 다수였기 때문에 그렇게 부른다. 하여간 혁명 이후 니콜라이 2세는 황제 자리에서 끌려내려왔고 또 그 와중에 전 가족이 총살당한다. 문제는! 황제 가족 매장지에서 막내딸인 아나스타샤의 시신이 발견되지 않았던 것! 그래서 총살 현장을 탈출해 살아 있는 것이 아닌가 하는 추측이 상당히 오랫동안 돌았다. 잉그리드 버그만 주연으로 영화까지 만들어졌고 미국에선 애니메이션으로도 만들어졌다.

하지만 이 모든 것이 2007년 최신 법의학 DNA 분석으로 전부 거짓임이 밝혀졌다. 진실은 아나스타샤도 1918년 온 가족이 총살당한 그 현장에서 짧은 삶을 마감했던 것. 애들이 무슨 잘못이 있다고.

1566년 6월 19일, 처음엔 스코틀랜드의 왕이었다가 나중에 잉글랜드의 왕까지 된 제임스 1세가 태어났다.

하…… 유럽사 공부할 때 이게 가장 머리에 쥐가 나는 부분이다. 어디 왕이었는데 또 나중에 어디 왕까지 겸직을 하는 부분. 최대한 간단히 설명해 드리겠다.

1603년, 무려 44년 동안 잉글랜드에서 왕을 했던 엘리자베스 1세가 후손 없이 죽는다. 평생 결혼을 안 했고 '나는 국가와 결혼했다'란 참으로 감동적인 명언까지 남겼다. 하여간 후손이 없으니 어디서 빌려(?) 와야 하지 않는가. 족보를 뒤지다 보니 스코틀랜드의 제임스란 인물이 잉글랜드 왕실의 먼 친척! 그래서 제임스는 잉글랜드로 와서 잉글랜드 국왕이 된다. 두 나라의 '공동 왕'이 된 것.

하여간 제임스 1세를 기억해야 하는 이유는 이 양반이 '국기의 왕'이란 점 때문이다. 잉글랜드와 스코틀랜드가 합쳐진 것을 기념해서 두 나라의 국기를 하나로 합치는데, 이것이 지금 영국 국기 유니언 잭의 시작이다. 그리고 제임스 1세 때 영국인들이 대거 아메리카 신대륙으로 건너간다. 13개의 영국 식민지들이 생기고 식민지들은 천에다 13개의 줄을 긋고 식민지 깃발을 만든다. 그것이 지금 미 성조기의 시작이다.

1975년 6월 20일, 스티븐 스필버그 감독의 〈죠스〉가 미국에서 개봉됐다.

1974년 미국에서 출간된 동명 소설을 바탕으로 만든 영화다. 참고로 그 원작 소설은 우리나라에서도 출간된 적이 있다(해적판으로 추정). 그때 제목은 무려 《아가리》! 'Jaws'란 뜻 자체가 '입, 턱'이지만 조금 더 자극적으로 번역한 것. 저 제목으로 영화까지 개봉했으면 정말 뜻깊었을 것이다. '자기야, 오늘 우리 극장에 〈아가리〉 보러 갈래?'라면서.

상어 영화니까 상어가 주인공이 되어야 했다. 깐깐하기로 악명 높은 스필버그 감독과 제작진은 진짜 상어를 써야 하는지에 대해 논쟁이 있었고, 스필버그 감독은 로봇 상어를 쓰자고 끝까지 주장. 이에 열받은 제작진은 진짜로 '진짜' 상어를 쓰려고 했다는 후문. 왜? 촬영 현장에서 감독을 확 물속에 빠뜨려 상어가 물어 버리게 하려고.

하여간 결국 로봇 상어를 쓰게 됐는데 문제는 이게 계속 고장이 났다. 상어가 자꾸 물속으로 가라앉고 겨우 지느러미 부분만 수면 위로 나온 것이다. 분노한 스필버그. '야! 그냥 상어 없는 상어 영화 만들어!'란 지시를 내렸는데 이게 결과적으로 대박이 난 것이다. 알다시피 귀신이 나올 듯하고 안 나오면 더 무섭다. 언제 어디서 나올지 모르니까. 결국 관객들은 안 보이는 상어에 더 극강의 두려움을 느꼈고 영화는 대성공을 거둔다.

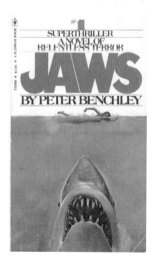

소설 《죠스》 표지
(Public domain | Wiki Commons)

1582년 6월 21일(일본력), 일본을 통일할 뻔했던 오다 노부나가가 피살됐다.

혼노지의 변이라고 한다. 알다시피 일본은 1592년 임진왜란이 일어나기 전, 무려 100년 동안 최대의 내전인 전국 시대를 겪었다. 전국 시대 말기에 오다 노부나가란 인물이 100년 내전을 '거의' 마무리하고 일본을 '거의' 통일할 뻔……했는데 실패한다. 왜? 교토에 있는 절 혼노지에서 피살되었기 때문. 심복인 아케치 미쓰히데에게 죽임을 당했다. 그 이유는? 여러 가지 설이 있는데 그중 오다 노부나가의 '막말설'도 유력하다.

오다는 부하들에게 그렇게 막말을 했다고 한다. 자기 부하 중 하나였던 도요토미 히데요시(맞다. 임진왜란을 일으킨 그 인간)에겐 '야, 넌 얼굴이 왜 그러냐? 꼭 원숭이 같다. 하하하'라고 했다고 하지. 미쓰히데에겐? 전투가 끝난 후 미쓰히데가 '저희들도 승리에 공이 좀 있죠?'라고 하자 '니들이 한 일이 뭐가 있는데? 이 건방진 놈!'이란 면박을 줬다고 한다. 결국 폭발한 미쓰히데가 혼노지에서 쉬고 있던 오다 노부나가를 습격해 죽여 버린 것.

바르고 고운 말은 사랑스런 인간관계의 기본이다. 특히 쓸데없는 외모 평가는 절교로 가는 특급 열차다. 간단히 말해 일본 역사는 쓸데없는 막말로 바뀌었다고 해도 과언이 아니다.

1940년 6월 22일, 나치 독일군이 프랑스 파리를 점령, 결국 프랑스는 항복했다.

2차 대전은 히틀러가 1939년 9월 1일, 폴란드를 전격 침공하면서 시작됐다. 동쪽의 폴란드를 정리한 히틀러, 이제 숙적 프랑스를 손볼 차례. 1차 대전 때 독일은 프랑스를 그렇게 공격했는데도 그 망할 서부전선을 넘지 못해 결국 프랑스를 점령하지 못했고 역으로 전쟁에서 지고 말았다.

독을 품은 히틀러는 이번에는 무조건 프랑스를 점령한다는 각오로 치고 들어간다. 1차 대전과 아주 크게 다른 점이 있었다. 이번에 독일은 무적의 기갑 부대, 즉 탱크 부대가 있다는 점! 수많은 탱크를 몰고 프랑스 국경을 넘은 나치 독일군은 프랑스를 쑥대밭으로 만들어 버린다. 그리고 6월 22일, 결국 파리를 점령하고 만다. 히틀러의 입장에서 천년 묵은 한을 푼 것.

그리고 다음 날 23일, 히틀러는 그 유명한 사진을 찍는다. 파리 에펠탑 앞에서 나치 상교들과 관광객 모드로 포즈를 취한 후 기념사진을 찍은 것. 얼마나 뿌듯했을까…… 내 말은 히틀러 입장에서 말이다. 🙂

에펠탑을 배경으로 사진을 찍는 히틀러(가운데)
(Public domain | Wiki Commons)

1662년 6월 23일, 대만의 아버지로 불리는 정성공이 사망했다.

대만을 방문해 보면 곳곳에 정성공을 모시는 사당이 있다. 대만인들은 이 정성공이란 인물을 오늘날 대만의 시조로 본다. 자, 그럼 정성공은 누구인가. 명나라 말기 중국 해적이었던 아빠와 일본인 엄마 사이에서 태어났다. 어디서? 일본 나가사키에서. 해적 아버지의 근거지가 나가사키였거든. 그래서 지금도 일본은 '원래부터 대만은 일본인이 맨 처음 정복했다'란 주장을 한다.

하여간 정성공이 태어났을 때 만주에선 만주족이 청나라를 건국한 후 중원의 명나라를 시도 때도 없이 공격하고 있었다. 해적이지만 명나라인으로서 자부심이 남달랐던 정성공의 아버지는 바로 아들을 데리고 명나라로 건너가 청나라와 맞서 싸운다. 그러나 명나라의 운은 거기서 끝. 1644년 명나라는 멸망하고 만다. 그 과정에서 청나라와 싸우다 아버지는 죽고…….

'타도! 청나라! 아버지의 원수를 갚자!'란 각오로 정성공은 1661년, 당시 네덜란드 식민지였던 대만으로 들어간다. 그리고 네덜란드와 전투를 벌인 후 대만섬을 접수한다. 일단 대만에서 대륙 수복의 기회를 노린다는 생각이었지. 정성공이 대만에 상륙하면서 그전까지 '동남아시아 소속'이었던 대만섬에 중국 한족 문화와 유교가 들어간다. 맞다. 정성공이 대만에 들어가면서부터 대만은 중국 역사에 포함된다. 대만의 아버지로 불릴 만하다.

서기 79년 6월 24일, 로마의 제10대 황제 티투스가 공식 황제 업무를 시작했다.

재위 기간은 겨우 2년 정도지만 역사적으로 아주 중요한 일들을 남긴 황제다. 먼저 황제가 되기 직전 티투스는 팔레스타인에서 일어난 유대인 독립운동을 완전 진압해 버린다. 유대인 독립운동? 맞다. 그때 유대인의 팔레스타인은 로마의 식민지였다. 예수님이 태어났을 때도 그 동네는 로마 식민지였다. 그래서 '로마 물러나라!'를 외치며 독립운동을 벌였는데 그걸 티투스가 진압을 해 버린다.

이게 왜 중요한가 하면 이 독립운동이 실패하면서 팔레스타인의 유대인 상당수가 유럽 대륙(정확하게는 지금의 스페인 지역)으로 이주해 버린다. 히틀러가 그렇게 미워했던 '유럽의 유대인들'이 이때 유럽으로 몰려온 것이다.

다음 중요한 사건. 티투스가 황제가 되자마자 로마의 베수비오산이 대폭발을 한다. 그리고 폼페이란 도시가 사라진다.

마지막으로 중요한 사건. 티투스는 로마 시민들을 위해 거대한 원형 경기장을 만든다. 맞다. 지금 로마의 상징인 콜로세움이다. 물론 콜로세움은 티투스의 아빠 때부터 건설을 했지만 완공을 시킨 건 그의 아들 티투스다.

1975년 6월 25일, 아프리카 모잠비크가
포르투갈로부터 독립했다.

이게 왜 이 책에서 다룰 정도로 중요한가? 우리나라 역사와도 관계가 있기 때문이다. 엥? 진짜? 당연하다. 임진왜란 때 무려 모잠비크인들도 참전했기 때문이다!

알다시피 임진왜란 때 명나라는 조선에 지원군을 보내 준다. 1597년부터 시작된 정유재란 때는 명나라도 병사가 모자라서 각종 용병들을 명나라 소속으로 해서 조선에 파병했다. 그중 얼굴이 검고, 머리카락이 곱슬인 병사들도 있었는데 그들을 보고 깜짝 놀란 선조가 명나라 장수에게 물어봤다. '저들은 어디서 온 사람들인가?'라고. 명나라 장수는 '파랑국에서 왔다'고 대답한다. 파랑국은 지금의 포르투갈이다.

엥? 포르투갈에 흑인이 있나? 당시 포르투갈은 모잠비크 등 아프리카 식민지에서 흑인들을 잡아 와 노예와 용병으로 썼다. 그중 일부가 당시 포르투갈이 지배하던 마카오에 끌려왔고 명나라는 이들을 돈 주고 사 와서 조선에 파병한 것이다.

1541년 6월 26일, 잉카 제국을 멸망시킨
스페인 정복자 프란시스코 피사로가 피살됐다.

1531년 피사로는 남미 잉카 제국에 스페인군을 이끌고 들어갔다. 황금이 가득하다는 소문을 들은 것이다. 당시 잉카의 황제 아타우알파는 피사로가 데리고 온 스페인군이 겨우 200여 명이란 소리에 피사로 일행을 얕잡아 본다. 그러나 피사로 일행은 잉카 황제를 철저한 계획하에 납치한다.

일단 '인사드리겠습니다. 어디로 나오세요'라고 황제를 부른다. 그리고 근처 건물 곳곳에 저격수들을 매복시킨다. 피사로 일행은 먼저 잉카 황제에게 '스페인에 항복하고 예수님을 받아들이시오'란 설득을 한다. 그게 말이 되나. 잉카 황제는 건네받은 성경을 땅에 던져 버리고……! 여기에 격분한 피사로 일행은 저격수들에게 발포 명령을 내린다. 그리고 황제를 인질로 잡아 버린다. 그러고는 곧 처형해 버린다. 잉카 제국이 실질적으로 망해 버린 순간이다.

그런데 이런 피사로가 '피살'됐다고? 그렇다. 잉카 제국을 접수한 피사로 일행. 잉카를 더욱 니네 먹고 싶어서 자기들끼리 싸우는 내분이 일어난다. 그런 과정에서 피사로는 자기의 가장 강력한 라이벌을 전투 끝에 죽인다. 그리고 그 라이벌의 아들이 아버지의 원수를 갚기 위해 피사로를 살해해 버린다.

1880년 6월 27일, 미국의 사회 운동가
헬렌 켈러가 태어났다.

생후 19개월에 뇌막염에 걸려 그때부터 시력과 청력을 잃었다. 본인 스스로 시력을 잃었으나 수술로 회복한 앤 설리번이란 가정교사를 만난 후 헬렌의 인생은 바뀐다. 앤은 어떤 사물을 헬렌의 손에 쥐여 준 후 그 감각을 느끼게 하고 곧바로 헬렌의 손바닥에 그 사물의 이름을 알파벳으로 써 줬다. 예를 들어 연필을 잡게 한 후 헬렌의 손바닥에 p.e.n.c.i.l이라고 써 준 것. 그리고 손바닥에 차가운 물을 떨어뜨린 후 손바닥에 다시 w.a.t.e.r를 써 주는 식으로 헬렌은 한 단어, 한 단어를 배워 나갔다. 그렇게 앤 설리번은 헬렌 켈러의 평생 동반자가 되었다.

세계 30여 개국을 같이 여행하며 각국의 인권 및 노동 문제, 여성 참정권 등에 관한 연설을 했다. 맞다. 우리는 헬렌 켈러를 장애를 극복한 장애인 정도로 기억하고 있는데 헬렌 켈러는 인권과 여성, 노동 문제에 큰 목소리를 냈던 사회 운동가였다.

앤 설리번 선생님(오른쪽)의 얼굴을 만지는 헬렌 켈러(왼쪽)
(Public domain | Wiki Commons)

1491년 6월 28일, 수많은 여인들과 결혼한 잉글랜드의 왕 헨리 8세가 태어났다.

헨리 8세의 목표는 단 하나였다. 자기의 대를 이을 아들을 얻는 것! 첫째 부인 캐서린이 아들을 못 낳으니 이혼을 하려 했다. 당시 왕의 이혼은 로마 교황이 허락을 해 줘야 하는데 교황이 이혼 허락을 안 주었다! 그래서 헨리 8세는 교황과 연을 끊어 버린다. 그리고 따로 종교를 만든다. 나중에 성공회란 이름을 가지게 된 영국 국교를 만든 것이다. 이혼 안 시켜 준다고 종교를 따로 만들다니.

그리하여 꿈에도 그리던 이혼에 성공하고 첫째 부인의 하녀 출신 앤 불린과 두 번째 결혼을 한다. 앤 불린이 '아들을 낳아 드릴게요'란 약속을 했거든. 그런데 또 아들을 낳지 못하자 열받은 헨리 8세는 앤을 참수해 버린다. 이 비극적인 스토리가 영화로도 만들어졌다. 바로 〈천일의 앤〉이란 영화.

하여간 헨리 8세는 총 6명의 부인과 결혼과 이혼을 반복했다. 그래서 '겨우' 아들 하나를 얻기 얻는다. 바로 다음 잉글랜드의 왕이 에드워드 6세인데…… 결혼도 못 하고 15살에 요절해 버린다.

서기 67년 6월 29일, 예수 그리스도의
12제자 중 한 사람이자 제1대 가톨릭 교황인
성 베드로가 순교했다.

성경에 따르면 로마에서 선교 활동을 하던 베드로는 로마의 기독교 탄압이 심해지자 로마 탈출을 시도한다. 그런데 탈출 중 로마 근처에서 예수를 만난다! 깜짝 놀란 베드로는 'Quo vadis(쿠오 바디스)?'라고 물었다. '어디로 가십니까?'라는 뜻. 그러자 예수는 '로마에 가서 십자가에 못 박혀 죽을 것이다'란 대답을 했고 거기에 깜짝 놀라 정신을 차린 베드로는 다시 로마로 가서 로마군에 체포되고 십자가형을 당했다.

특이한 점은 십자가에 거꾸로 매달린 것인데 예수와 똑같은 자세로 죽을 수 없다는 게 이유였다. 물론 정확한 역사라기보다 성경 말씀 내용이다. 베드로는 십자가에서 순교한 후 로마에 매장됐는데 그 무덤 위에 세워진 것이 바로 지금 로마 바티칸의 성 베드로 성당이다. 아직까지 베드로 성당 지하엔 베드로의 무덤이 있다.

베드로는 가톨릭의 초대 교황이다. 그래서 지금도 교황의 상징은 '거꾸로 된 십자가'다.

1997년 6월 30일, 정확히는 이날에서 7월 1일로 넘어가는 자정에 홍콩이 영국에서 중국으로 156년 만에 반환됐다.

알다시피 홍콩은, 1840년 아편전쟁에서 영국이 청나라를 완패시킨 후 그 대가로 영국이 지배하게 된 곳이다. 그러던 홍콩이 중국에 반환되는 시기가 다가오면서 당시 홍콩인들이 느꼈던 심리 변화를 홍콩 영화를 통해 알 수 있다. 일단 1980년대 초, 성룡이 등장하는 슬랩스틱 코미디 영화들. 다가오는 현실은 잊고 깔깔거리면서 웃자, 웃으면 암울한 미래를 잊을 수 있다는 것이었다. 1980년대 말에서 1990년대 초, 홍콩의 중국 반환은 점점 현실로 다가오고…… 홍콩인들은 암울해진다. 그래서 나온 영화들이 주윤발 주연의 〈영웅본색〉 등 홍콩 느와르 영화들이다.

홍콩인들은 아직 정체성 혼란을 겪고 있다. 무려 156년 동안 중국인이 아닌 '영국의 준시민인 홍콩인'으로 살아왔기 때문. 이제 갑자기 다시 중국인으로 살라고 강요를 당하니 반발할 수밖에. 그것도 156년 동안 영국식 민주주의 체제로 살아왔는데 갑자기 중국 공산당의 1당 지배를 받으라고 하니 홍콩인들은 미치는 것이다. 80년대 초 성룡의 슬랩스틱, 80년대 말 주윤발의 홍콩 느와르를 보고 자란 필자도 홍콩인들이 처한 이런 혼란이 그저 안쓰러울 뿐이다. 지금도 빅토리아 언덕에서 내려다보는 홍콩항의 야경은 여전히 똑같을 것인데……

Jul. 8
북한
김일성 주석
사망

Jul. 25
한반도
청일전쟁

Jul. 11
중국
명나라 정화의
대항해

7월

1867년 7월 1일, 캐나다가
영국으로부터 독립했다.

캐나다는 전체 면적이 한반도(남북한 합친)의 무려 45배 넓이다! 그런데 인구는 4,000만 명이 안 된다! 우리나라는 5,100만 명이 넘는데(2024년 기준)! 그냥 과장해서 사람이 거의 살지 않는 북극 근처의 거대한 땅이 캐나다다.

이 넓은 땅이 유럽과 세계사에 등장한 건 1534년 프랑스의 탐험가 자크 카르티에(명품과 상관없다)가 지금의 캐나다에 상륙하면서부터이다. 그리고 자기 마음대로 '이 땅은 새로운 프랑스(New France)다!'라고 선언을 한다. 당연히 이미 살고 있던 원주민이 있었지만.

카르티에는 원주민에게 물었다. 이 동네 이름이 뭐냐고. 그러자 원주민들은 '카나다, 카나다'라고 대답을 했다. 그래서 그냥 자기가 상륙한 동네 이름을 캐나다로 짓는다. 나중에 알고 보니 '카나다'는 현지 원주민 말로 '마을'이란 뜻. 하여간 캐나다의 역사는 프랑스의 식민지로 시작한다.

그러다가 1754년, 프랑스와 영국이 아메리카 신대륙에서 한판 크게 전쟁을 벌인다. 그리고 프랑스가 진다. 그리고 영국은 프랑스 식민지였던 캐나다를 꿀꺽한다. 그때부터 캐나다는 영국 식민지가 된 것이지. 그러다가 바로 아랫동네 미국의 남북전쟁 동안 무기와 물자를 신나게 팔고 큰돈을 번다. 자, 이제 돈도 있는데 뭐 하려고 남의 나라에 전세로 사나? 그래서 그 재력을 바탕으로 1867년 7월 1일, 영국으로부터 독립한다.

1994년 7월 2일, 콜롬비아 축구 선수 안드레스 에스코바르가 괴한이 쏜 총 12발을 맞고 숨졌다.

왜? 자책골을 넣어 콜롬비아 축구팀이 지게 만들었다는 그 이유 하나 때문. 때는 1994년, 미국 월드컵 때였다. 당시 우승 후보였던 콜롬비아는 예상과 달리 경기에서 죽을 쑨다. 그리고 결정적으로 개최국이자 최약체였던 미국과의 경기에서 2:1로 진다! 그리고 탈락한다. 그 미국과의 경기에서 자책골을 안드레스가 넣은 것.

고국인 콜롬비아에선 대표팀 선수들에게 '돌아오면 죽인다!'란 협박이 이어졌다. 일부 선수들은 실제로 귀국하지 않고 다른 나라로 피신까지 했다. 그러나 '내 잘못, 책임은 내가 진다'란 생각에 안드레스는 귀국을 했고. 한 술집에서 '자살골 고맙다!'라고 외친 괴한이 쏜 총을 맞고 숨진다. 괴한은 총을 쏠 때마다 '골! 골! 골!'이라고 했다지.

배경엔 여러 가지 설이 있는데 콜롬비아가 이긴다는 데 돈을 베팅한 마피아가 돈을 잃자 안드레스를 죽였다는 설이 가장 유력하다. 하여간 이 사건 이후에 우리나라 축구계에서도 자살골이란 표현 대신 자책골이란 표현을 쓰기 시작했다.

중남미에서는 축구 등 스포츠로 도박을 하는 일이 꽤 많다. 할 게 없어서 스포츠로 도박을 하나? 경마는 과연 도박일까, 도박이 아닐까? 한번 생각해 보자.

1890년 7월 3일, 아이다호가
미국의 제43번째 주로 편입됐다.

아이다호의 이미지는 '미국에서 가장 외로운 주'다. 그래서 여기에선 잠시 역사 얘기는 접고 영화 얘기를 좀 해 볼까 한다. 1991년 개봉된 〈아이다호〉란 영화가 있다. 원제목은 My Own Private Idaho. 젊은 나이에 세상을 떠난 리버 피닉스(호아킨 피닉스의 친형)가 주연으로 나온다. 간단한 스토리는 다음과 같다.

고향인 아이다호를 떠나 타지에서 몸을 파는 밑바닥 인생을 사는 마이크(리버 피닉스 분)는 어릴 적 헤어진 자신의 친엄마를 찾아 긴 여정을 떠난다. 그러나 끝내 엄마를 찾지 못한다. 리버 피닉스는 돌아갈 곳은 결국 고향인 아이다호밖에 없다고 생각하며 아이다호로 발길을 옮긴다. 그러나 아이다호로 걸어가는 길에서 그만 쓰러지고 만다. 과연 그는 고향인 아이다호로 돌아갔을까?

솔직히 아이다호는 미국에서 가장 못사는 주, 가장 깡촌인 동네이다. 역설적으로 아이다호는 그만큼 때 묻지 않은 순수함을 상징하기도 한다. 영화를 보면 아이다호, 그 드넓은 초원에 차 한 대 없는 도로가 지평선까지 쓸쓸히 이어져 있다. '외로움' 그 자체를 영상으로 보여 주는 것. 이 영화를 보면서 홀로 이 세상의 풍파를 견뎌 내야 했던 리버 피닉스의 마음과, 그가 가슴속에 늘 품으며 돌아가고 싶었던, 그러나 결국 돌아가지 못한 고향 아이다호를 느껴 보는 건 어떨까?

1776년 7월 4일, 아메리카 대륙의 식민지들이
영국으로부터 독립을 선언했다.

그래서 이날이 미국의 독립기념일이다. 이 모든 것의 발단은 1762년에 끝난, 아메리카 대륙에서의 영국과 프랑스 간의 전쟁이었다. 일단 결과는 영국의 승리. 그러나 영국도 이 전쟁에서 이긴다고 돈을 너무 많이 썼다. 영국 정부는 '적자를 영국 본국 시민들에게 세금으로 걷으면 분명 반발할 것이니까 만만한 아메리카 식민지에서 뜯어내자'고 결정한다. 그리고 어마어마하게 세금을 걷는다. 심지어 '종이로 만든 모든 것'에 세금을 부과했다. 책, 신문, 심지어 돌아가신 아버지가 쓰신 유언장에도. 이러니 반발을 안 하나?

당연히 아메리카 식민지 주민들은 들고일어났고 영국은 무력으로 진압을 했다. 결국 아메리카 식민지 주민들은 '이럴 바엔 영국과 싸워서 독립하자'란 결심을 하고야 만다. 그리고 1776년 7월 4일, 당시 13개 아메리카 식민지 대표들이 필라델피아에 모여 독립선언문을 낭독한다. 오늘날 세계 최상대국 미국의 탄생을 알리는 순간이었다.

1937년 7월 5일, 그 유명한 햄 통조림 스팸이 세계 최초로 공식 출시됐다.

맞다. 인기 명절 선물! 노릇노릇하게 구운 이것 하나면 밥 한 공기 뚝딱! 바로 그 통조림 상표명 말이다. 이 모든 건 미국에서 통조림 공장을 운영했던 제이 호멜이란 사람으로부터 시작됐다. 당시 고기 통조림 제품은 이미 있었다. 그러나 통조림에서 고기를 꺼내서 또 한 번 불에 익혀 먹어야 했다. 호멜은 생각했다. 미리 조리를 한 고기를 통조림에 넣고, 개봉하자마자 (요리할 필요 없이) 바로 먹을 수 있는 고기 통조림을 만들면 대박이 나겠다고. 그리고 또 생각했다. 돼지를 도살하고 남은 부위들, 고기가 좀 붙은 어깨뼈, 꼬리 등 당시 미국에선 필요 없다고 버리던 그 부위들이 너무 아깝다는 생각을.

그래서 최종적으로 '버리는 돼지고기 부위들을 다 갈아서 거기다 향신료를 섞은 후 삶아서 햄으로 만든 후에 통조림에 넣자'란 생각을 한다. 그래서 그 유명한 햄 통조림인 스팸(SPAM)이 탄생했다. 처음엔 인기가 별로 없었다. 왜? 이름이 너무 길어서. 처음 출시됐을 때 이름은 '호멜의 양념 햄(Homel's Spiced Ham)'이었다. 왠지 맛없이 들리지. 그래서 과감히 이름을 바꾼다. 그냥 SPAM이라고. 무슨 뜻이냐고? 그냥 줄임말이었다. Spiced Ham의 축약어.

참고로 미국에서 스팸을 명절 선물로 주면 몰래카메라인 줄 안다. 왜? 고기가 남아도는 미국에서 스팸은 최후의 핵전쟁 등을 대비하는 비상식량이기 때문.

1785년 7월 6일, 달러가 미국에서
공식 화폐로 지정됐다.

미국이 독립선언을 한 것이 1776년이고 그 이전에도 사람들이 그 땅에서 장사하고 살았을 텐데, 그럼 그 전엔 어떤 돈을 썼을까? 자, 1492년 남미에 진출한 스페인은 거대한 은 광산들을 발견한다. 그리고 그 은을 채굴해 유럽 대륙에 가져다 '뿌려' 버린다. 그 막대한 은으로 은화를 찍어 냈는데 너무 많이 찍다 보니 스페인 은화가 전 세계 공용 화폐가 되어 버린다. 너무 흔했기 때문.

그중에서도 '8레알'짜리 동전이 가장 많이 유통되었다. 지금의 동전과 같은 동그란 모양에 적당히 작은 크기로 유통이 쉬웠다. 참고로 그 8레알 은화가 중국까지 들어와 유통이 되었고 중국인들은 그 은화를 '원(圓)'이라고 부르기 시작했다. 동그랗기 때문. 그 원이 지금 중국의 위안화, 우리나라의 원화, 일본의 엔화의 시작이다. 하여간 8레알이 유통되던 중 지금의 독일 지방에서 또 대형 은광이 발견됐다. 요아힘스탈이란 계곡이었는데 여기서 캐낸 은으로도 엄청난 은화가 만들어졌다. 이 은광의 은으로 만든 은화를 요아힘스탈러라고 불렀는데 너무 길어서 그냥 뒤만 살려서 '탈러'라고 불렀다. 그러다가 조금 발음이 순화되어 '달러'로 불리기 시작한 것. 이 '달러'가 아메리카 식민지(지금의 미국)에도 들어왔다.

그 이전엔 아메리카 식민지도 8레알 동전을 화폐로 쓰고 있었다. 그러던 와중에 미국으로 독립 건국한 후 스페인의 화폐를 버리고 새로운 화폐인 달러를 공식 화폐로 정한다. 우리나라 아재들은 달러를 '불'이라고 부르는데 이건 달러 상징인 $이 한자 弗과 비슷하게 생겨서이다. 또 참고로 $의 유래는 미국인들도 모른다. 미 재무부도 모른다. 그냥 미스터리다.

1937년 7월 7일, 베이징의 한 다리에서
일본과 중국 간 총격전이 발생하면서 중일전쟁이 터진다.

중국에선 이날을 '77(칠칠) 사변'이라고 부른다. 당시 중국 사정을 좀 보자. 그때 중국(중화민국)의 수도는 베이징이 아니라 저 남쪽 상하이 옆의 난징이었다. 그리고 북부 중국은 1931년, 일본이 침공해서 '만주국'이란 괴뢰국, 즉 앞잡이 국가를 세운 상태. 그 말은 중국 북부는 실질적으로 일본이 지배하고 있던 것. 그럼 베이징은? 노구교란 다리를 기준으로 일본과 중국이 양분을 하고 있던 상황이었다. 마치 우리의 휴전선같이 말이다.

그런 일촉즉발의 대치를 하던 중 1937년 7월 7일, 일본군 병사 하나가 사라진다! 일본군 측은 '어? 얘 어디 갔어?' 하며 실종 병사를 찾았다. 그러다가 중국군이 납치했다는 성급한 결론을 내려 버린다. 그리고 총격전을 벌이고 만다. 다리 하나를 두고 중국과 일본이 본격적으로 무력 충돌을 한 것이다!

이것이 일파만파 번지면서 결국 중국과 일본은 본격적인 전쟁을 시작한다. 바로 중일전쟁이다. 참고로 실종됐던 일본군 병사는 중국이 납치했던 것이 아니라 설사 때문에 화장실을 갔다는 설.

1994년 7월 8일, 북한의
김일성 주석이 사망했다.

대한민국의 김영삼 대통령과 사상 첫 남북 정상회담을 얼마 안 남기고 갑작스레 죽어 버린 것이다. 당시 아들 김정일이 아버지 김일성을 죽였다는 설들이 돌았다. 자, 지금부터는 여러 가지 '설들' 중 하나다.

1990년대 초에 이미 북한의 실권은 김정일이 쥐고 있었고 김일성은 그냥 '뒷방 할배'로 전락했다고 한다. 김일성으로 가는 모든 정보는 이미 김정일이 통제를 했다. 곧 남쪽의 김영삼 대통령과 만날 생각에 들뜬 김일성은 정상회담 장소를 자신의 묘향산 별장으로 정하고 철도 관계자에게 '남쪽에서 여기 묘향산까지 바로 김영삼이가 기차를 타고 오게 철도를 새로 깔아라'란 지시를 내렸다. 철도 관계자는 당황해서 공사가 불가능하다고 대답했다. 헉! 감히 수령의 지시를 거부하다니!

알고 보니 이미 북한에선 식량 배급이 끊겨 노동자 동원이 힘들었던 것. 그 소식을 듣고 김일성은 격분했다. 배급이 끊겼다는 사실을 몰랐던 것. 아들 김정일이 정보를 농세하고 있었기 때문에. 김일성은 아들 김정일은 불러 불같이 화를 냈다. '네가 나라를 이따위로 만들었어! 넌 나라를 경영할 능력이 없어!'라고. 그 과정에서 김일성은 쓰러졌고, '적어도' 김정일은 아버지의 치료를 늦추고 방치해 사망에 이르렀다, 는 주장이 김일성 사망 당시에도 있었고 심지어 지금도 있다. 김일성 사망의 진짜 원인은 아직도 풀리지 않고 있다.

1582년 7월 9일, 중국 명나라의 재상(국무총리) 장거정이 사망했다.

정거장 아니다. 장거정이다. 이 사람은 중국 역사상 가장 최악의 암군 중 하나인 만력제의 스승으로 유명하다. 만력제가 누구냐고? 무려 황제 업무를 30년 이상 파업한 엽기적인 인물이다. 30년 동안 아예 황제 업무를 안 봤다. 중국 역사상 유일하게 사형 집행이 안 된 시기가 바로 만력제 때다. 사형을 하려면 황제의 결재가 있어야 하는데 황제가 파업 중이시니. 그리고 만력제는 임진왜란 때 명나라 원군을 파병해 준 인간이다. 임진왜란 7년 동안이 유일하게 출근하고 근무했던 때였다.

하여간 만력제가 왜 파업을 했나? 바로 스승 장거정 때문이었다. 만력제가 태자였을 때 스승이었는데 거의 아동 학대 수준으로 애를 괴롭혔다. 새벽부터 밤까지 옆에 붙어서 '공부해라! 공부!'를 강요했고 실수를 하면 눈물이 쏙 나도록 혼을 냈다고. 특히 '황제는 검소해야 한다, 성실해야 한다!'란 말을 거의 가스라이팅 수준으로 강요했다.

1582년 스승 장거정이 죽자 만력제는 충격에 빠진다. 스승이 죽어 슬퍼서가 아니다. 알고 보니 검소함을 그렇게 강조한 장거정이 뒤로는 호박씨를 까면서 자기는 뇌물을 받고 살았던 것. 만력제는 장거정이 하라고 했던 것과 180도 반대로 하기 시작했다. '검소? 이제 흥청망청. 성실? 이제는 파티다!'였다.

1971년 7월 10일, 썬킴이
서울에서 태어났다.

이것도 중요한 역사다. 그때 썬킴이 태어났으니까 여러분이 지금 이 책을 읽고 있는 것 아닌가. 태어난 사람도 있다면 돌아가신 분도 계셨겠지. 서기 138년 7월 10일, 로마 제14대 황제 하드리아누스가 죽었다. 이 인간이 왜 유명하냐면 바로 지금 잉글랜드와 스코틀랜드의 경계를 만들었기 때문.

알다시피 로마는 브리튼섬(지금의 영국)을 일찌감치 점령하고 식민지로 만들었다. 지금의 런던이란 도시를 만든 것도 로마다. 지금의 영국 남부를 점령한 로마는 슬슬 북쪽으로 치고 올라간다. 그러나 북쪽의 켈트족(지금의 스코틀랜드 주민)의 강력한 저항 때문에 북진에 어려움을 겪는다. 그러다가 '됐고, 그냥 남쪽만 지배하자'란 결정을 내린다. 그리고 싸움 정말 잘하는 북쪽의 켈트족이 남쪽으로 치고 내려오는 걸 막기 위해 거대한 장벽을 만든다. 마치 만리장성처럼.

그것이 바로 하드리아누스 방벽이다. 지금도 남아 있다. 그리고 그 방벽이 지금 잉글랜드와 스코틀랜드의 경계로 쓰이고 있나. 영국에 가게 되면 한번 들리 보지. 유네스코 세계 문화유산이다.

하드리아누스 방벽
(Public domain | Wiki Commons)

1405년 7월 11일, 명나라의 정화가
역사적인 대항해에 나섰다.

이 사람은 누구고 또 왜 대항해에 나섰을까? 원나라가 망하고 명나라가 들어설 무렵 중국 남부에 살던 무슬림, 즉 이슬람교도였다. 명나라군에 잡혀 거세를 당하고 환관으로 궁에 들어온다. 그리고 명나라 황제 영락제 밑에서 환관으로 근무한다.

그런데 이 영락제라는 인물은 우리나라 수양대군과 같이 황제였던 자기 조카를 죽이고 황제 자리를 강제로 빼앗은 나쁜 삼촌이란 것! 영락제는 정통성을 찾는 방법으로 '해외 각국들이 나에게 머리 숙이고 조공 바치게 하자'란 깜찍한 생각을 한다. 그리고 이슬람교도 출신 정화에게 '너 배 타고 나가 세상의 모든 왕들이 나 영락제에게 머리 숙이도록 해!'란 명령을 내린다. 그래서 정화는 1405년부터 1433년까지 세계를 돈다. 멀리는 아프리카 소말리아의 모가디슈까지 갔다는 기록이 있다. 콜럼버스보다 80여 년 앞서 지구 반 바퀴를 돈 것이다! 1차 원정에 배 타고 출발한 인원만 2만

7,000명! 그 압도적인 위세에 정말로 세계 각국의 국왕들이 고개를 숙인다. 반발한 왕도 있었다. 스리랑카의 왕. 결론은? 정화의 군대에게 박살이 난다. 정화는 세계 각국 왕들이 바친 조공품도 알뜰하게 명나라로 가져왔다. 심지어 기린도 있었다. 지금의 방글라데시 왕이 준 선물인데 그때 그 기린을 그린 그림은 중국의 보물로 남아 있다.

명나라 영락제가 조공으로 받은 기린 그림
(Public domain | Wiki Commons)

1935년 7월 12일, 유럽의 유대인 박해의 대명사 알프레드 드레퓌스가 사망했다.

유대인이었지만 프랑스에서 태어나 프랑스에서 교육을 받고 프랑스 육사를 다닌 그냥 프랑스인이었다! 프랑스 육군 포병 장교로 근무하던 1894년! 그는 한 사건에 휘말린다. 프랑스에 있던 독일 대사관에 누군가 프랑스 군사 기밀을 몰래 넘겼다는 것! 그리고 그 범인이 바로 드레퓌스라는 것!

결론부터 말씀드리면 그는 죄가 없었다. 누명을 쓴 것이다. 심지어 나중에 진범까지 잡힌다. 하여간 드레퓌스는 억울한 누명을 쓰고 군에서 불명예 제대를 당하고 재판까지 받는다. 그럼 왜 그랬을까? 단 한 가지 이유. 유대인이어서.

당시 프랑스 분위기를 보면 1871년 독일과의 전쟁에서 대패한 후 엄청난 패배 의식에 젖어 있을 때였다. 그래서 프랑스인들은 '이건 우리 프랑스가 못나서 그런 것이 아냐. 다른 이유가 있을 거야. 아! 맞다! 저 유대인들 때문에 우리가 이 모양 이 꼴인 거야'라면서 화살을 프랑스 내 유대인들에게 돌린 것!

이 말도 안 되는 사건을 가만히 보던 사람이 또 하나 있었다. 바로 이 사건을 취재하던 테오도르 헤르츨이란 또 다른 유대인 언론인! 그는 생각했다. '이 모든 사태는 바로 우리 유대인들이 나라가 없어서다!' 그리고 바로 이스라엘 건국 준비에 들어간다.

1985년 7월 13일, 영국 런던 웸블리 스타디움에서 역사적인 자선 콘서트 '라이브 에이드'가 열렸다.

맞다. 영화 〈보헤미안 랩소디〉 마지막 장면에 나온 그 콘서트 말이다. 아프리카 에티오피아 기아를 돕기 위한 모금 행사로 수많은 전설적인 가수들이 참가했다. 생방송이었고 전 세계 100여 개국에서 무려 약 16억 명이 동시에 공연을 봤다. 그리고 수익금은 전액 아프리카 기아들을 위해 기부됐다.

콘서트의 이름은 우리가 반창고라고 부르는 밴드 에이드(Band Aid)에서 따왔다. 아프리카에서 고생하는 아이들을 위해 '반창고 라이브 무대'를 연다는 뜻. 수많은 가수들이 이 공연을 통해 세계적인 명성을 얻게 되는데 당연히 하이라이트는 영국의 록 그룹 퀸!

영화에서 볼 수 있듯이 프레디 머큐리 등 멤버들은 이 공연 전에 이미 다 해산한 후 사이가 안 좋아진 상태에서 각자 갈 길 가고 있었다. 그러나 '이 공연만큼은 꼭 해 보고 싶다. 미안하다, 멤버들아'란 프레디의 읍소에 이들은 다시 하나가 되었고 그 20분간의 생방송 공연은 이후 전설이 된다.

지금 이 책을 읽고 있는 모든 분들 아시죠? 우리 모두가 'We Are The Champions'라는 걸. 👨

1969년 7월 14일, 남미 엘살바도르와 온두라스 사이에서 축구전쟁이 발발했다.

진짜 '축구' 때문에 전쟁이 일어난 것이다. 1970년 월드컵 예선전 때문에 일어난 전쟁이었다. 일단 두 나라는 딱 서로 붙어 있는 이웃 나라. 그런데 온두라스가 훨씬 땅덩어리는 크다. 반면 땅이 좁은 엘살바도르의 인구가 더 많았다는 것. 농사할 땅도 부족하고 일자리도 없으니 엘살바도르인들은 먹고살기 위해 이웃 나라 온두라스로 불법 이주를 하기 시작한다!

온두라스는? 그런 불법 이민자들을 다 추방해 버린 것. 슬슬 두 나라 사이에 앙금이 생기기 시작한다. 이런 가운데 두 나라가 월드컵 예선전에 나선 것이다. 서로 양국 선수들에게 설사약까지 먹이면서 필사적으로 이기려 든다. 1차 예선은 온두라스의 승리, 2차 예선은 엘살바도르의 승리.

마지막 최종 예선은 원래 온두라스 또는 엘살바도르에서 치러져야 했지만 유혈 사태를 우려한 FIFA가 중립국인 멕시코에서 관중 없이 치르게 했다. 결과는? 연장전 끝에 엘살바도르의 승! 예선 탈락에 격분한 온두라스 국민들이 자기 나라 안에 있던 엘살바도르인들을 공격하기 시작했고…… 결국 군대까지 동원한 '진짜' 전쟁까지 시작했다. 세계사를 공부하다 보면 정말 황당한 사건들이 꽤 많다.

1983년 7월 15일, 일본의 닌텐도가 가정용 게임기 '패밀리 컴퓨터', 줄여서 패미컴을 출시했다.

이 패미컴의 성공은 너무나도 유명한 게임 '슈퍼 마리오 브라더스'의 성공으로 이어진다. 그거 아셨나? 닌텐도는 처음부터 게임기 회사가 아니었다는 것을? 처음에는 화투를 만드는 회사였다. 닌텐도의 우리식 발음은 임천당(任天堂)이다. 무슨 금은방 이름 같지. 1889년 일본에서 문을 연 임천당, 즉 닌텐도는 '하나후다(花札. 꽃들의 전쟁이란 뜻)'이란 그림 카드, 즉 우리가 지금 알고 있는 화투를 만들면서 돈을 벌기 시작했다.

이 모든 것의 시작은 임진왜란 전후에 포르투갈 상인이 일본에 가지고 들어간 '카르타'란 카드 게임이었다. 지금의 트럼프 카드와 비슷하다고 보면 된다. 이게 당시 일본에서 대박이 났다. 너도나도 카르타 도박을 하니 깜짝 놀란 일본 정부는 카르타를 금지시키고 만다! 그런데 하지 말라고 하면 더 하고 싶은 것!

일본인들은 숫자가 있는 카르타 대신 예쁜 꽃 그림이 그려진 동양화로 몰래 도박을 하기 시작했다. 단속 나오면 '동양화 감상 중'이라고 하면 끝. 그것이 일본 하나후다, 즉 화투의 시작이었다. 그리고 그 화투장을 가장 많이 만들어 팔던 회사가 바로 슈퍼 마리오를 만든 임천당, 즉 닌텐도였다.

1790년 7월 16일, 워싱턴 D.C.가
미합중국(미국)의 수도로 결정됐다.

워싱턴이 미국의 수도로 결정되기 전에는 뉴욕, 필라델피아 등이 임시 수도 역할을 하고 있었다. 특히 뉴욕이 중요한 역할을 했다. 조지 워싱턴이 초대 대통령으로 취임한 곳도 뉴욕이다. 그러나 미국 지도를 보시면 알겠지만 뉴욕이 너무 북쪽으로 치우쳐져 있다는 것.

남부 주들은 '회의를 하려면 우리 남부에선 뉴욕까지 올라가기 너무 멉니다!'란 불만을 내기 시작했다. 그래서 어디 '중간 지점'에 어느 주에도 소속이 안 된 땅에 정식 수도를 정하기로 한다. 그래서 지금의 워싱턴이 있는 '빈 땅'에 새 수도를 건설하기로 하는데…….

잠깐! 그 어느 주에도 소속이 안 된 땅이라면서? 맞다. 그 빈 땅이 소속되어 있던 버지니아주와 메릴랜드주가 그 땅을 연방 정부에 기증을 한다. 그러면 이제 그 어느 주에도 소속이 안 되는 것.

자! 빈 땅에 세워질 새 수도의 이름은 '워싱턴 D.C.'로 한다. DC? 할인을 많이 해 주는 동네인가? 아니다. District of Columbia 즉, '콜럼버스의 땅'이란 뜻이다. 새로운 대륙과 새로운 나라를 상징하는 두 인물의 이름을 새 수도 이름에 다 넣은 것!

미국 뉴욕과 워싱턴 D.C.의 위치

1993년 7월 17일, 공룡 영화
〈쥬라기 공원〉이 한국에서 개봉됐다.

미국 현지에선 6월 11일 개봉. 스티븐 스필버그 감독은 원래 이 영화를 '스톱 모션' 기법으로 촬영하려고 했다. 그게 뭐냐고? 인형을 조금 움직여 한 컷 찍고, 또 조금 움직여 한 컷 찍고…… 그렇게 찍은 후 연결해서 보면 인형이 움직이는 것처럼 보인다. 물론 상당히 어색하다. 말 그대로 '웅~ 치킨, 웅~ 치킨'이다.

그런데! 마침 그 전인 1991년도에 개봉됐던 〈터미네이터 2〉에 쓰였던 컴퓨터 그래픽 'CG'로 '시험 삼아' 공룡을 만들어 본 스필버그 감독은 충격에 빠진다. 공룡이 너무 진짜 같아 보였기 때문. 맞다. 〈터미네이터 2〉 이전까지만 해도 CG란 것이 거의 존재하지 않았다. 스필버그 감독은 고민에 빠졌다. 이미 스톱 모션 기술자까지 다 고용한 상태. 조심스럽게 스톱 모션 감독에게 '사실, CG로 영화를 좀 찍어야겠어'라고 털어놓는다. 충격에 빠진 스톱 모션 감독은 연락을 끊고 잠적해 버린다. 나중에 겨우 연락이 된 스톱 모션 감독 앞에 스필버그 감독은 CG로 만들어진 공룡을 보여 준다. 그러자 스톱 모션 감독이 단번에 'CG로 갑시다!'라고 했다지.

스톱 모션이 뭔지 잘 모르는 세대들은 〈터미네이터 1〉, 〈로보캅 1〉 등의 영화를 한번 보도록. 진정한 '웅~ 치킨, 웅~ 치킨'을 경험할 수 있다.

1918년 7월 18일, 남아프리카공화국의 대통령 넬슨 만델라가 태어났다.

남아공 최초의 흑인 대통령이었고 남아공의 그 악명 높은 흑인 차별 정책 아파르트헤이트(이 책의 2월 1일 글에서도 설명했다)에 맞서 평생을 싸웠다. 그는 흑인이었고, 꽤 괜찮은 집안에서 태어났다. 그 덕분에 흑인이었지만 남아공에서 법대를 졸업하고 인권 변호사까지 된다. 그러나 당시 남아공에서 흑인 인권 변호사가 할 수 있는 일은 거의 없었다.

억압받고 차별받는 흑인들을 법적으로 도울 수 없다는 것을 깨달은 순간 그는 '무력 투쟁가'로 변신한다. 그리고 백인 정부 청사들을 대상으로 한 테러를 준비하다가 체포된다. 그리고 종신형을 선고받고 세상과 격리된다. 하지만 남아공의 흑인 차별 정책에 대한 전 세계의 분노가 극에 달한 1990년대 초, 백인 정부는 흑백 차별 철폐를 선언했다. 백기를 든 것.

1990년 넬슨 만델라도 석방이 된다. 이후 곧 치러진 선거에서 승리, 남아공 최초의 흑인 대통령이 된다. 그가 대통령이 되자 남아공의 백인들은 일제히 짐 싸고 도주를 시도했다. 그러자 만델라는 그 유명한 말을 남겼다. '두려워 말라. 백인들이여. 당신들이 한 만행은 절대 잊지 않겠다. 용서하겠다. 하지만 잊지는 않겠다'란 말. 용서하되 잊지는 않겠다는 말. 화해를 위한 그의 업적 덕분에 그는 1993년 노벨 평화상을 받는다.

1864년 7월 19일, 청나라 최대의 반란
태평천국의 난이 진압됐다.

태평천국은 중국 남부의 홍수전이 1851년에 만든 단체다. 때를 보면 바로 1840년 아편전쟁에서 청나라가 영국에 완패를 한 직후. 특히 홍콩을 비롯한 중국 남부의 피해가 컸다. 이때 홍수전이란 인물이 등장해서 '여러분! 언제까지 이 고생하고 살 겁니까? 하나님을 믿으세요! 그러면 구원 받습니다!'라고 사람들을 끌어들이며 세를 키웠다.

하나님……? 맞다. 홍수전 왈. 어느 날 이상한 꿈을 꾸었다. 꿈속에서 한 노인을 만났고 또 한 중년 남성을 만났다고 한다. 그 노인은 홍수전에게 '네가 세상의 모든 악을 없애라! 그리고 이 남자는 네 형이다! 형을 도와라!'라고 했단다. 꿈에서 깨어 곰곰이 생각해 보니 홍수전이 얼마 전 선교사에게서 받은 《한문판 성경》의 내용과 겹치는 부분이 많았던 것!

홍수전은 생각했다. '아! 그 노인은 하나님이고 그 중년 남성은 예수님이다! 내가 그 남성의 동생이면…… 난 예수님의 동생?!'이라고. 그리고 선전하고 다녔다. '난 예수님의 동생입니다! 절 믿으세요! 구원 받습니다!'라고. 사람들은 믿었다. 어차피 아편전쟁으로 폐허가 된 상황에서 썩은 지푸라기라도 잡았던 것. 믿으면 구원해 준다는데, 안 믿겠나. 이 새로운 종교 단체는 이름을 태평천국으로 바꾸고 승승장구하다(그래 봤자 사이비 종교 반란군이었다) 결국 청나라 정부군에 진압이 된다.

1973년 7월 20일, 배우 브루스 리, 즉 이소룡이 사망했다.

이소룡은 1940년 미국 샌프란시스코 차이나타운에서 태어났다. 태어나자마자 중국인 부모(어머니는 영국계 혼혈)를 따라 홍콩으로 돌아왔는데 홍콩에서 각종 무술 선생들을 만나 중국 전통 무술(쿵푸)을 배웠다. 홍콩에서 이소룡은 현지 한국 태권도 사범들과도 친하게 지내면서 태권도의 발차기를 자기의 중국 무술과 합친다. 그리고 그의 전매특허, 그 유명한 '절권도'를 만들어 낸다. 중국 무술이 주로 현란한 손놀림인 반면에 이소룡의 무술은 '아비요!'란 괴성과 함께 뿜어 나오는 그 힘찬 발차기가 대부분인 이유는 태권도가 큰 영향을 주었기 때문이다.

하여간 홍콩에서 다시 미국으로 돌아가 할리우드의 몇몇 무술 영화에도 출연했지만 동양인으로는 분명 한계가 있었다. 그래서 다시 홍콩으로 돌아와 홍콩 영화계에서 무술 영화들을 찍었는데 그것이 대박이 난다! 〈용쟁호투〉, 〈정무문〉 등 영화사에 남을 엄청난 영화들을 만든다.

그렇게 잘나가던 이소룡은 1973년 홍콩에서 갑작스레 죽어 버린다! 거우 33세였다. 공식적인 사인은 '약물에 대한 과민 반응'. 하지만 이에 상관없이 너무 젊은 나이에 갑자기 세상을 떠났으니 각종 음모론이 판을 쳤다. 홍콩 미피이(삼합회)에 돈을 상납하지 않아서 마피아가 암살을 했다는 등의 설 말이다. 이소룡의 죽음은 나중에 장국영의 죽음과 함께 정말 안타까운 젊은 홍콩 영화인의 요절로 역사에 기록되어 있다.

1925년 7월 21일, 미국 테네시주에서
원숭이 재판이 열렸다.

엥? 원숭이 재판? 원숭이가 재판을 받은 것이 아니라 사람이 재판을 받았다. 원숭이 때문에. 배경은 이렇다. 당시 미국 테네시주는 기독교 로비 단체가 주 의회를 로비해서 공립 학교에서 진화론을 가르치는 것을 불법화한 상태! 맞다. 원숭이가 진화해서 인간이 되었다고 공립 학교에서 수업을 하면 불법이었다. 지금 기준으로 보면 말도 안 되지만.

이걸 꼭 기억하자. 미국이란 나라 자체가 기독교(정확하게는 청교도)인들이 기독교 정신으로 건국한 나라라는 것. 심지어 하버드 등 현재 명문 대학들은 다 기독교 목사님들을 만들기 위한 신학교로 출발했다. 하여간 이런 분위기 가운데 존 스콥스란 과학 교사가 수업 시간에 '인간은 원숭이로부터 진화했다'라고 가르쳐 버렸다. 당연히 현행법 위반으로 고발당했고 재판을 받았다. 이것이 원숭이 재판이다. 결과는? 일단 현행법 위반이었기 때문에 100달러의 벌금형을 선고받았다. 이 재판은 화제가 되었다. 미 전국적으로 '종교가 수업 내용까지 간섭해야 하나?'란 논쟁을 불러일으켰고 여러 주에서 비슷한 줄소송이 이어져 결국 '종교가 교육 내용까지 간섭하는 것은 위헌이다'란 최종 판결을 받아 낸다.

꼭 기억하자. 마약, 총기 등으로 상당히 문란한 나라로 오해받는데 미국은 아직까지 기독교 문화를 바탕으로 하는, 우리가 생각하는 그 이상으로 훨씬 보수적인 나라다.

존 스콥스
(Public domain | Wiki Commons)

1461년 7월 22일, 프랑스 국왕
샤를 7세가 사망했다. 58세였다.

이 인간 덕분에 영화, 드라마 참 많이 만들어졌다. 왜? 바로 그 유명한 잔 다르크를 발탁한 왕이기 때문. 당시 프랑스는 잉글랜드와 백년전쟁 중이었다. 프랑스가 잉글랜드에 거의 대패를 당하려는 순간! 17살의 잔 다르크란 소녀가 '신의 음성을 들었다. 내가 프랑스 왕을 구할 수 있다!'라며 샤를 7세를 찾아간다.

첫 만남이 상당히 유명하다. 각종 영화에도 재현이 되었고. 잔 다르크가 '신의 대리인'이란 걸 믿을 수 없었던 샤를 7세는 일종의 테스트를 해본다. 자신의 왕 옷을 신하에게 입히고 자기는 군중들 속에 평민 옷을 입고 숨어 버린다. 그래도 잔 다르크가 자기를 왕으로 알아보나 하고 말이다. 그러나 잔 다르크는 군중 속에 샤를 7세를 정확히 알아본다. '대왕, 거기서 뭐 하세요?'라 하면서. (이건 필자의 개인적인 의견인데 옷은 평민 옷을 입고 있었지만 신발은 아마 명품을 신고 있지 않았을까?)

하여간 잔 다르크의 도움으로 잉글랜드를 격퇴한 샤를 7세. 막바엔 잔 다르크를 토사구팽해 버린다. 잉글랜드에 팔아넘겨 버린 것! 왜? 질투 때문에. 프랑스 국민들은 잔 다르크를 성녀, 전쟁 영웅으로 추앙하기 시작했고 그 반대로 자기의 인기는 급락해 버렸으니. 꼭 누구를 보는 것 같지 않나? 임진왜란 때 선조와 이순신 장군을.

1921년 7월 23일, 중국 상하이에서
중국 공산당 제1차 당대회가 열렸다.

상하이 대한민국 임시정부청사 부근에 중국 공산당 창당 당시 건물이 있다. 나중에 상하이를 가면 한번 방문해 보자. 한국, 중국 두 나라의 최초 정부가 서로 근처에서 같이 시작되었다는 것이 재미있다. 하여간 당시 중국 분위기는 이랬다. 이미 국민당의 중화민국이란 나라는 건국된 상태였지만 일본을 비롯해서 중국으로 밀려드는 외세를 감당 못 하고 있었다. 특히 1차 대전(1914~1918년)이 한창이던 때, 독일 식민지였던 산둥반도 칭다오를 일본이 날강도처럼 빼앗아 버린 일까지 발생했다.

이런 상황에서 중국의 일부 지식인들은 생각했다. '지금 우리 중국이 필요한 건 일도 제대로 못 하는 국민당도 아니다. 노동자들을 탄압하는 자본주의도 아니다. 그럼 무엇인가? 바로 노동자들이 주인이 되는 세상, 공산주의다!'라고. 물론 지금 기준으로 보면 공산주의는 실패한 구닥다리 사상이다. 하지만 1921년 당시는 옆 나라 러시아에서 노동자 공산혁명을 성공시키는 등 그때 기준으론 '괜찮은데. 한번 해 볼 만하다'라고 충분히 느꼈을 것이다.

이런 분위기 속에 당시 중국 자본주의의 메카, 공장과 노동자들이 가장 많았던 상하이에서 공산당이 창당된 것이다.

1783년 7월 24일, 남미 독립의 영웅
시몬 볼리바르가 태어났다.

남미 역사를 이야기할 때 이 사람을 빼고선 이야기가 안 된다. 지금도 남미 여러 나라의 지폐, 공항, 학교 등의 이름이 이 사람의 이름을 땄다. 이 사람이 태어난 베네수엘라는 화폐 단위가 볼리바르. 그리고 이 사람이 독립시켜 준 나라 가운데 너무 고마워서 아예 나라 이름을 이 사람 이름으로 정한 나라도 있다. 바로 볼리비아이다.

나름 금수저로 태어났다. 그러나 아버지가 일찍 돌아가시고 어머니도 몸이 안 좋아 흑인 노예 유모가 길렀는데 이때부터 흑백 차별 금지, 노예제 반대 등에 대한 의식을 키웠다. 1807년 유럽 여행을 하던 중 프랑스 나폴레옹이 스페인 등 유럽 국가들을 잠깐 지도에서 지우는 걸 목격했다. 그러면서 생각했지. '스페인이 잠깐 사라진 지금, 남미 스페인 식민지들이 독립할 절호의 기회다!'라고. 그는 귀국해서 군대를 조직한다. 그리고 남미에 있던 여러 스페인 식민지를 돌며 스페인군과 맞서 싸우면서 각개 격파로 독립을 시킨이 냈다.

그의 꿈은 바로 머리 위 미합중국과 같은 남미 연방국을 만드는 것. 하지만 쉽지 않았다. 왜? 미국은 빈 땅에 들어가 '오늘부터 여기는 무슨 주! 무슨 주!' 한 후 그걸 하나로 뭉친 나라였지만 남미는 1492년 스페인이 남미에 상륙한 후부터 이미 여러 지역에서 여러 세력(거의 나라급의)으로 나뉘고 몇백 년이 흐른 상태였기 때문에 그걸 갑자기 하나의 국가로 합친다는 것은 불가능했다. 결국 볼리바르의 노력은 실패로 돌아갔다. 비록 스페인으로부터 독립은 했지만 하나의 연방국이 된 것이 아니라 지금 남미의 여러 나라로 갈라지게 된 것이다.

1894년 7월 25일, 청일전쟁이
'우리나라 땅'에서 시작됐다.

많은 이들이 청일전쟁은 이름이 '청일'이니까 청나라 또는 일본에서 전투를 한 것으로 아시는데 아니다. 중국, 일본이 대부분 우리나라 땅에서 자기들끼리 싸운 전쟁이다. 왜? 당연히 조선을 서로 먹으려 덤볐기 때문.

1894년 동학농민혁명이 일어났다. 멍청한 조선 조정은 굴욕적으로 청나라에 파병 요청을 한다. 와서 대신 진압 좀 해 달라고. 그래서 청나라는 군대를 파병했다. 그런데 갑자기 일본도 파병을 하는 것이 아닌가! 왜? 당시 청과 일본은 서로 비밀리에 조약을 하나 맺은 것이 있었다. 한 나라가 조선에 파병을 하면 똑같은 수의 군사를 다른 한쪽도 조선에 파병한다는 것. 하여간 조선 땅에 동시에 중국, 일본군이 들어오게 된다. 일본이 군대를 보낸 이유는 단 하나. 이 기회에 청나라를 꺾고 조선을 확실히 일본의 발아래 두는 것이었다. 결국 일본은 충청도 앞바다에 떠 있던 청나라 배에 선제공격을 날린다. 조선을 두고 두 나라는 피 튀기는 전쟁을 시작했다. 결과는? 청나라의 참패.

중국에선 이 전쟁을 갑오전쟁이라고 부른다. 1894년이 갑오년이었기 때문. 그리고 중국 근대사에서 가장 치욕적인 사건 중 하나로 기억한다. 중국 산둥성 웨이하이에 가면 갑오전쟁박물관이 있다. 가서 보면 중국이 이 전쟁의 패배를 얼마나 치욕적으로 느끼는지 확인할 수 있다.

1945년 7월 26일, '일본! 당장 항복하지 않으면 나라를 지도에서 지우겠다!'란 최후통첩인 포츠담 선언이 발표됐다.

포츠담은 독일에 있는 도시다. 그리고 7월 26일이면 이미 히틀러가 스스로 목숨을 끊은 후 나치 독일은 패망한 후다. 독일 포츠담에 당시 승전국이었던 미국, 영국, 중국의 대표가 모여 회의를 했다. 이른바 포츠담 회담이다. 우리가 국사 시간에 그렇게 줄 긋고 외웠던.

포츠담 회담의 목표는 크게 2가지. 하나는 이미 2차 대전이 끝난 유럽을 어찌 복구할 것이고 또 독일 나치 잔당은 어찌 처리할 것인가였다. 다른 하나는 아직까지 버티고 있는 저 일본에게 최후통첩을 하자는 것이었다. 실제로 들어간 문구는 '일본이 항복하지 않으면 즉각적으로 완전하게 파멸시키겠다'였다.

일본은 이 포츠담 선언을 통보받고 많은 고민을 했다고 하지. 받아들일까, 아니면 무시하고 그냥 끝까지 싸울까? 안타깝게도 일본의 선택은 포츠담 선언을 무시하고 끝까지 싸우는 것을 택했다. 결과는? 얼마 후 히로시마, 나가사키에 원쏙이 투하되었나.

1980년 7월 27일, 이란 국왕
팔레비 2세가 사망했다. 60세였다.

완전 친미 성향의 이란 국왕이었다. 이란 성직자들의 반대에도 불구하고 여성의 미니스커트 착용 허용 등 이란의 '완전 서구화'를 강행해 버린다. 팔레비 2세 통치 시절 이란의 모습을 보면 무슨 할리우드의 한 거리처럼 너무나도 자유로운 시민들의 모습에 깜짝 놀라게 된다. 상상해 보라. 청바지를 입고 록 음악에 맞춰 춤을 추는 이란인들!

이때 서울에 만들어진 것이 테헤란로다. 같은 '미국의 우방'으로서 각각의 나라 수도에 서로의 수도 이름을 딴 도로를 만들자는 합의를 한 것. 지금도 이란 수도 테헤란에 가면 서울로드가 있다. 문제는 이 팔레비 왕조가 석유를 국유화하고 거기서 나온 돈을 죄다 자기들끼리 꿀꺽했다는 것. 결국 탄압받던 이슬람 종교계들이 1979년 혁명을 일으킨다. 이른바 '이란 이슬람 혁명'이다.

팔레비 2세 국왕은 허겁지겁 이란을 탈출했고 결국 다음 해, 객지인 이집트에서 지병으로 숨을 거둔다. 이 혼란했던 이란의 혁명을 그린 영화가 〈아르고〉이다. 한번 보자.

1914년 7월 28일, 인류 역사상 최초의 대량 학살전인
1차 세계 대전이 시작됐다.

1차 대전의 원인은 정말로 여러 가지이고 복잡하다. 간단하게 정리를 해 보면 다음과 같다. 첫째, 러시아는 흑해를 통해 지중해에서 대서양으로 나가고 싶어 했다. 둘째, 그래서 러시아는 먼저 발칸반도 진출을 시도한다 (흑해를 차지하려면 발칸반도를 차지해야 하므로). 셋째, 그런데 그런 꼴을 오스트리아가 참을 수 없었다. 왜? 당시 발칸반도는 오스트리아 영향권이었거든. 발칸반도에 있던 보스니아란 나라는 아예 오스트리아 식민지.

이렇게 오스트리아와 러시아가 서로 으르렁거리던 초긴장 상태에서 오스트리아 황태자 부부가 자기 식민지였던 발칸반도 보스니아에서 암살돼 버린다! 오스트리아는 이 기회에 발칸반도에서 러시아 세력을 몰아내기 위해 결국 발칸반도에 있던 러시아의 충실한 심복 국가(같은 슬라브 민족이거든) 세르비아에 선전포고를 한다. 넘버 1을 치기 전에 넘버 2를 먼저 친 것. 그날이 바로 1914년 7월 28일이었다. 그리고 4년 동안 무려 3,000만 명이 목숨을 잃는다.

1981년 7월 29일, 다이애나와 찰스 왕세자가
런던의 세인트폴 대성당에서 세기의 결혼식을 올렸다.

전 세계적으로 7억 명이 이 결혼식을 생중계로 지켜봤다. 물론 이 결혼은 1997년 다이애나가 이혼에 이어 프랑스 파리에서 의문의 사고로 사망함으로써 비극으로 끝이 났다. 많은 이들이 다이애나를 '영국판 신데렐라'라고 불렀는데 그건 조금 오해다. 신데렐라는 평민이었지만 다이애나는 스펜서 가문이라는 영국 최고의 명문 가문 출신이다. 그러니 찰스 왕세자와 결혼했겠지.

이건 여담이지만 찰스 왕세자(지금 영국 찰스 3세 국왕)는 단 한 번도 다이애나를 사랑한 적이 없었다고 한다. 그럼 누구를 사랑했나? 지금의 부인인 카밀라 파커볼스. 다이애나를 만나기 전 이미 연인 관계였던 둘. 다이애나와 정략결혼을 한 후에도 서로를 잊지 못했고 몰래 연인 관계를 이어 나갔다고 한다. 그걸 처음부터 알고 있었던 다이애나는 참고 참다가 도저히 못

세인트폴 대성당
(© Diliff | Wiki Commons)

참고 결국 둘은 이혼을 하고 만다.

1997년 다이애나는 불의의 사고로 삶을 마감하고, 2005년 카밀라와 찰스는 결혼을 한다. 누구는 평생 한 여인만을 사랑했고 결국 결혼이라는 결실을 얻은 찰스를 세기의 로맨티시스트라고 하지만 글쎄올시다……

1718년 7월 30일, 지금 미국의 펜실베이니아를 건설한 윌리엄 펜이 사망했다. 73세였다.

그가 펜실베이니아를 만든 배경은 다음과 같다. 그의 아빠가 영국 왕에게 돈을 빌려줬다. 영국 왕실은 그 돈을 갚는 대신 그의 아들 윌리엄에게 아메리카 신대륙의 땅 일부를 떼어 줬다. 부동산으로 퉁치려고 한 것. 마침 윌리엄은 퀘이커교란 개신교 신자였다. 모든 전쟁, 살인, 차별 등에 반대하는 나름 괜찮은 종교다.

그런데 당시 영국은 이미 영국 국교란 종교가 있던 상태. 그 말은? 맞다. 퀘이커교는 교리가 좋든 나쁘든 그냥 이단이었다. 윌리엄은 이런 종교 박해를 피해 영국 왕실이 떼어 준 신대륙 부동산으로 향했다. 그리고 그 새로운 땅을 '펜실베이니아'라고 부르기로 한다. '실베이니아'는 라틴어로 '숲'을 뜻한다. 그 동네에 나무가 많았거든. 그래서 '펜의 숲'이라고 불렀던 것. 펜실베이니아에 정착한 후 퀘이커교의 교리에 따라 차별도 전쟁도 없는 나름 유토피아를 건설하려고 했다.

펜실베이니아 주신 도시인 필라델피아는 '사랑의 도시'란 뜻이다. 맞다. 필라델피아도 윌리엄 펜이 만든 도시다. 필라델피아는 치즈 스테이크 샌드위치로 유명하다. 영화 〈록키〉에서 록키가 그렇게 맛있게 먹던 샌드위치이기도 하다. 미 동부 여행을 한다면 꼭 한번 가 보자.

1556년 7월 31일, 예수회의 설립자
이냐시오 데 로욜라가 선종했다.

원래 군인 출신이었다. 로욜라는 한 전투에서 부상을 당한 후 병상에서 여러 기독교 관련 서적을 읽은 후 '그래, 사람을 죽여서 뭐 하나. 이제 사람을 살리자'란 결심을 하고 성직자가 된다. 그리고 '예수님의 동반자'란 뜻의 예수회(Jesuit Society)란 수도 단체를 만들고 교황의 호위 무사를 자처한다.

그는 엄격한 자기 관리로 유명했다. 하루 3시간밖에 안 자고 거의 굶어 죽기 직전까지 음식을 절제했다. 오죽했으면 교황까지 '너무 심하다. 밥 좀 먹어라' 했을 정도. 평생을 교황에 대한 봉사와 가톨릭 개혁을 위해 노력했다.

그 이후 예수회는 로욜라의 그 정신을 이어받아 전 세계에 여러 교육 기관을 설립한다. 필자가 학부를 졸업한 미국 로욜라대학교가 그 대표적인 곳. 한국에도 있다. 바로 서강대학교가 예수회가 설립한 학교다. 그래서 서강대 도서관 이름이 로욜라 도서관이다.

6-7월의 주요 역사

---- **서기 68년 6월 9일**

로마의 폭군 네로가 죽었다. 딱 30살이었다.
로마 대화재로 인해 민심이 악화되고
원로원이 자기를 적으로 규정했다는 소식에 도주하다가 스스로 목숨을 끊었다.

---- **1215년 6월 15일**

영국에서 마그나 카르타 즉, 대헌장이 만들어졌다.
존 왕이 서명했다. 국정에 일반 시민들의 목소리가 들어가기 시작한 계기,
즉 의회 민주주의의 시작이다.

---- **1405년 7월 11일**

명나라의 정화가 역사적인 대항해에 나섰다.
이슬람교도이자 영락제 황제의 환관이었다.
콜럼버스보다 80여 년 앞서 지구 반 바퀴를 돌았다.

---- **1894년 7월 25일**

청일전쟁이 '우리나라 땅'에서 시작됐다.
중국과 일본이 우리나라 땅에서 자기들끼리 싸운 전쟁이다.
청나라가 참패했다.

---- **1989년 6월 4일**

중국 베이징 천안문 광장에서 천안문 사태가 발생했다.
민주화를 요구한 수많은 학생과 시민들이 중국군의 총과 탱크에 의해 죽었다.

---- **1994년 7월 8일**

북한의 김일성 주석이 사망했다.
대한민국 대통령과의 사상 첫 남북 정상회담을 얼마 안 남기고 갑작스럽게.

Aug. 22

영국
장미전쟁 종전

Aug. 10

스페인
마젤란
세계 일주 시작

Aug. 16

파라과이
어린이날

Aug. 14

파키스탄
분리 독립

Aug. 28

우리나라
일본의
독도 침탈 야욕

8월

1936년 8월 1일, 나치 독일이
베를린 올림픽을 개최했다.

히틀러는 이 대회를 철저히 나치 홍보용으로 활용했다. 1933년 집권을 시작한 히틀러는 '위대한 독일 만세! 나치 만세!'를 전 세계에 알리는 데 올림픽 홍보만 한 것이 없다고 봤다. 자기의 심복이자 홍보 천재 괴벨스와 함께 베를린 올림픽을 역사에 남길 수 있도록 여러 가지를 준비했다.

먼저 성화 봉송. 맞다. 우리가 지금 올림픽 개최 전에 보는 장면. 즉, 그리스 아테네에서 채화(採火)를 해서 선수들이 성화를 들고 개최지까지 뛰는 그 장면을 히틀러와 괴벨스가 처음 만들었다. 그리고 경기 TV 생중계. 맞다. 세계 최초의 스포츠 TV 생중계가 이 올림픽부터 시작됐다. 그리고 하이라이트! 바로 올림픽 마지막 경기였던 마라톤!

원래 히틀러는, 비록 독일 선수는 아니지만 '백인'인 영국 선수가 우승할 것으로 기획했다. 그러나! 저 멀리 동양에서 온, '국적'은 일본인 선수가 마라톤 우승을 차지한 것! 바로 손기정 선수다. 당시 일제 강점기였기에 손기정 선수는 가슴에 일장기를 달고 뛰었던 것이다. 동양인 손기정 선수 목에 금메달을 걸어 주던 히틀러는 어떤 생각을 했을까? '이게 아닌데……'란 생각을?

1964년 8월 2일, 미국의 베트남전 참전 명분이 된 통킹만 사건이 발생했다.

자, 시작은 1959년이었다. 이미 남북으로 갈라진 베트남. 그중 남베트남엔 친미 정권이 들어선다. 북베트남 지도자 호찌민은 남쪽의 친미 정권을 날려 버리고 공산 북베트남 주도로 통일을 하려 했다. 이미 중국에 공산 정권이 들어선 상태에서 동남아시아 중심 국가인 베트남 전체가 공산화되면 주변국(캄보디아 등)까지 공산화가 될 것을 우려한 미국은 '비공식적으로' 남베트남을 지원해 왔다.

그런데 그게 비공식적이다 보니 지원에 한계가 있었다. 미국은 직접 참전을 하긴 해야 하는데…… 명분이 없었다. 그런데 그 명분이 생긴 것! 바로 1964년 8월 2일, 북베트남 군함이 미 해군 군함을 공격한 것이다! '오케이! 이제 명분 생겼어! 북베트남이 우리 미국 먼저 공격한 것 맞지?'라고 생각한 미국은 바로 북베트남을 '공식적으로' 공격하기 시작했다. 우리가 베트남전이라고 알고 있는 그 전쟁의 시작이었다.

나중에 북베트남 당국은 공격 이유를 'ㄱ 배가 미국 배인지 몰랐다'라고 발표했다. 좀 잘 살피고 공격하지…….

1347년 8월 3일, 프랑스의 칼레시(市)가 잉글랜드에 항복했다.

때는 잉글랜드와 프랑스가 116년 동안 싸우던 백년전쟁 중. 칼레는 잉글랜드에서 보면 가장 가까운 프랑스 해안 도시이다. 잉글랜드의 에드워드 3세는 이 도시를 점령하기 위해서 무려 1년 가까이 도시를 포위하고 공격한다. 그리고 결국 8월 3일 칼레의 항복을 받아 낸다. 1년 동안 시간 낭비한 것에 열받은 에드워드 3세는 칼레 시민들을 다 몰살시키려 했다. 그러나 측근들이 그건 너무 잔인하다고 말렸고 결국 에드워드 3세는 '그럼 시민 대표 6명만 처형할 테니 너희 칼레 시민들이 알아서 6명을 뽑아라!' 란 최후통첩을 내린다.

투표할 필요가 없었다. 칼레의 대표적 인사들이 서로 자기가 죽겠다는 용기를 보인 것. 이른바 노블레스 오블리주의 시작이었다. 하여간 6명을 대표로 처형하려고 했는데 마침 에드워드 3세의 부인, 즉 왕비가 임신 중이었다. 왕비가 '저 사람들을 죽이면 태아에 악영향을 줄 것 같다'란 말을 하자 불안해진 에드워드 3세는 그들을 모두 살려 준다. 이들 6명의 용기에

감동받은 로댕이 〈칼레의 시민〉이란 동상을 만들었다. 맞다. 〈생각하는 사람〉의 그 조각가 오귀스트 로댕이다. 솔직히 〈생각하는 사람〉보다 〈칼레의 시민〉이 로댕의 대표작이다.

로댕의 작품 〈칼레의 시민〉
〈Public domain | Wiki Commons〉

1997년 8월 4일, 공식적으로 세상에서 가장 오래 산 인물
잔 루이스 칼망이 사망했다.

프랑스에서 태어났는데 무려 122살이었다. 기네스북에 세계 최장수 인물로 등재되었다. 1875년생이다. 어마어마하다. 살아 있을 때 동학농민혁명, 임오군란, 청일전쟁, 러일전쟁, 1차 대전, 2차 대전을 다 경험한 것. 2차 대전 때 히틀러가 프랑스를 침공했을 당시 이미 환갑을 넘겼다. 아직 공사 중이던 에펠탑을 두 눈으로 지켜본 인물. 얼마나 대단한지 아직 감이 안 오시나? 화가 반 고흐를 직접 만난 적도 있다. 또, 만약 이분이 백범 김구 선생과 만난다고 하면, 김구 선생이 누나라고 불러야 한다.

그럼 장수 비결이 무엇이었을까? 건강식을 매일 챙겨 드셨나? 사실 그 반대다. 죽는 순간까지 담배를 피웠고 튀긴 음식, 맵고 짠 음식을 아주 좋아했다고. '담배를 끊어라, 짠 음식을 먹지 마라' 경고한 의사들이 먼저 죽었다고 하지. 그렇다고 이 책을 읽고 있는 어린이 여러분, 절대 따라 하지 마시길! 이분은 예외일 뿐이니.

그리고 꼭 기억하지, 칼망 할머니는 85세에 처음으로 펜싱을 배웠고 110세까지 자전거를 타고 운동을 했다는 것!

1962년 8월 5일, 미국의 여배우
매릴린 먼로가 사망했다. 겨우 36세였다.

매릴린 먼로의 죽음에 관해선 여러 음모론들이 있다. 하지만 정확히 밝혀진 건 없기 때문에 여기선 다루지 않겠다. 그 대신 재미있는 일화 하나 소개하는 건 어떨까? 매릴린 먼로가 드론 때문에 유명해졌다는 것 아시나? 맞다. 무인 비행기 드론(Drone) 말이다. 일단 드론이 무슨 뜻일까? 이런 것 안 궁금하시나? 필자는 이런 거 나올 때마다 너무 궁금하다. 드론이 무슨 뜻이고 왜 무인 비행기 이름이 드론일까 하는 궁금증 말이다.

우리가 알고 있는 무인 비행기는 미국이 아니라 영국에서 처음 만들었다. 그리고 이름을 Queen Bee라고 짓는다. '여왕벌'이란 말이지. 이 여왕벌을 미국도 나중에 만들기 시작했는데 영국에 경쟁의식을 느껴서 이름을 드론이라고 지은 것. 뜻은? 여왕벌과 대비되는 '수벌'이란 뜻. 미국의 질투가 깜찍하지 않나?

하여간 미국은 이 수벌을 대량 생산하기 시작했고 홍보를 위해 생산 공장에 국방부 사진 기자가 방문을 한다. 그런데! 그 공장에서 아주 예쁜 여성 노동자 1명이 눈에 들어오는 것이 아닌가. 그래서 사진 기자는 그 여자 노동자에게 '홍보용으로 드론을 들고 사진 한 장만 찍자' 부탁을 했고 사진을 찍었는데…… 그 사진 속 노동자가 너무 예뻐서 여기저기에서 스카우트 제안이 들어오기 시작했다. 맞다. 그 여성 노동자가 드론 공장에서 일하던 매릴린 먼로였다.

1945년 8월 6일 오전 8시 15분, 일본 히로시마에 인류 최초로 핵폭탄이 실전 투하됐다.

영화 〈오펜하이머〉 등을 통해 많이 알려졌듯이 오펜하이머란 과학자 주도로 1945년 7월 16일, 인류 최초로 핵폭탄 실험에 성공한 후 한 달도 안 되어 실전에 사용된 것이다. 미국은 그만큼 태평양 전쟁을 빨리 끝내고 싶었던 것. 일본이 빨리 항복을 해야 하는데 끝까지 버티면서 항복을 안 하니 결국 핵폭탄을 떨어뜨린 것.

히로시마에 인류 최초 핵폭탄이 떨어지는 전 과정을 오펜하이머란 인물이 다 조언을 했다. '지상 위 고도 얼마에서 터뜨려야 사람이 가장 많이 죽는지'까지 조언을 했다. 미친 거 아니냐고? 오펜하이머는 이렇게 생각했다. 자기가 개발한 핵폭탄은 '세상 모든 전쟁을 다 끝낼 최후의 무기'라고. 앞으로 인류는 핵폭탄이 무서워 절대 다시는 전쟁을 안 일으킬 것이라고. 그러기 위해서 처음이자 마지막으로 사용될 핵폭탄이 최대한 많은 사람을 죽여야 한다고 생각한 것.

결론적으로 말하면 오펜하이머가 틀렸다. 태평양 전쟁이 끝난 후 인류는 더욱더 많은 전쟁을 일으켰다.

1106년 8월 7일, 신성 로마 제국(나중에 독일이 되는)의 하인리히 4세 황제가 죽었다.

이 황제가 세계사에서 유명해진 것은 바로 교황과의 한판 대결 그리고 굴욕적인 항복 때문이다. 당시 하인리히 4세는 로마 교황청의 그레고리우스 7세라는 교황과 '주교와 수도원장 임명권'을 놓고 서로 으르렁거린다. 지금으로 치면 국회의원 선거 후보 공천권을 가지고 싸운 것.

일단 임명권은 신성 로마 제국 황제에게 있었다. 그런데 교황은 그것이 마음에 들지 않았다. 주교를 왜 황제가 임명하느냐 이거지. 그래서 교황은 황제에게 명령한다. '어이, 앞으로 주교 임명은 교황이 직접 하겠다. 넌 공천권 행사하지 마!'라고. 황제는 이 요구를 바로 씹어 버리고 또다시 한 지역 주교 자리에 자기 측근을 꽂아 버린다. 여기에 분개한 교황은 황제를 '파문'시킨다.

파문! 당시 파문은 태어나자마자 바로 자동으로 기독교 신자가 되는 기독교 사회에서 완전 매장을 뜻했다. 즉, '이단, 악마'가 되는 것. 특히 왕이나 황제가 파문당하면 백성들은 그 왕의 명령을 안 따라도 됐다. 깜짝 놀란 하인리히 4세는 눈보라를 뚫고 교황이 있던 이탈리아 카노사 성 앞까지 가서, 맨발로 벌벌 떨며 3일 동안 교황의 용서를 빈다. 그 모습이 불쌍했는지 교황은 황제를 용서해 준다. 이것이 유럽사에서 굴욕의 대명사로 불리는 카노사의 굴욕이다. 그래서 지금도 독일에선 '난 카노사로 가지 않을 것이다'가 '난 굴복하지 않을 것이다'란 표현으로 쓰인다.

1945년 8월 8일, 소련이 일본에 선전포고를 하고
태평양 전쟁에 참전했다.

미국 입장에선 참으로 당황스러웠을 것이다. 왜? 솔직히 1945년 초만 해도 미국은 소련에게 '야, 미국 혼자 태평양에서 일본과 싸우기 너무 벅차거든. 나치 독일이 망하면 소련 너희도 태평양 전쟁에 좀 참전해서 우리 미국 도와줘'라고 했다. 그런데 1945년 7월, 미국이 핵폭탄을 개발한 것. 이제 소련 참전 없이도 일본을 단독으로 항복시킬 수 있게 됐다. 그래서 미국은 7월에 핵폭탄이 개발되자마자 바로 몇 주 후에 일본에 핵폭탄을 떨어뜨린 것. 최대한 소련이 참전하기 전에 말이다.

소련이 참전하면 지금까지 미국 혼자서 힘들게 싸워 왔는데 소련은 단 몇 주 참전한 대가로 엄청나게 뭘 요구할 거란 말이지. 이런 미국의 우려대로 소련은 1945년 5월 나치 독일이 패전하자마자 엄청난 속도로 병력을 기차에 실어 시베리아로 보낸다. 만주 지역에 있는 일본군을 쓸어버리기 위해서. 오죽했으면 그 작전 이름이 '폭풍 작전'이었을까.

이 소련 참전은 결과적으로 한반도를 남북으로 갈라 버리는, 우리 입장에선 가슴 아픈 결과를 낳았다. 소련이 참전하기 전 일본이 항복만 했어도 우리나라가 갈리는 일은 없었다.

1905년 8월 9일, 러일전쟁을 마무리하는
포츠머스 회담이 미국 포츠머스에서 시작됐다.

포츠머스는 미국 동부에 있는 항구 도시다. 어라? 러일전쟁을 마무리하는 회담이 미국에서 열려? 맞다. 당시 미국 대통령 시어도어 루스벨트가 적극적으로 두 나라 화해를 주선했다. '어이! 일본, 러시아. 그만 싸워. 여기 미국에 포츠머스라고 예쁜 항구 도시가 있는데 와서 서로 화해하고 손잡아'라고 말이다.

그런데 여기에 숨은 비밀이 있다는 것. 사실 미국은 러일전쟁 당시 일본에 엄청난 자금과 무기 지원을 해 줬다. 왜? 미국도 러시아가 한반도 등 동아시아로 진출하는 것이 싫었거든. 그래서 일본보고 대신 막아 달라고 돈과 무기 지원을 해 준 것. 두 나라가 치고받고 싸우다가 러시아가 슬슬 밀리는 걸 보고 미국이 개입한 것이지. '딱 보니까 러시아가 지금 지고 있는데 더 피해 보기 전에 이쯤에서 서로 마무리하지?'라고 말이다.

하여간 러일전쟁은 포츠머스 회담 이후 끝이 났고, 미국 루스벨트 대통령은 두 나라 화해를 주선한 공으로 노벨 평화상을 받았고, 한반도는 일본의 식민지가 된다.

한반도의 운명을 가른 포츠머스 회담
(Public domain | Wiki Commons)

1519년 8월 10일, 마젤란이
역사적인 세계 일주를 시작했다. 물론 배 타고.

원래 포르투갈에서 태어난 포르투갈 사람이었다. 군인으로 밥벌이를 하고 있었는데 몰래 밀수를 하다 걸린 후 당국에 찍힌다. 그러고는…… 조국을 배신하고 바로 옆 나라 스페인으로 이주한다. 당시 스페인과 포르투갈 두 나라 모두 인도까지 가서 후추를 가져오는 경쟁을 벌이고 있었다. 그런데 대서양을 나와 동쪽으로 가는 항로는 포르투갈이 장악을 하고 있었던 것! 이제는 '스페인 선장'이 된 마젤란이 인도까지 갈 수 있는 유일한 방법은 포르투갈을 피해 서쪽으로 배를 몰고 가는 것뿐이었다. 문제는 서쪽으로 가면 뭐가 있는지 아직 제대로 안 알려져 있던 상태.

마젤란은 선원들을 속인 채 일단 출발하고 본다. 선원들은 배가 인도를 향해 동쪽으로 가는 줄 알았지만 알고 보니 현재의 남미 아르헨티나 쪽으로 가고 있었던 것! 그러나 이미 늦었다. 따라가야지 뭐. 남미 아래를 돌아 나오니 인도가 아니라 '아주 잔잔한 바다' 태평양이 나왔다. 마젤란은 그 배에서 태평양이 그렇게 넓은 바다인 줄 몰랐는데 가도 가도 육지는커녕 섬 하나 안 나오는 것이 아닌가! 이제 죽었구나 하고 생각하던 순간, 육지가 나왔다! 바로 지금의 괌이다. 죽다 살아난 마젤란은 괌을 찍고 필리핀까지 갔다가 필리핀 원주민에게 살해당한다. 나머지 선원들은 다시 항해를 계속해서 결국 스페인까지 간다. 지구 한 바퀴 돈 것이다. 바람의 힘으로만 가는 배를 타고.

1919년 8월 11일, 미국의 철강 재벌
앤드루 카네기가 사망했다. 83세였다.

맞다. 우리가 알고 있는 미국 카네기 홀의 그 카네기다. 스코틀랜드에서 태어났지만 어렸을 때 그 동네에 기근이 들어 먹고살기 위해 온 가족과 함께 미국으로 이민을 왔다. 상황이 크게 달라지진 않았다. 햇볕도 들어오지 않는 공장 지하실에서 중노동을 했지만 아주 열심히 했다. 그러다 보니 당시 미국 최고의 철도 재벌 중 하나였던 토마스 스코트의 눈에 들었다. '그 놈 참, 일 야무지게 하네'라고 생각한 스코트는 어린 카네기를 개인 전보 담당 비서로 고용했다. 카네기는 그 일을 또 엄청나게 열심히 했다. 감동을 받은 스코트는 '네가 하고 싶은 사업 다 밀어줄게'란 파격적인 제안을 했고 카네기는 그때 마침 떠오르던 침대칸 기차에 투자해서 대박이 난다. 그리고 생각했다. '이제는 철도의 시대. 철도는 쇠로 만든다. 기차가 지나가는 다리도 철제 다리다. 난 철강에 올인한다!'라고. 그리고 또 대박이 난다.

하지만 엄청난 노동 탄압(실제 파업을 한 노동자들을 총으로 쏴 죽였다) 등으로 '돈에 미친 악마'란 소리까지 듣는다. 나이가 듦에 따라 그런 비판이 정말 마음에 쓰였는지 자기가 번 돈을 다 사회에 환원하겠다는 선언을 한다. 그리고 정말로 전 재산을 공공도서관 건설, 대학 설립, 사회사업 등에 쓴다. 그중 하나가 바로 카네기 홀이다. 한 사람의 인생을 너무 간단하게 소개했나? 자세한 스토리는 카네기 전기를 참고해 보도록. 그러나 확실한 건 그의 성공 배경은 인맥과 기회가 아니라 '미친 듯한 성실함'이었다는 것.

1905년 8월 12일, 영국과 일본이
제2차 영일 동맹을 체결했다.

영국이? 일본과? 맞다. 일단 1902년 영국과 일본은 제1차 영일 동맹을 체결한다. 당시 러시아와 영국이 한창 기싸움 중이었거든. 러시아는 가까운 곳은 유럽에서부터 멀리는 저 멀리 시베리아에서까지 남쪽으로 내려오려고 하고 영국은 그걸 막으려 했고. 힘이 달린 영국은 '어이, 일본. 극동 시베리아에서 내려오는 러시아 좀 막아 줄래?'라고 부탁한다.

세상에 공짜가 있나. 일본은 '오케이, 그럼 영국은 우리 일본에게 뭐 줄래?'라고 했지. 그러자 영국은 '너희가 조선 먹는 거 우리 영국이 승인해 줄게'라고 한 것이다! 맞다. 어찌 보면 1905년의 을사늑약(우리가 외교권을 일본에게 빼앗긴 것)은 이미 영국 등 서구 열강들이 일본 편을 들어줬기 때문! 그럼 1905년의 2차 동맹은 뭐냐? 1904년 러일전쟁에서 일본이 러시아를 꺾었잖아. 이제 아시아의 맹주가 누군지 증명된 셈.

영국은 다시 한번 일본에 접근한다. '어이, 일본. 우리 공정하게 약속하지 니힝 일본이 히빋도를 확신히게 머어, 응, 우리가 밀어줄게. ㄱ 대신 우리 영국이 인도 지배하는 건 건드리지 마'가 2차 동맹의 내용이었다. 이런 역사적인 사실을 알고도 비틀스의 노래를 들을 것인가? 하긴 비틀스가 무슨 죄가 있다고.

1704년 8월 13일, 잉글랜드의 말버러 공작 존 처칠이 프랑스군을 물리친 블렌하임 전투가 벌어진 날이다.

유럽의 모든 전쟁은 다 '왕위 계승 전쟁'이다. 그래서 좀 짜증 난다. 적어도 우리나라, 중국의 전쟁은 '폭군을 몰아내자. 백성을 살리자' 등의 명분이었다. 하여간 그때 유럽은 스페인 왕위 계승 전쟁이 한창이었다. 그건 또 뭐냐? 간단히 설명하겠다.

1700년, 스페인의 왕이 후사 없이 사망한다. 그러자 프랑스의 루이 14세(맞다. 베르사유 궁을 만든 그 왕)가 '어이, 스페인. 우리 손자가 너희 왕을 좀 하면 안 될까?'라고 끼어든다. 하긴 복잡하게 얽힌 그 동네 족보를 따져 보면 루이 14세가 그런 주장을 할 만도 했다. 하여간 프랑스가 스페인까지 합병해서 거대한 초강대국이 되는 꼴을 볼 수 없었던 잉글랜드는 프랑스와 전쟁을 시작한다.

결론부터 말하면 잉글랜드의 승리였다. 결정적인 계기는 바로 1704년 지금 독일의 블렌하임 지역에서 벌어진 전투에서 잉글랜드가 프랑스를 꺾은 것. 그 전투를 이끈 사람이 말버러 공작 존 처칠이란 사람이다. 존 처칠이 너무 고마웠던 잉글랜드 왕실은 그에게 궁전을 하나 지어 준다. 바로 블레넘 궁전(블레넘은 독일어 블렌하임의 영어식 발음)이다. 영국에서 왕실이 아닌 사람이 사는 집 중 유일하게 궁(宮) 자가 붙은 건물이다. 그리고 나중에 여기서 윈스턴 처칠이 태어난다. 맞다, 전 영국 총리 윈스턴 처칠이 바로 저 존 처칠의 자손이다.

1947년 8월 14일, 파키스탄이
인도로부터 분리 독립됐다.

그게 그렇게 간단하지 않았다. 인도의 역사는 힌두교와 이슬람교가 서로 박전하는 경쟁의 역사다. 힌두교가 세운 왕조를 이슬람교 왕조가 정복하고 또 그 반대가 되고. 그리고 인도가 영국 식민지가 되기 직전 마지막 왕조는 무굴 제국이라는 이슬람 왕조였다. 무와 굴을 좋아하는 왕조가 아니다. 무굴은 '몽골'의 인도어. 즉, 몽골 계통의 민족이 세운 이슬람 왕국이었다.

문제는 소수의 이슬람교도들이 다수의 힌두교도를 통치했다는 것. 대다수의 힌두교도들은 부글부글 끓었겠지. '아니, 우리가 머릿수가 더 많은데 말이야'라고. 그러다가 갑자기 영국의 식민 지배를 받는다. 힌두교도들은 영국의 지배를 내심 반겼다. '너희 이슬람교도들, 지금까지 우리 지배하면서 떵떵거리고 살았지. 이제 너희도 영국의 지배 한번 받아 봐!' 하면서 말이다.

영국은 이런 식민지 인도의 갈등을 교묘하게 이용했다. 왜? 이것들이 하나로 뭉치면 안 되거든. 분열시켜 놔야 하거든. 그 과정에서 두 종교는 험한 감정싸움을 이어 간다. 그러다가 1945년 2차 대전이 끝난 후, 영국도 자기 코가 석 자라 도저히 인도 식민 통치가 감당이 안 됐다. 그렇다고 두 종교가 이렇게 서로를 싫어하는데 억지로 한 나라로 붙여서 독립시키면 큰일이 날 것 같아 1947년 8월 14일, 힌두교인이 다수인 인도에서 이슬람교도들을 따로 독립시키고 두 나라(인도, 파키스탄)로 각각 분리시킨다. 파키스탄의 탄생이었다.

참고로 파키스탄은 나중에 또 동서 갈등을 벌인 후 1971년, 동파키스탄이 따로 분리해 나갔다. 방글라데시의 탄생이었다.

1945년 8월 15일, 일본 왕 히로히토가
연합국에 항복을 선언하면서 태평양 전쟁이 끝났다.

그리고 일본은 구석기 시대로 돌아갔다. 일본은 한때 적으로 맞서 싸우던 미군의 통치를 받기 시작했고 전 세계 모든 식민지를 잃게 된다. 그 말은 조선과 대만 등 식민지에 살던 일본인들은 다 그곳에서 쫓겨나서 일본으로 돌아가게 됐다는 것. 뿐만 아니라 태평양, 동남아 등에서 미군과 싸우던 일본군들도 일본 본국으로 쫓겨 갔다는 것. 무려 700만 명의 일본인들이 귀국했다. 가뜩이나 패전 후 먹고살 것이 없던 일본, 갑자기 인구가 급증하니 음식이 동이 나기 시작했다.

당국은 식량 배급제를 실시하고 식당은 영업을 중지시킨다. 그러나 식당들, 특히 초밥집 주인들이 반발을 했다. 자기들은 어떻게 먹고사느냐고. 너무 항의가 심하다 보니 당국도 타협안을 내놓았다. 1인당 밥 한 공기 분량의 초밥만 팔고, 쓸 수 있는 어종은 5가지로 한정한다고. 보통 밥 한 공기에 초밥 10조각이 나온다. 쓸 수 있는 어종이 5가지라면 어종 하나당 초밥은 2조각이 나오게 된다. 이것이 현재 한 접시에 초밥이 2조각씩 나오게 된 계기다. 초밥집에 데이트를 가면 이런 얘기를 상대에게 해 보자. 똑똑하단 소리를 듣고 점수를 따게 될지도.

1869년 8월 16일, 파라과이에서
수천 명의 어린이들이 학살당했다.

그래서 이날이 파라과이의 '어린이날'이다. 아주 슬픈 어린이날이다. 상황은 이랬다. 일단 지도를 보자. 파라과이는 바다가 없는 내륙 국가다. 바다로 진출하고자 하는 욕망에 파라과이는 전쟁을 일으킨다. 무려 주변의 세 나라, 즉 우루과이, 브라질, 아르헨티나와 동시에. 도대체 무슨 생각을 했을까?

당연히 파라과이는 탈탈 털린다. 전투에 내보낼 성인 남성이 거의 죽는 지경까지 이르렀다. 정말로 성인 남성 90%가 몰살을 당했다. 파라과이 정부는 여기서 말도 안 되는 조치를 취한다. 바로 어린이들 코에 가짜 수염을 붙이고 어른처럼 분장을 한 뒤 전투에 내보낸다는 것. 문제의 8월 16일, 이들이 어린이인 줄 몰랐던 적국 병사들은 3,000여 명의 어린이 병사들을 학살했다. 아이 엄마들은 자기 아들들 시신 위에 엎어져 통곡을 한다. 그걸 본 적국 병사들은 기름을 부어 엄마, 아들 모두를 죽이려 했다. 엄마들은 도망가지 않았다. 불디는 이들의 시신을 꼭 부여잡고 '엄마가 미안해 엄마도 곧 같이 따라갈게'라며 자녀와 같이 생을 마감했다.

파라과이는 이날을 어린이날로 추모한다. 그리고 아이들에게 사탕 선물을 한다. 그때 사탕도 마음껏 못 먹고 죽은 아이들의 넋을 추모하기 위해. 인간이란 동물은 얼마나 더 잔인해질 수 있을까.

남미의 내륙 국가 파라과이

1945년 8월 17일, 영국의 작가 조지 오웰이 정치 풍자 소설《동물농장》을 출간했다.

작가는 1917년 공산혁명 이후 점점 타락해 가는 소련이란 사회를 동물을 써서 강력 비판한 것이다. 맞다.《동물농장》이라고 해서 애들 동화가 아니다. 이 소설을 이해하기 위해선 사회주의와 공산주의 간 차이를 이해해야 한다.

공산주의 이론을 믿었던 이들은 사회가 다음과 같은 식으로 발전해 나간다고 믿었다. 먼저 자본주의는 스스로 망하게 되어 있다. 그런 다음 노동자들이 주인이 되는 사회가 오는데 썩어 빠진 자본주의의 잔재를 빠르게 제거하기 위해 얼마 정도는 어쩔 수 없이 노동자들의 독재가 필요하다고 봤다. 이 노동자들의 독재 기간을 사회주의라고 한다. 이 사회주의 독재 기간이 끝나면 그때는 정말로 누구나 다 평등한 사회, 유토피아인 공산주의 사회가 온다고 믿었다.

그러나 조지 오웰은 당시 소련이란 나라를, 공산주의로 넘어가지 못하고 노동자들의 독재인 사회주의가 이상하게 변질되어 또 다른 이상한 독재 국가로 타락했다고 본 것. 원래 '계급'이란 것이 없어져야 하는데 소련의 지도자들은 스스로 최상위 계급 자리로 올라가고 나머지 소련 국민들을 또다시 '개돼지'로 만들었다고 작가는 본 것이다. 나머지 스토리는 스포일러가 될 수 있으니 책을 사 보도록. 출판계도 먹고살아야 하니.

참고로 이 지구상엔 공산주의까지 간 나라가 단 한 나라도 없다. 다 사회주의 단계에서 이상한 독재 국가로 변질됐다.

1227년 8월 18일, 세계 정복자 칭기즈 칸이 사망했다. 65세였다.

본명은 테무진. 어린 시절은 정말 불운했다. 아버지는 경쟁 부족에 의해 독살됐다. 그래서 여러 형제들과 엄마와 이 부족, 저 부족을 전전하며 구걸하다시피 살아간다. 그러나 테무진은 생존 전략이 있었다. 당시 몽골 부족들은 자기가 빌붙어 의지하고 있던 부족이 더 강한 부족과 전투에서 지면 바로 배신하고 더 강한 부족에 붙는 것이 나름 전통이었다. 왜? 그 험난한 초원 벌판에서 일단 살아남는 것이 중요했기에.

그러나 테무진은 달랐다. 절대 자기를 거둬 준 부족을 배신하지 않았다. 죽어도 같이 죽자는 의리를 보였던 것. 그것이 몽골 부족들 사이에 소문이 난 것이다. 그리고 테무진에게 의지하러 찾아온 사람들은 무슨 일이 있어도 의리를 지켰다. 테무진은 점점 세력을 키워 나갔다.

사실 몽골족은 각자 개인의 전투력은 만렙이다. 당시 유럽이든 아시아든 최강의 전투력은 말을 타고 달리는 기병이었는데 몽골족 같은 유목 민족은 모든 부족민들이 기마병이었던 것. 각자의 전투력은 최강이 있는데 문제는 다 모래알같이 초원에서 떨어져 살았던 것. 이들을 하나로만 통합하면 지구 최강의 군대가 될 수 있었는데 그걸 테무진이 해낸 것이다. 그리고 당시 지구 문명 세계 대부분을 점령한다. 참고로 칭기즈 칸은 '위대한 추장'이란 뜻이다. 테무진이 몽골 부족들을 하나로 통합한 후 생긴 이름이다.

1883년 8월 19일, 프랑스에서
코코 샤넬이 태어났다.

맞다. 그 샤넬 백을 디자인한 그 샤넬이다. 매릴린 먼로가 생전에 그렇게 사랑했던 'No. 5' 향수를 만든 그 샤넬이다. 어린 시절은 정말 불행했다. 엄마는 일찍 돌아가시고 아빠란 인간은 딸을 버리고 사라졌다. 그래서 고아원을 전전하며 살아간다. 그러다가 자기가 노래를 잘한다는 걸 알아차리고 가수가 되려고 한다. 여기저기에서 노래를 불렀는데 꽤 잘했고 프랑스 사교계까지 빠르게 진출했다.

조금 여유가 생긴 샤넬은 여성의 옷에 관심을 가졌는데, 당시 프랑스 여성의 옷은 코르셋 등이 들어가 너무 불편했던 것. 그래서 여성들이 좀 더 편하게 입을 수 있는 실용복을 디자인해 만들었는데 그것이 대박이 났다. 그리고 향수, 액세서리 등도 연달아 시장에 내놓고 대성공한다. 그렇게 가수 지망생에서 패션계 거물이 되어 갔다.

그러나 샤넬도 흑역사가 있다. 2차 대전 중 프랑스를 점령한 독일군 장교들과 연애를 하면서 친독 행위를 한 것. 그래서 역설적으로 프랑스에서 샤넬은 '나치에 영혼을 판 매국노'의 이미지가 강하다. 샤넬은 독일 패망 직후 프랑스를 탈출해 스위스로 피신을 했다. 나중에 시간이 흐른 후 고국 프랑스로 돌아왔지만 싸늘한 분위기는 여전했다. 심지어 죽어서도 프랑스에 묻힐 수 없어 결국 망명 생활을 하던 스위스에 묻힌다.

가끔 생각해 본다. 명품이 사람을 돋보이게 하는 것이 아니라 사람 자체가 명품이면 뭘 걸쳐도 명품이 된다는 걸.

1988년 8월 20일, 8년간 이어진
이란-이라크 전쟁이 종전됐다.

참으로 정치적인 전쟁이었다. 1979년, 이란과 이라크 두 나라에서 동시에 역사적인 사건이 발생했다. 먼저 이란에선 이슬람 혁명이 일어나 친미 정권이었던 팔레비 왕조가 무너진다. 순식간에 친미 국가에서 가장 극단적인 반미 국가가 된 것이다. 그리고 바로 옆 나라 이라크에선 중동 최악의 독재자 사담 후세인이 대통령이 된다. 이 상황을 가만히 보던 나라가 있었다. 바로 미국.

미국은 이란에 반미 정부가 들어선 상황이 못마땅했다. 그래서 바로 이라크의 후세인을 꼬드긴다. '어이, 이라크. 지금 옆 나라 이란이 정권이 바뀌고 왕이 쫓겨나고 나라가 엉망이 됐는데 이 기회에 이란 좀 공격해 점령하는 게 어때? 우리가 지원해 줄게'라고. 후세인은? 미국의 제안을 바로 받고 이란을 공격한다.

물론 그 이전부터 이란과 이라크는 영토 분쟁 등 사이가 상당히 안 좋은 상태였다. 당시 객관적인 군사력은 이라크가 훨씬 강했다. 게다가 미국의 군사 지원까지! 그래도 이란은 정말 잘 버텼다. 무려 8년을. 이란, 이라크 양쪽 다 지쳐서 더 이상 전쟁은 하지 말자는 분위기 속에서 1988년 두 나라는 '일단 전쟁 끝내자'고 선언했다. 참고로 이 전쟁에서 미국 편이었던 사담 후세인, 불과 2년 후엔 미국의 적이 되어 맞서 싸우게 된다. 결국 졌고 교수형을 당한다.

1140년 8월 21일, 중국 송나라의 악비가
송나라를 침공한 금나라를 무찌른 언성 전투가 벌어졌다.

간단하게 보면 이렇다. 당시 중국 대륙은 송나라가 지배했다. 잘 살았다. 중국 인구가 처음으로 1억을 돌파했다. 그런데 그때! 송나라 북쪽에 막강한 북방 민족 국가들이 생기기 시작했던 것. 먼저 거란족의 요나라! 송나라를 지독하게 괴롭혔다. 송나라는? 돈 주고 평화를 샀다. 매년 돈을 줄 테니까 그만 괴롭혀라 이거지. 문제는 요나라 하나도 벅찬데 이번엔 여진족의 금나라까지 생긴 것! 이 금나라는 너무나 막강해서 요나라를 멸망시키더니 송나라까지 위협하기 시작했다.

이때! 송나라의 영웅 악비가 등장해 금나라의 공격을 미친 듯이 막아낸다! 그런데 송나라에서 악비를 질투하는 인간이 등장한다. 진회란 인물. 질투할 것이 따로 있지. 지금 나라가 망하기 직전인데. 결국 진회의 모함에 넘어간 송나라 황제는 악비를 죽이고 만다. 당시 악비는 금나라를 물리치기 직전이었으니 얼마나 억울했겠나. 지금도 중국 항저우에 가 보면 악비의 묘와 사당이 있다. 거기엔 '환아하산(還我河山)'이란 글이 적혀 있다. '나에게 천하를 돌려달라!'란 뜻. 죽기 전 악비가 외쳤다고 하지. 악비의 묘 앞에는 무릎을 꿇고 있는 진회의 동상이 있다. 중국인들은 그 동상 머리 위에 침을 뱉는다. 매국노라고. 물론 그 앞에 경고 문구는 있다. '문명인답게 침은 뱉지 말자'라고.

무릎을 꿇은 진회 부부 철상
(ⓒ 钉钉 | Wiki Commons)

1485년 8월 22일, 무려 30년 동안이나 지속된 잉글랜드의 장미전쟁이 드디어 끝났다.

장미전쟁이라고 해서 절대 아름다운 전쟁이 아니었다. 백장미를 상징으로 하는 귀족, 그리고 붉은 장미를 상징으로 하는 귀족이 두 편으로 나뉘어 왕 자리를 놓고 지겹게 싸운 전쟁이다. 또 그놈의 왕 자리! 일단 당시 현직 왕은 백장미파 소속의 리처드 3세! 그에 맞서는 붉은 장미파는 헨리 튜더란 인물. 명분은 헨리가 훨씬 좋았다. 왜? 리처드 3세가 왕이었던 자기 조카를 죽이고 왕 자리를 불법으로 강탈한 놈이었거든. 맞다. 조선의 수양대군과 똑같은 스토리다. 헨리는 그걸 명분으로 '조카를 죽이고 왕이 된 리처드 3세 물러나라!'라고 세를 모았다. 결국 1485년 8월 22일, 최후의 결전을 벌였다.

결과는? 리처드 3세의 참패! 전투 현장에서 붙잡혀 그 자리에서 바로 처형당한다. 헨리 튜더는 정식으로 잉글랜드의 다음 왕 헨리 7세로 즉위한다. 그리고 리처드 3세를 철저히 악마화한다. 왜? 그래야 자기도 정통성을 가지게 되니까. 그런데 너무 심했다. 허리가 구부러진 성격 파탄자로 만들었다. 그걸 더욱 악마화해서 〈리처드 3세〉라는 작품을 쓴 사람이 셰익스피어다.

1958년 8월 23일, 중국과 대만 사이의
운명을 건 금문포격전이 시작됐다.

자, 지도를 한번 보자. 중국 대륙에 딱 붙은 금문도(金門島)란 섬이 보이시지? 여기가 의외로 대만 소속 섬이다. 바로 앞 중국까지 겨우 1.8킬로밖에 안 되는 반면 대만 본토까지는 무려 210여 킬로나 떨어져 있다. 굳이 비교하자면 우리나라 백령도와 비슷하다. 우리나라 섬이지만 우리나라보단 북한과 더 가까운 섬이니까.

이 금문도란 섬이 중국 입장에선 눈엣가시다. 왜? 이 섬엔 대만 최정예 해병대가 주둔하고 있어 유사시에 바로 1.8킬로 앞 중국 본토에 상륙 공격을 할 수 있으니까. 그래서 중국은 이 섬을 빼앗기 위해 여러 번 시도했다. 그중 가장 치열했던 포격전이 바로 1958년 8월 23일 시작됐다. 무려 2달 동안 수십만 발의 포탄을 금문도에 쐈지만 결국 점령은 실패한다.

여담으로 그때 중국이 금문도로 쏜 포탄피(껍데기)를 금문도에서 주워서 칼로 갈아 팔았다. 아니, 지금도 팔고 있다. 금문도 포탄칼이라고 중국 요리사들 사이선 머스트 해브 아이템. 쇠의 질이 좋아 요리가 그렇게 잘된다고 하지. 금문도 가면 현장에서 바로 주문 제작해 주고 이름도 새겨 넣어 준다. 사실 필자도 하나 가지고 있다. 금문도 가서 사 왔다. 😎

금문도 위치

1572년 8월 24일, 프랑스에서 가톨릭 신자들이 개신교 신도 수만을 죽인 성 바르톨로메오 학살 사건이 일어났다.

이날이 예수의 12제자 중 한 사람이었던 성 바르톨로메오의 축일이기 때문. 즐거워야 할 축일에 아이러니하게도 대학살이 일어났다. 당시 프랑스뿐 아니라 유럽 전역에서 구교(가톨릭)와 신교(개신교) 사이에 엄청난 갈등이 일어나고 있었다. 특히 프랑스에서 상황은 더 안 좋았다. 대부분 개신교 신자들은 장사나 사업을 했는데, 그 말은 돈 많은 부자였다는 것. 상대적으로 가난했던 구교 신자들의 불만은 점점 커져 갔다. '일은 우리들이 하는데 돈은 저 신교 놈들이 다 가져가네'란 것이지.

그런데 당시 프랑스 왕실에선 자신들도 구교 신자였지만 나라가 더 난장판이 되는 걸 볼 수 없어서, 개신교를 믿는 집안의 아들과 가톨릭 신자인 프랑스 왕실 공주의 결혼식을 추진했다. 거국적 대동단결이었던 것. 하지만 이런 결혼식이 못마땅했던 구교 신자들은 결국 결혼식 날을 계기로 개신교 신도들을 대량 학살하기 시작했다. 남녀노소 구별 없었다. 구교도들은 신교도의 어린아이까지 성폭행하고 살해했다. 최대 10만 명의 신교도들이 프랑스 전국에서 목숨을 잃었다. 이 소식을 들은 가톨릭 교황청은 '신의 뜻이 이루어졌다'며 축포를 쏘고 심지어 기념주화까지 만들었다. 이 모든 이야기는 영화 〈여왕 마고〉를 보면 자세히 묘사되어 있다.

1958년 8월 25일, 일본의 안도 모모후쿠가
최초로 인스턴트 라면을 개발했다.

이 책 앞에서 이야기한 것처럼(1월 5일 글을 확인하자) 안도 모모후쿠는 대만 출신 일본인이다. 일본에서 여러 사업을 해 봤지만 별로 재미를 못 봤다. 그러다가 당시 일본에서 인기를 끌고 있던 '중국 음식' 라멘을 간편하게 집에서 만들어 먹을 수 있는 방법을 개발하면 돈을 벌 수 있겠다는 생각을 한 것.

엥? 라멘이 중국 음식이라고? 맞다. 라멘(拉麵)은 중국 음식이다. 1800년대 후반에 일본 요코하마 차이나타운을 통해 처음으로 일본에 알려졌다. 아직까지 일본에서 라멘을 중화소바(中華そば)라고도 부른다. 참고로 라멘의 원래 중국 발음은 '라미엔'이다.

하여간 안도 모모후쿠가 개발한 인류 최초의 '기름에 튀긴 인스턴트 라면' 덕분에 지금도 수많은 외로운 영혼들이 새벽에 끓여 먹고 있는 것이다. 후루룩!

1071년 8월 26일, 지금의 튀르키예 땅 만지케르트에서 동로마와 셀주크란 이름의 이슬람 왕국이 전투를 벌였다.

이른바 만지케르트 전투이다. 이 전투에서 동로마가 패배하면서 지금의 튀르키예 땅이 이슬람의 영토가 되어 버린다. 그리고 튀르키예의 종교가 이슬람교가 된다. 세계사에서 가장 중요한 전투 중 하나다. 왜? 중동의 종교였던 이슬람교가 로마 제국까지 밀고 들어오고 곧이어 유럽 땅까지 전파가 된 중요한 계기였기 때문.

참고로 당시 동로마 제국의 황제는 로마누스. 그리고 셀주크의 지도자는 아르슬란. 동로마가 얼마나 엄청나게 졌느냐 하면 황제인 로마누스가 포로로 잡힌다! 끌려온 로마누스에게 아르슬란이 묻는다. '만일 네가 나를 포로로 잡았다면 넌 어찌할 것인가?'라고. 이에 로마누스는 '너를 동로마의 수도로 끌고 가서 죽인 후 성문에 시체를 걸어 놓을 것이다'라고 대답했지. 그러니까 아르슬란은 '난 더 무서운 처벌을 하겠다. 너를 용서하고 석방하겠다. 고향으로 돌아가라'라고 한 것! 더 무자비한 창피를 준 것이다! 결국 로마누스는 석방되어 동로마로 돌아가고 거기에서 배신자로 찍힌 후 같은 동로마인들에게 죽임을 당한다.

1967년 8월 27일, 비틀스를 세계적인 스타로 만들어 준
매니저 브라이언 엡스타인이 사망했다. 32세였다.

비틀스가 영국 리버풀에서 처음 결성됐을 때만 해도 동네 양아치들이었다. 찢어진 청바지에 공연 도중 담배를 뻑뻑 피워 대는 등 삼류 밴드가 할 수 있는 나쁜 짓들은 다 했다. 그러나 그들의 음악은 신선했고 그것을 브라이언이 알아본다. '너희들 매니저 없으면 내가 매니저 해 줄까?'라고 이 밴드에게 브라이언이 먼저 다가갔다. 그리고 정식 계약을 한다. 비틀스가 영국 리버풀에서 전 세계로 진출하는 순간이었다.

브라이언의 최종 목표는 비틀스를 미국에 진출시키는 것. 그리고 바로 변신 작업에 들어간다. 찢어진 청바지 절대 못 입는다! 그 대신 단정한 검정 양복을 입어라! 긴 건달 머리는 자르고 순진해 보이는 바가지 머리로 만들어라! 공연 중 술과 담배는 못 한다! 이렇게 많은 명령(?)을 한다. 왜? 당시 미국은 '백인이면서 흑인 노래'를 부르는 엘비스 프레슬리에 대한 기성세대의 반감이 엄청났다. 그 틈을 브라이언은 본 것이다. '단정하게 양복

을 입고 단정한 머리를 하고 건전한 노래를 부르는 영국 청년들!' 전략!

그 전략은 먹혀들었다. 비틀스가 미국에 상륙하자마자 엘비스는 몰락하기 시작했고 비틀스는 미국 대륙 정복에 성공한다. 그 모든 것은 브라이언 엡스타인의 전략이었다. 브라이언이 죽고 3년 후인 1970년 비틀스는 공식 해체를 선언한다.

브라이언 엡스타인
(Public domain | Wiki Commons)

1952년 8월 28일, 한일 간의
독도 분쟁이 처음 시작됐다.

사실 분쟁은 아니지. 명백한 대한민국 영토니까. 하여간 이날은 일본이 처음으로 '독도(자기들 표현으로 다케시마)가 일본 땅이다!'라고 주장한 날이란 말이다. 러일전쟁 승리 이후 일본은 생각한다. '러시아가 남쪽으로 내려오는 걸 막기 위해서 우리 일본이 동해를 지배해야 한다. 그러기 위해선 독도가 반드시 필요하다'란 생각을.

일제 강점기 때는 그냥 모든 한반도를 자기들이 지배했기 때문에 독도 문제가 흐지부지되다가 1945년 일본이 패망하고 한반도와 그 부속 섬들을 전부 다시 한국(그리고 북한)에게 돌려준 후에야 일본은 '아차!' 했다. 그러면서 한국전쟁이 한창이던 1952년, 뚱딴지처럼 독도가 자기네 땅이라는 억지를 부리기 시작했다.

독도가 한국 땅이란 명백한 증거 하나를 알려 드리겠다. 1877년 일본 정부가 스스로 쓴 문서가 하나 있다. 이른바 '태정관지령'. 태정관은 당시 일본 행정부를 부르던 이름이다. 일본 정부(태정관)의 명령으로 일본 전국 지도를 다시 그리던 관리가 태정관에게 묻는다. '동해에 있는 울릉도와 독도는 어느 나라 땅이냐'고. 태정관은 정확하게 답변한다. '그 두 섬은 일본과는 관계없는 섬이다. 명심하라'란 답변을! 일본이 독도를 자기네 땅이라고 우기면 '너희들이 1877년 쓴 태정관지령은 뭔가?'라고 물어보라. 절대로 대답 못 한다.

1949년 8월 29일, 소련도
핵폭탄 실험에 성공했다.

미국이 인류 최초로 핵폭탄 실험에 성공한 것이 1945년 7월 16일이었으니까 불과 약 4년 만에 소련도 핵 실험에 성공한 것이다. 사실 미국은 적어도 10년 정도 걸릴 것으로 봤다. 그런데 어떻게 그렇게 빨리? 바로 배신자가 있었기 때문이다. 클라우스 푹스란 과학자가 그 배신자.

원래 독일 출신이었는데 공산주의에 심취해 골수 공산주의자가 된다. 그러다가 히틀러의 박해를 받고(히틀러는 공산주의자를 너무도 싫어했다) 영국을 거쳐 캐나다에 정착한다. 그리고 그 유명한 맨해튼 프로젝트에 참여한다. 일본에 핵폭탄이 떨어지고 모든 전쟁이 다 끝난 후 클라우스는 맨해튼 프로젝트의 핵심 기술을 죄다 소련에게 넘겨 버린다. 왜? 미국이 핵 기술을 자기의 '이념의 조국'인 소련과 공유하지 않는 것에 격분했기 때문.

클라우스는 곧바로 영국에서 체포되었는데 문제는 아직 국적은 독일이었다는 것. 괜히 긁어 부스럼 만들기 싫었던 영국은 클라우스를 독일, 아니 공산 동독으로 넘겨 버렸다. 그곳에서 클라우스는 영웅으로 살다가 편하게 죽는다.

1963년 8월 30일, 미국과 소련 사이에
처음으로 핫라인이 설치됐다.

바로 전해인 1962년에 미국과 소련은 이른바 '쿠바 미사일 위기'로 실제 서로 핵전쟁을 하기 일보 직전까지 갔다. 소련이 미국 바로 코앞인 쿠바에 미사일 기지를 건설하고 있다는 사실을 미국이 알아낸 것! 참고로 미국 플로리다에서 쿠바까지 겨우 160킬로, 서울에서 대전 거리밖에 안 된다. 화들짝 놀란 미국은 소련에 경고했다. '쿠바에서 건설하고 있는 미사일 기지, 당장 중단하지 않으면 바로 3차 대전이다'란 섬뜩한 경고를! 당시 미국 케네디 대통령은 바다 위에 선을 긋는다. 그리고 미사일 부품을 싣고 오는 소련 배가 그 선을 넘는 순간 바로 핵미사일을 소련을 향해 쏘겠다고 최후통첩을 한다!

결과는? 3차 대전 발발에 부담을 느낀 소련이 쿠바로 가던 배를 멈추고 다시 돌아오게 한다. 정말 일촉즉발이었다. 만일 그때 소련 배가 그 선을 넘었으면 지금 이 책을 쓰는 필자도 이 책을 읽는 독자도 이 책을 출판한 출판사도 존재하지 않았을 것이다. 그 위기를 넘긴 미국과 소련은 바로 다음 해인 1963년, 또다시 그런 위기가 오면 서로 겁주지 말고 전화로 상담하자는 취지로 사상 첫 핫라인을 설치하게 된다.

1997년 8월 31일, 영국의 왕세자비 다이애나가
프랑스 파리에서 의문의 죽음을 당한다. 36세였다.

일단 공식적인 죽음의 원인은 '무리한 파파라치들의 추격을 따돌리기 위해 다이애나의 운전사가 과속을 하다 지하차도 교각에 차가 충돌해서'이다. 여러 가지 음모론들은 직접 찾아보시고 여기선 공식적인 그녀의 마지막 순간만을 전하겠다.

다이애나는 찰스 왕세자(현 영국 국왕 찰스 3세)와 이혼한 후 여러 남자들을 만났다. 당연히 파파라치들은 이런 다이애나의 연애를 가만 놔둘 리가 없었지. 여러 남자 친구 중 (파리에서 같이 사망한) 다이애나의 마지막 남자 친구이자 이집트 재벌 2세 도디 알파예드와의 밀애 사진은 그야말로 부르는 것이 값. 어떤 사진은 250만 프랑(한화로 약 40억 원) 넘게 팔리기도 했다. 당연히 파파라치들은 미친 듯이 둘의 뒤를 쫓았다.

운명의 그날. 1997년 8월 31일. 다이애나와 남자 친구 도디는 호텔 문 앞에 진을 치고 있던 파파라치들의 눈을 피해 뒷문으로 몰래 나와 차를 타고 호텔을 떠난다. 그러나 파파라치들은 그런 다이애나 커플을 기어이 포착했고 뒤따르기 시작했다. 그러다가 차가 지하차도 교각을 들이받은 것이다. 도디는 현장에서 즉사했지만 다이애나는 아직 숨이 붙어 있었다. 살려 달라는 말까지 했다지. 그럼에도 주변에 몰려든 파파라치들은 다이애나를 도울 생각은 안 하고 그 비참한 모습을 카메라에 담기 바빴다.

자, 여러 가지 음모론은 여기서 안 다루겠다. 그러나 이것 하나는 분명하다. 돈에 미치면 사람은 악마가 된다.

1485년 8월 22일

30년이나 지속된 잉글랜드의 장미전쟁이 드디어 끝났다.
백장미파 소속의 리처드 3세가 처형당한다.
셰익스피어는 그를 주인공으로 희곡을 썼다.

1519년 8월 10일

마젤란이 역사적인 세계 일주를 시작했다. 물론 배 타고.
마젤란은 필리핀에서 죽었지만 나머지 선원들은
지구 한 바퀴를 도는 데 성공한다.

1869년 8월 16일

파라과이에서 수천 명의 어린이들이 학살당했다.
우루과이, 브라질, 아르헨티나와의 전투에 내보내진 어린이 병사들이 죽었다.
파라과이는 이날을 어린이날로 추모한다.

1947년 8월 14일

파키스탄이 인도로부터 분리 독립됐다.
이후 파키스탄은 동서 갈등을 벌인 후 1971년, 동파키스탄이 따로 분리해 나갔다.
방글라데시의 탄생이다.

1952년 8월 28일

한일 간의 독도 분쟁이 처음 시작됐다.
명백히 대한민국 영토이므로 분쟁은 아니다.
독도가 한국 땅이라는 증거는 1877년 일본 정부가 쓴 '태정관지령'이다.

Sep. 15
독일
뉘른베르크법
탄생

Sep. 17

우리나라
88 서울 올림픽

Sep. 12

그리스
마라톤 전투

9월

1923년 9월 1일 오전 11시 58분경, 규모 7.9의 강진이 일본의 도쿄 부근을 강타했다.

관동대지진이다. 최소 10만 명 이상이 죽거나 실종된 참극 그 자체였다. 마침 점심시간 때여서 도쿄의 집들은 대부분 밥을 짓고 있었다. 문제는 일본 가옥들이 대개 목조였다는 것. 이 목조 건물이 무너지면서 밥 짓던 불이 여기저기 옮겨붙었고 대화재로 이어졌다. 일본 정부는 당황했다. 당시 세계 대공황 초기였기에 수많은 일본 기업들이 도산하고 경제 상황이 상당히 안 좋았다. 그런데 이런 자연재해까지!

일본 정부는 민심의 분노를 다른 쪽으로 돌리기 위해 하지 말아야 할 결정을 내린다. 바로 '조선인들이 우물에 독 타고 집들에 불을 지르고 다닌다는 것!' 이건 유언비어가 아니었다. 당시 일본 내무성 대신(우리로 치면 행안부 장관) 미즈노 렌타로란 인간이 의도적으로 이런 괴소문을 흘린 것이다 (이 책의 2월 3일 글에서도 언급했다)! 이준익 감독의 영화 〈박열〉을 꼭 보자. 그 영화 첫 부분에 일본 내각 회의에서 미즈노 렌타로가 이런 천인공노할 소문을 '의도적으로 흘리자'란 소리를 하는 장면이 나온다. 이렇게 일본 정부가 꾸민 공작은 결국 일본인들을 격분시켰고 일본인들은 죽창을 들고 조선인 사냥에 나섰다. 죽창에 찔려 죽은 억울한 조선인이 최대 2만 명이 넘었다고 한다.

다시 한번 강조한다. '조선인이 우물에 독 탔다'는 유언비어가 아니라 일본 정부가 의도적으로 꾸민 공작이었다.

1900년 9월 2일, 대한민국의 소설가
현진건이 태어났다.

현진건 선생이 쓴 《운수 좋은 날》이란 소설을 얘기하고자 이 글을 쓴다. 《운수 좋은 날》의 내용은 이렇다. 일제 강점기 때 정말 가난한 인력거꾼이 있었는데 부인이 아팠다. 아픈 부인이 그렇게 먹고 싶어 했던 설렁탕을 사 들고 갔는데 아픈 부인은 이미 죽어 있더라 하는 이야기다. 맞다. '일제 시대 때 설렁탕 국물' 이야기를 하려고 이 글을 쓴다.

설렁탕이란 음식은 일제 강점기 이전에도 있었다. 하지만 일반에 대중화된 것은 1920년대 이후다. 왜? 일본이 군대의 전투 식량으로 쓸 소를 대량으로 조선 땅에서 기르기 시작한다. 소 도축 후 고기는 다 일본군 식량으로 만들었는데 문제는 남은 뼈들이었다. 이걸 조선인 백정들이 들고 가서 푹 고아 설렁탕으로 만들어 팔기 시작한 것이다. 맞다. 1920년대 당시 설렁탕은 정말로 싼 음식이었다. 도축 찌꺼기로 만든 음식이었기 때문. 그런데 이 설렁탕이 너무 맛있었던 것. 그래서 양반 출신들은 설렁탕은 먹고 싶었지만 식당까지 가서 먹기엔 체면 문제가 있어서 배달시켜 먹었다. 우리나라에 본격적으로 음식 배달 시스템이 도입된 것이다.

다시 《운수 좋은 날》. 그렇게 싼 음식이었던 설렁탕 국물도 아픈 부인한테 자주 사 먹이지 못한 것이 당시 일제 강점기 때 우리 민중의 서글픈 삶이었다. 그걸 현진건 선생은 소설로 담담하게 푼 것이다.

설렁탕
(ⓒ 아사달 | 한국저작권위원회)

279

1499년 9월 3일, 프랑스 앙리 2세의 애인
디안 드 푸아티에가 태어났다.

자, 복잡한 프랑스 역사 또 나왔다. 최대한 쉽게 설명해 드리겠다. 앙리 2세가 왕을 하던 프랑스는 옆 나라 이탈리아(정확히는 피렌체)에 비해 문명이 덜 발달한 후진국이었다. 당시 이탈리아는 르네상스 운동으로 나라가 돈도 넘치고 기술도 최첨단을 달리고 있었다. 레오나르도 다빈치도 이때 이탈리아 인물이다. 프랑스는 어찌해서든 이탈리아의 선진 문물을 수입해 오기 위해 백방의 노력을 했다. 그러기 위해 가장 쉬운 방법은? 맞다. 바로 정략결혼. 앙리 2세는 당시 이탈리아 피렌체의 금융 재벌 메디치 가문의 딸인 카트린 드 메디치(메디시스)와 1533년 정략결혼을 한다. 당연히 결혼 지참금도 많이 가져올 것으로 생각했다.

그런데 막상 결혼해 보니 메디치 가문의 딸은 맞는데 고아 출신에다가 돈도 그렇게 많지 않았던 것! 실망한 앙리 2세는 카트린과는 대화도 안 하고 성안에 처박아 놓는다. 사랑해서 결혼한 것도 아니고 외국인이라 말도 안 통했으니까. 그러고 나선 자기 엄마만큼의 연상녀와 바람을 피운다. 바로 이 글의 주인공 디안과 말이다.

카트린은 매일 점성가와 예언가들을 불러서 앞으로 자기 미래가 어찌 될지 고민 상담을 받았다. 그중 한 사람이 바로 그 유명한 노스트라다무스다! 그는 '앙리 2세가 곧 죽고 이제 카트린의 시대가 올 것이다'라고 예언했는데, 이는 사실이 된다. 앙리 2세가 사고로 어이없게 죽어 버리고 카트린은 디안에 대한 처절한 복수를 시작한다. 더 자세한 이야기는 이들의 스토리를 그린 영화 〈여왕 마고〉를 한번 보도록.

280

1909년 9월 4일, 일본과 청나라 사이에 간도 협약이 체결되었다.

간도(間島). 말 그대로 '중간에 섬처럼 붕 떠 있는 곳'이란 뜻이다. 대략 지금의 두만강 건너 중국 만주 지역을 말한다. 문제는 이 협약 때문에 지금의 한국과 중국 국경이 결정됐다는 것인데…… 뭔가 이상하지 않나? 그런 중요한 결정을 당사자인 우리를 빼고 일본과 청나라, 즉 중국이 자기들 마음대로 했다는 것이!

안타깝게도 당시 우리나라는 1905년 을사늑약으로 일본에 외교권을 빼앗긴 상태였다. 그래서 일본이 우리 '대신' 중국과 외교 협약을 체결해 준 것이다. 우리나라 국경 문제를 말이다! 자, 문제는 지금부터다. 간도, 그러니까 만주는 청나라를 세운 만주족의 발원지, 즉 성스런 고향이다. 그래서 청나라는, 청나라 내내, 그 지역에 아무도 못 살게 했다. 그 결과 간도는 아무도 안 사는 '빈 땅'이 되었다. 조선 말기 먹고살기 힘들었던 조선인들은 두만강을 건너 간도 땅에 들어가 살기 시작했다.

그러다가 갑자기 1909년 9월 4일, 청나라와 일본이 두만강을, 우리나라와 중국의 국경이라고 자기들끼리 선언해 버린 것이다. 일본은 왜 간도를 중국 땅으로 인정해 준 것일까? 그 대가로 만주에서 일본이 철도를 깔 수 있는 권리를 가져간 것이다. 남는 장사였다. 두만강이 한중 국경이 된 순간. 즉, 두만강 북쪽이 공식적으로 중국 땅이 된 순간. 그 땅으로 넘어가 힘든 삶을 이어 가던 우리 동포는 졸지에 중국 조선족이 되어 버렸다.

1972년 9월 5일, 뮌헨 올림픽에서 팔레스타인 테러범들이 이스라엘 선수와 코치 등을 납치·살해했다.

뮌헨 올림픽 참사다. 민감한 주제다 보니 최대한 객관적으로 설명하겠다. 2천 년 동안 나라 없이 유럽 등 곳곳에서 방랑 생활을 하던 유대인들이 '다시' 그들이 고향이라고 여기던 팔레스타인 땅에 돌아와 '이스라엘'이란 나라를 1948년에 건국한다. 그리고 이미 그 땅에 살고 있던 팔레스타인 주민들을 탄압한다. 땅 주인이 둘일 수는 없기에.

국제 사회는 팔레스타인 주민들의 고난을 몰랐다. 이스라엘이 철저히 숨겼기 때문에. 이에 팔레스타인인들은 자신들의 비참한 처지를 알리기 위해 극단적인 방법을 선택한다. 테러였다. 그럼 왜 뮌헨 올림픽이었나? 당시 서독은 나치 독일에 대한 나쁜 이미지를 벗기 위해 철저한 평화주의를 선택한다. 올림픽은 아주 좋은 홍보 수단이었다. 그리고 한때 '원수'였던 유대인이 세운 이스라엘의 올림픽 참여를 적극 이끈다. '평화적' 올림픽이었기에 경호와 보안을 최소화한다. 팔레스타인 테러범들은 이 허점을 노렸다.

쉽게 선수촌에 난입한 테러범들은 이스라엘 선수단을 인질로 잡는다. 인질 구출 과정에서 잡혀 있던 선수 전원이 사망하는 참극이 벌어졌다. 이 사건 이후 이스라엘은 테러 관련자들을 끝까지 추적해서 복수를 한다. 그 과정을 그린 영화가 스티븐 스필버그 감독의 〈뮌헨〉이다.

1901년 9월 6일, 미국 대통령 윌리엄 매킨리가
암살범으로부터 저격당했다.

매킨리? 그게 누구지? 하는 분도 있을 것이다. 물론 대통령 매킨리 자체는 못 들어 보셨겠지만 이 대통령의 업적은 세계사에 엄청난 의미를 지닌다. 먼저 1898년의 미국-스페인 전쟁이다. 드라마 〈미스터 션샤인〉 초반에 미군 장교 유진 초이가 참전했던 그 전쟁이다. 1492년 콜럼버스가 미 대륙에 상륙한 이후 이 동네의 패권은 스페인이 가지고 있었다. 남미 대부분이 스페인의 식민지였으니. 그 패권이 스페인에서 미국으로 넘어간 것이 바로 이 전쟁에서 미국이 승리한 이후였다.

전쟁에서 이긴 미국은 스페인으로부터 괌, 필리핀을 가져간다. 맞다. 이 대통령 덕분(?)에 지금 '미국령' 괌을 여행할 수 있는 것이다. 이 대통령 때 하와이가 미국에 합병되기도 했다. 맞다. 그 이전에 하와이는 독립 '하와이 왕국'이었다. 하여간 이걸 다 해낸 매킨리 대통령은 1901년 9월 6일, 한 박람회에 갔다가 무정부주의자가 쏜 총에 맞는다. 바로 죽은 건 아니고 투병을 하다 9월 14일에 사망했다.

어이가 없는 것은 저격 사건이 일어난 박람회는 당시로는 신기술이었던 엑스레이 기계 등 첨단 전기 기계들이 첫 선을 보인 박람회였는데 역설적으로 그 전기 기계들을 돌리려고 너무 전기를 많이 써 정작 대통령 응급수술을 하던 방에 전등을 켤 수가 없었다. 그리고 몸에 박힌 총탄을 찾는데 엑스레이를 쓰면 되는데 당시 의료진은 엑스레이를 쓸 생각조차 안 했다는 것.

1822년 9월 7일, 브라질이
포르투갈로부터 독립했다.

　브라질은 1500년 포르투갈 탐험대가 지금의 남미 브라질에 상륙하면서 본격적으로 포르투갈의 식민지가 된다. 그래서 지금도 남미에서 유일하게 스페인어가 아니라 포르투갈어를 쓰는 나라가 브라질이다. 하여간 그렇게 식민 지배하에 있다가 1800년대 초반 나폴레옹이 유럽을 다 쓸어버리는 과정에서 포르투갈까지 접수해 버리는 일이 발생한다! 당시 포르투갈 왕은 본국을 버리고 식민지 브라질로 도망간다! 포르투갈이란 나라가 잠깐 사라진 순간이었다.

　그런데 나폴레옹이 황제 자리에서 쫓겨난 후 세인트헬레나란 섬으로 유배를 떠나면서 포르투갈의 왕은 '이제 다시 고향으로 가 볼까?'란 생각을 하고 1821년, 포르투갈로 돌아간다. 이런 모든 비열한 꼴을 보던 당시 식민지 브라질인들은 '무능하고 명청한 왕 밑에서 식민지 노릇을 계속할 것인가'란 심각한 고민에 빠진다. 그러고 나선 '아니다. 그냥 독립하자'란 결론을 내린 것. 그리고 왕이 포르투갈로 돌아간 그 다음 해인 1822년 9월 7일, 독립을 선언한다.

상파울루에 있는 브라질독립기념공원
(© Webysther | Wiki Commons)

1944년 9월 8일, 나치 독일이 인류 최초의 군사용 로켓인 V-2로 런던을 공습했다.

수천 발 넘는 로켓이 발사됐다. 여기서 V는 독일어 'Vergeltung'의 앞머리 V를 뜻한다. '복수, 보복'이란 뜻. 참고로 V-2 앞에 V-1이 있었지만 로켓은 아니고 그냥 '나는 비행체' 정도였다. 하여간 독일은 1차 대전에서 진후 전투기 등 무기 개발을 금지당한다. 연합국 입장에선 당연하지. 독일이 다시는 세계 대전을 못 일으키게 아예 싹을 잘라 버린 것이다. 그래서 독일은 결심했다. 정확히는 나치의 히틀러가 결심했다. '연합국 너희들이 상상도 못 할 새로운 무기를 개발하겠다'라고. 그리고 바로 로켓 개발이 들어간다. 당시엔 로켓이란 개념 자체가 없어서 로켓은 연합국의 '개발 금지' 리스트에 없었던 것. 독일은 그 허점을 노렸던 것이고.

지금까지 세상이 경험하지 못했던 엄청난 무기 로켓이 런던에 수천 발 떨어지자 전 세계는 큰 충격에 빠진다. 왜? 당시 기술로는 하늘에서 무지막지한 속도로 떨어지는 로켓을 막을 방법이 없었다. 연합국은 이 가공할 무기를 개발한 이를 찾기 위해 혈안이 된다. 개발을 주도한 사람은 나치 과학자 폰 브라운이란 인간. 독일 패망 후 소련과 미국은 이 과학자를 서로 차지하려고 목숨을 건 경쟁을 했는데 브라운이 택한 나라는 미국이었다. 악랄한 나치 부역자였던 폰 브라운은 미국에 가서 '나는 오늘부터 친미파예요'를 선언하고 미국 로켓 개발을 이끈다. 그 결과물이 바로 1969년 인류 최초로 사람을 달에 보낸 그 유명한 아폴로 11호다.

1890년 9월 9일, KFC의 창업자
할랜드 샌더스가 태어났다.

일찍 아빠가 돌아가셔서 엄마가 돈을 벌어야 했다. 그래서 어린 샌더스가 대신 집안 살림을 하면서 자연스럽게 요리 솜씨가 늘었다. 그러던 중 29살 때 기회가 찾아왔다. 켄터키주에서 주유소 사업을 시작한 것. 주유소와 치킨? 샌더스는 당시 놀라운 생각을 했다. '장거리 운전을 하는 운전자들은 분명히 배가 고플 것이다. 주유소에서 기름 넣는 동안 먹을 수 있는 음식을 팔자' 해서 주유소 한 코너에 조그마한 식당을 차린다. 그리고 어렸을 때 갈고닦았던 요리 솜씨를 뽐냈던 것. 그 요리 중 하나가 바로 프라이드치킨이었다.

'그 집 치킨 맛있더군'이란 입소문이 점점 퍼지면서 손님들이 늘기 시작했다. 자동차가 기름을 넣으러 주유소에 들어오면 일단 창문부터 닦아 줬다고 하지. 그런 다음 '기름 넣으시겠습니까?'라고 물었다. 창문부터 깨끗이 닦아 주면 기분이 좋아져서 기름 5달러만 넣을 걸 10달러어치 넣고 싶지 않을까?

그런데 이렇게 잘나가던 샌더스에게 시련이 닥친다. 화재가 나서 주유소와 식당이 홀라당 타 버린 것. 설상가상으로 샌더스 주유소 옆으로 더 빨리 갈 수 있는 새로운 우회 도로가 들어온 것. 말 그대로 쫄딱 망했다. 그러나 샌더스는 좌절하지 않고 기꺼이 보따리장수가 된다. 자동차에 압력솥을 싣고 이 주유소, 저 주유소를 전전하며 주유소 앞에 주차한 후 차 트렁크에서 치킨을 튀겨 팔기 시작한 것이다.

그러던 중 1952년, 피터 허먼이란 사업가와 만나게 되는데 허먼은 '이렇게 맛있는 치킨은 널리 알려야 한다'며 샌더스에게 동업을 제안한다. 그리고 본격적으로 사업을 키운다. 그리고 새 치킨 사업체의 이름을 샌더스가 처음 주유소 영업을 했던 켄터키의 이름을 따 '켄터키프라이드치킨'으로 정한다. KFC의 탄생이었다.

1919년 9월 10일, 1차 대전의 패전국 오스트리아-헝가리 제국이 분해되어 각각 오스트리아와 헝가리로 나뉘었다.

엥? 오스트리아와 헝가리가 '한 나라'였던 적이 있었나? 맞다. 있었다. 원래 1800년대 초반까지 오스트리아는 지금의 동유럽 대부분을 포함했던 거대한 왕국이었다. 당연히 오스트리아 주류 게르만 민족뿐 아니라 여러 다양한 민족이 엉켜 살고 있었지. 그러다가 나폴레옹이 1800년대 초, 유럽을 한 번 박살을 내는 일이 벌어진다. 그 말은 그 전에 있었던 유럽의 각 왕국들이 망하기 직전까지 흔들리면서 민중들은 초기 민주주의의 맛을 알아 버렸다는 것이다.

이 거대한 물결은 오스트리아까지 밀려든다. 오스트리아에서 억눌려 살던 여러 소수 민족들이 '이때다! 우리도 독립하자!'라며 들고일어난 것. 그중 가장 큰 저항을 한 것이 헝가리 민족이었다. 설상가상으로 1866년 같은 독일어를 쓰는 프로이센이 오스트리아를 쳐들어와 나라를 쑥대밭으로 만들어 놨다. 위기의 오스트리아! 그리고 독립 기회를 노리던 헝가리 민족!

여기에 오스트리아는 타협안을 내놓는다. '어이, 헝가리 민족. 우리가 너희를 거의 독립은 시켜 줄 테니, 즉 엄청난 자치권을 줄 테니 그냥 한 지붕에서 살자, 응? 지금 이 상황에서 너희들 떨어져 나가면 우리도 너희도 다 망해'라면서. 헝가리 민족도 그 타협안을 받아들이면서 1867년 참으로도 어색한 동거인 '오스트리아-헝가리 제국'이 탄생한 것이다.

하여간 이 나라가 1차 대전을 일으켰고, 졌다. 당연히 승전국들은? 이 이상한 연합국을 찢어 놓기로 한다. 더 이상 힘이 커지는 것을 막기 위해. 그날이 1919년 9월 10일이었다.

1945년 9월 11일, 태평양 전쟁을 일으킨 A급 전범
일본의 도조 히데키 총리가 권총 자살을 시도했다.

그러나 실패하고 살아남았다. 자, 이 해프닝을 한번 살펴보자. 태평양 전쟁에서 일본이 패망하자 일본군 장성들은 사무라이 정신에 따라 대부분 할복 등을 통해 스스로 목숨을 끊었다. 그러나 정작 최고 책임자였던 도조 히데키 당시 일본 총리는 차일피일 자살을 미뤘다. 최측근 장교들조차 그에게 자결을 요구했다.

일본 여론도 '책임자들 다 사무라이답게 목숨을 끊는데 총리가 구차하게 목숨을 구걸한다'란 비난으로 난리가 났다. 그러는 동안 미국의 맥아더 장군이 일본에 상륙하고 전범들을 체포하기 시작했다. 도조 히데키도 '아, 더 이상 못 버티겠구나' 생각해서 의사에게 자기 심장의 위치까지 물어보고 권총을 준비하면서 마지막을 준비했다.

그리고 도조 히데키의 집에 들이닥친 미군 체포조. 도조 히데키는 '미군에 잡혀 죽을 바엔 스스로 죽겠다' 결심하고 권총을 가슴에 대고 방아쇠를 당겼다. 그런데 너무 어설프게 쏴서 총알이 심장을 빗나가고 만 것! 총소리에 달려 들어온 미군은 바로 응급 치료를 했고 도조 히데키는 일단 목숨을 구한다. 그는 치료를 받았고 이후 전범 재판을 받았다. 그리고 사형 선고를 받고 1948년 교수형에 처해졌다.

기원전 490년 9월 12일, 그리스에서 그 유명한 마라톤 전투가 벌어졌다.

자, 지도를 보자. 당시 이란은 페르시아란 나라였다. 다리우스대왕이란 사람이 왕이었고. 이 다리우스는 신라의 진흥왕과 같이 정복왕이었다. 남의 땅 정복에 진심이었단 말이지. 그는 일단 서쪽 정벌을 시작한다. 즉, 이란에서 출발하여 이라크, 튀르키예, 그리스…… 뭐 이런 식으로 정복하겠단 말이지.

당시 이라크는 바빌론이란 나라였는데 쉽게 정복한다. 그다음은 튀르키예 차례. 당시는 리디아란 나라였다. 바로 정복한다. 문제는 당시 리디아 서쪽에 아테네에서 건너온 그리스인들이 많이 몰려와 나름 '그리스타운'을 만들어 살고 있었는데 이게 페르시아의 공격을 당한 것이다. 당연히 현지 아테네인들은 본국에 SOS를 쳤고 아테네는 지원병을 보내 페르시아군을 쫓아내 준다. 페르시아는 당연히 격분한다. '이놈들 본거지를 박살 내주마!' 하며 대규모 원정대를 현재의 아테네로 보낸다. 이게 기원전 492년이었다.

그런데! 현재의 튀르키예를 출발해 그리스로 가던 페르시아 함선들이 태풍을 만나 대부분 바다에 수장된다. 1차 원정 실패! 그렇다고 포기할 페르시아가 아니었지. 2년 후인 기원전 490년, 페르시아는 2차 원정에 나선다. 12만 명의 대군을 이끌고. 거기에 맞서는 아테네군은 겨우 1만 5,000명! 이 둘은 그리스 아티카 북동 해안의 마라톤 평야에서 격돌한다.

솔직히 아테네는 이번 마라톤 전투에 올인했다. 당시 아테네 전체 인구는 10만. 그중 절반인 5만은 노예. 그러면 순수 아테네인은 겨우 5만. 그중 절반인 2만 5,000명은 여자. 그럼 남자는? 2만 5,000명. 그중 성인 남자는 약 2만. 그중에 노인과 환자 빼면? 약 1만에서 1만 5,000명! 즉, 싸울 수 있는 모든 아테네 남성은 이번 전투에 다 참전한 것!

지면이 모자라 이번 전투의 모든 전개 과정은 다 설명 못 하지만 결론만 말씀드리면 이 불리한 전투에서 아테네군이 기적 같은 승리를 거둔다! 그리고 이 승전 소식을 한 아테네 병사가 마라톤 평야로부터 아테네까지 약 40킬로를 뛰어가 알리고…… 죽는다. 그 병사와 전투를 기념해 만든 것이 마라톤 경주다.

이란(페르시아)은 3차에 걸쳐 그리스 원정에 나섰다

1953년 9월 13일, 한국을 사랑했던 일본인 변호사 후세 다쓰지가 사망했다.

우리에겐 독립운동가 박열 선생과 그의 일본인 부인 가네코 후미코의 변호인으로 알려져 있다. 1880년에 일본에서 태어난 후 청일전쟁(1894년), 러일전쟁(1904년)을 직접 겪었다. 많은 사람들이 국가에 충성한다는 명분 하에 전쟁터에 끌려가 죽는 걸 보고 큰 충격을 받는다. 그리고 모국 일본이 그 두 전쟁을 다 먼저 일으켰다는 사실에 더 큰 충격을 받는다.

1910년, 일본이 경술국치로 한국을 식민지로 만들어 버리자 후세는 바로 '조선독립운동에 대하여 경의를 표함'이라는 글을 쓰고 모국 일본을 비판하며 조선의 독립운동에 조금이나마 도움이 되자는 결심을 한다. 법대를 졸업하고 변호사가 된 그는 수많은 한국의 독립투사들의 법정 변호를 해 준다. 1919년 3·1 운동의 기폭제 역할을 했던 이른바 2·8 도쿄 독립선언문 낭독 사건을 이끈 송계백 선생 등의 변호를 맡는다.

그리고! 1923년 일본 관동대지진 이후 성난 일본 민심을 다른 곳으로 돌리려 조선인이 우물에 독을 탔다는 헛소문을 퍼뜨린 일본. 일본은 그것도 모자랐는지 '조선인이 일본을 대상으로 테러를 꾸몄다'란 주장을 하며 박열 선생 부부를 그 테러 주범으로 몰아 버린다. 여기에 또 등장한 후세 변호사는, '저 두 조선인은 무죄다! 일본 정부가 누명을 씌우고 있다'란 주장을 펼쳤다. 또한 식민지 조선에 '같은 일본인으로서 죄송하다'란 사과 편지까지 보냈다. 이런 공로로 그는 일본인 최초로 우리 한국 정부로부터 건국훈장을 받는다. 국적을 떠나 진정한 양심이 무엇인지 삶으로 보여 주신 후세 다쓰지 변호사님께 무한한 존경심을 느낀다.

1960년 9월 14일, 석유수출국기구 OPEC이 창설됐다.

처음엔 이란, 이라크, 쿠웨이트, 사우디아라비아, 베네수엘라 이렇게 5개 나라로 시작했다. 이 기구가 만들어진 배경은 다음과 같다. 1930년대부터 본격적으로 석유 수출을 하던 중동 국가들은 각각 알아서 자기들끼리 거래처를 찾아 석유를 팔았다. 그러던 1955년! 커다란 변수가 하나 등장했다. 바로 소련!

엄청난 원유 매장량을 자랑하던 소련이 중동 국가들이 주도하던 석유 시장에 '안녕하쇼. 우리 소련도 기름 좀 팝시다'라고 끼어든 것. 그리고 중동 국가의 석유보다 훨씬 싼 가격에 석유를 팔기 시작했다. 그러자 미국의 석유 기업들이 거래처를 중동에서 소련 쪽으로 갈아타 버린다! 왜? 더 싸니까.

여기에 충격을 받은 중동 산유국들과 베네수엘라는 머리를 맞대고 대응책을 만든다. 그 대응책이 바로 '주요 산유국들끼리 똘똘 뭉쳐 세계 석유 시장을 장악하자'였다. 이 대응 회의에 모인 중동 국가 4국과 베네수엘라는 겨우 5개 나라였지만 당시 전 세계 석유 시장의 80%를 쥐락펴락하고 있었다.

이들의 결정은 '만일 미국 등 서방 국가들이 거래처를 옮긴다든지 석유 가격을 후려쳐서 자기들 마음대로 깎으면 바로 석유 생산량을 확 줄여 버린다'였다. 그리고 이들 국가들은 이런 집단행동을 지휘할 국제기구를 만들기로 한다. 그것이 바로 OPEC(Organization of the Petroleum Exporting Countries)이다.

1935년 9월 15일, 나치 독일의 대표적 유대인 차별법인 뉘른베르크법이 만들어졌다.

일단 뉘른베르크란 독일 도시를 한번 보자. 역사적으로 봤을 때 신성 로마 제국(독일의 옛 이름) 황제가 선출되던 도시였다. 당시 신성 로마 제국은 각 지방 영주들이 뉘른베르크에 모여 투표로 황제를 선출했다. 이런 상징적인 도시를 히틀러가 가만 놔둘 리 없었지. 1933년 집권하자마자 뉘른베르크를 나치의 성지로 만들어 버린다. 이 도시에서 만든 여러 법 중 하나가 바로 뉘른베르크법이었는데 그 내용을 보면 기가 막힌다.

일단 독일인과 유대인은 법적으로 결혼이 금지된다. 그리고 순수 독일인만이 독일 시민권을 가질 수 있다. 이런 어이없는 내용으로 가득 차 있다. 그럼 궁금해지는 것이 '순수 독일인'은 어찌 구별한단 말인가? 증조부모 8명 가운데 7명 이상 독일인이어야 순수 독일인이 된다. 법적으로 탄압받게 된 유대인들은 직장에서 쫓겨났고 또 독일인과 결혼한 유대인은 강제 이혼을 당한다. 그렇다고 이 지긋지긋한 독일을 떠나 이민을 갈 수도 없었다. 유대인이 독일을 떠날 땐 재산의 90%를 포기하고 떠나야 했기 때문.

이 말도 안 되는 법을 통과시킨 뉘른베르크는 나중에 2차 대전이 끝난 후 다시 세계의 주목을 받는다. 나치 전범들에 대한 재판이 바로 이곳에서 열렸기 때문. 이른바 뉘른베르크 전범 재판이었다. 의도적으로 재판 장소를 거기로 정했다.

1782년 9월 16일, 청나라 제8대 황제인
도광제가 태어났다.

참으로 운이 없던 황제였다. 바로 중국 몰락의 시작인 아편전쟁이 바로 도광제 때 일어났기 때문. 아편은 청나라에 1810년경부터 어마무시하게 청나라에 쏟아져 들어왔다. 영국이 중국으로부터는 홍차를 엄청나게 수입해 갔지만 막상 영국은 중국에 팔 것이 없었다. 영국은 무역 적자에 허덕인다. 그 적자를 메우기 위해 영국은 참으로 부도덕하게 당시 영국 식민지였던 인도에서 아편을 대량 생산해 중국에 가져다 뿌려 버린다. 중국 대륙 전체가 아편 중독에 빠진다. 심지어 황제인 도광제도 아편 중독이었으니 말 다했지.

다행히 도광제는 중간에 정신을 차리고 과감하게 아편을 끊는다. 그리고 아편과의 전쟁을 선포한다. 영국이 중국에 팔려고 중국 항구에 쌓아 놓은 아편을 다 불 질러 버린 것이다. 영국은? 격분한다. 그리고 중국과 전쟁을 일으킨다. 바로 1840년의 아편전쟁이다.

맞다. 아편전쟁은 마약을 팔려고 일으킨 전쟁이다. 그래서 역사상 가장 부도덕한 전쟁이라고 부르는 것이다. 도광제도 영국과 맞서 싸우며 나름 노력은 했지만 당시 세계 최강 대영제국과 싸워 이기는 건 역부족이었다. 결국 전쟁에서 패하고 홍콩 등을 영국에게 넘겨준다. 1997년 홍콩이 다시 영국에서 중국으로 반환됐을 때 지하에서 도광제는 오만 감정이 다 들었을 것이다.

1988년 9월 17일, 역사적인
서울 올림픽이 막을 올렸다.

세계사 관점에서 서울 올림픽의 의미를 알려 드리겠다. 1972년 서독 뮌헨 올림픽 때 팔레스타인 무장 단체가 이스라엘 선수들을 인질로 잡았다가 죽여 버린 참사가 있었다(이 책의 9월 5일 글을 다시 보자). 그 이후 올림픽에 대한 이미지가 상당히 나빠졌고 또한 경호 비용도 천문학적으로 치솟았다. '그런 올림픽을 무리해서 유치해도 되나'라는 부정적인 인식이 생기기 시작한 것. 아나 다를까 바로 다음에 열린 1976년 캐나다 몬트리올 올림픽은 사상 최악의 적자 올림픽이 되었고 캐나다 정부는 파산 선언을 하고 말았다.

그다음에 열린 1980년 소련 모스크바 올림픽은 완전히 반쪽 올림픽이 된다. 1979년 소련의 아프가니스탄 침공에 항의하는 미국 측 자유 진영 국가들이 모조리 불참을 한 것이다. 이에 대해 소련과 공산권도 보복을 한다. 바로 그다음 1984년 미국 LA 올림픽 때, 이번엔 공산권이 다 불참해 버린 것. 드디어 '올림픽 무용론'까지 나왔다.

다음 올림픽이 바로 1988년 서울 올림픽이었다. 당시 올림픽 유치 경쟁 도시였던 일본 나고야는 '남북이 대치하고 있는 휴전 국가에서 위험하게 올림픽을 치를 수 없다'고 주장한다. 그러나 서울은 그것을 역공으로 이용했다. '이런 때일수록 냉전의 현장인 서울에서 평화의 올림픽을 열어야 한다'란 논리로 말이다. 마침 미국과 소련도 서로 화해는 하고 싶었지만 명분이 없었는데 서울 올림픽이 딱 명분으로 보였던 것. 결국 88 서울 올림픽은 미국, 소련, 중국 등 자유·공산 진영이 모두 참가하는 역대 최대 규모로 열리게 된다.

1931년 9월 18일, 일본이 중국 만주를 침공했다.
만주 사변이 일어난 것이다.

사변(事變)이란 말은 '선전포고 없이 갑자기 상대방을 공격하는 행위'를 말한다. 그래서 6·25 전쟁을 한때는 6·25 사변이라고 불렀다. 그럼 일본은 왜 중국 땅 만주에 쳐들어갔을까? 일본의 식민지 사정 때문이었다. 자, 강대국이 식민지를 차지하는 이유는 뭘까? 자기들의 사상을 전파하기 위해? 아니다. 식민지 건설은 철저하게 경제적 이유 때문이다. 자원 확보와 시장 확보. 간단하게 이 두 이유 때문. 역사상 모든 식민지가 다 똑같은 이유로 만들어졌다.

일본은 1910년 대한제국을 식민지로 만들었다. 그런데 이 나라가 너무 크다. 인구는 감당이 안 될 정도로 너무 많다. 초기 통치 시스템을 만들다 보니 천문학적 돈이 들어간다. 그런데 석유? 그런 건 한 방울도 안 난다. 천연자원? 거의 없다. 그런데 식민지 주민들은 3·1 운동 등 격렬하게 독립운동을 한다. 일본 입장에선 적자 식민지 경영이었다. 그런 상황에서 1920년대 전 세계적인 공황(경제가 폭삭 망하는 것)이 불어닥친다. 일본 경제도 휘청거린다.

자, 어떤 회사가 적자에 도산 직전이다. 그럼 2가지 길이 있다. 그냥 망하게 놔두든지, 아니면 더욱더 과감한 투자를 하든지. 일본은 후자를 선택한 것. 새로운 시장 확보를 위해서 '못 먹어도 Go다!' 하며 미친 듯이 중국 만주 지역을 점령해 버린 것이다. 그럼 중국은 반발 안 했냐고? 못 했다. 왜? 당시 중국은 국민당과 공산당이 서로 싸우면서, 일본이 북쪽 만주를 점령한 것에 대응할 여력이 없었던 것.

1881년 9월 19일, 미국의 제20대 대통령
제임스 가필드가 총에 맞아 죽었다.

정확하게는 7월 2일 저격을 당했지만 고통스럽게 버티다가 9월 19일 사망했다. 암살범은 찰스 기토란 인물. 연설문 같은 글을 잘 썼다고 한다. 그래서 제임스 가필드가 선거 유세 등을 할 때 연설문을 조금 써 주는 등 도움을 줬다. 문제는 찰스 기토가 가필드가 대통령이 된 후 계속해서 '내가 글을 써 줘서 대통령이 됐으니 한자리 좀 달라'고 끈질기게 요구했다는 것.

결국에는 주 파리 미국 대사 자리를 요구했는데 당연히 가필드 대통령 입장에선 '뭐 이런 놈이 다 있나' 생각했겠지. 계속된 무시에 앙심을 품은 찰스 기토는 가필드 대통령을 암살하고 만다. 아, 참고로 당시 미 대통령은 경호원 같은 것이 없었다. 찰스 기토는 '난 정신병자다'라며 무죄를 주장했지만 결국 교수형으로 생을 마감한다. 그리고 그의 시신은 해부용으로 의대에 기증이 됐는데 두개골만 누군가 훔쳐 갔다고 하지. 아직 그 두개골의 행방은 미스터리라고 한다.

1946년 9월 20일, 제1회 칸영화제가
프랑스 남부 도시 칸에서 열렸다.

세계 3대 영화제라고 하면 보통 칸영화제, 베를린영화제 그리고 베니스영화제를 말한다. 자, 이 중 가장 먼저 시작한 영화제는 이탈리아의 베니스영화제다. 그런데 문제는 당시 이탈리아의 독재자 무솔리니가 정치적인 목적, 즉 자기 정권 홍보 목적으로 베니스영화제를 만들었다는 것. 여기에 열받은 프랑스가 '우리는 순수 목적의 영화제를 만들자!' 해서 시작한 것이 바로 칸영화제다.

원래 1939년에 시작하려고 했는데 그해 마침 히틀러가 2차 대전을 일으켜 버리네! 그래서 전쟁이 끝난 후인 1946년에 1회 영화제가 열린다. 최고 대상은 황금종려상인데 여기서 '종려'는 야자수 비슷한 나무다. 바로 영화제가 열리는 도시 칸의 상징이다. 실제로 칸에 가 보면 사방의 가로수들이 다 종려나무다.

이 영화제는 또 드레스코드가 엄격하기로 유명하다. 남자는 모두 검은 턱시도와 나비넥타이, 여자는 모두 화려한 파티 드레스. 그리고 '안녕하세요(bonjour)', '감사합니다(merci)' 정도의 프랑스어는 반드시 알아야 한다는 규칙도 있다. 세계 3대 영화제 가운데 가장 권위가 높다. 수상은 물론이고 초청을 받는 것 자체로 영화인으로서 영광이다. 참고로 필자가 조연출로 참여한 신상옥 감독의 극영화 〈증발〉은 1994년 칸영화제의 공식 초청작이었다.

프랑스의 휴양 도시 칸
(Public domain | Wiki Commons)

1953년 9월 21일, 북한 공군 장교 노금석이 미그 15기를 몰고 내려와 대한민국으로 귀순했다.

6·25 한국전쟁이 휴전된 직후였다. 당시 소련은 북한 공군에 미그 15기를 제공해 줬는데 그 시대 최강의 전투기였다. 미 공군의 주력 기종이었던 세이버보다 훨씬 전투 능력이 뛰어났다. 당연히 미국은 어떤 수단을 써서라도 미그 15기를 손에 넣고 싶어 했다. 분해해서 기술을 확인해 보려고.

그런데 지금도 마찬가지지만 그런 군사 핵심 기술이란 쉽게 손에 넣을 수 있는 것이 아니었다. 미국은 현상금까지 걸었다. 미그 15기를 구해 오면 10만 달러. 한화로는 1억 원이 훌쩍 넘지만 당시 시세를 감안하면 현재 가치는 약 100억 원이 넘을 것!

그런데 북한군 장교가 스스로 미그 15기를 몰고 남한으로 귀순한 것이다. 노금석은 미그 15기를 몰고 가면 10만 달러를 받는다는 것조차 모르고 넘어왔다. 너무도 고마웠던 미국은 노금석에게 물론 돈도 주고 미국으로 초대를 한다. 그래서 노금석은 미국 대학에서 박사 학위까지 받고 교민과 결혼해서 미국 학자로 살아간다. 그야말로 인생 역전. 그는 말년에 《A MIG-15 to Freedom》이란 책도 썼는데 북한으로부터 망명 과정을 자세히 쓴 자서전이다.

1606년 9월 22일, 명나라를 멸망시킨 반란군 대장 이자성이 태어났다.

중국 역사상 농민 반란은 수없이 있었지만 다 진압이 되었다. 유일하게 농민 반란군이 왕조까지 망하게 한 케이스가 딱 한 번 있었는데 바로 이자성의 난이다. 이자성이 태어났을 때 이미 명나라는 멸망행 특급 열차를 탄 상태. 이자성은 '굶어 죽을 바엔 나라를 뒤집어엎고 죽자!'란 전형적인 농민 반란의 명분으로 들고일어난다. 명나라는 당시 난을 진압할 여력이 없었다. 왜? 만리장성 북쪽에서 치고 내려오는 신흥 대국 청나라와 맞서 싸우기 바빴으니까. 결국 이자성의 반란군은 명나라 수도 베이징까지 점령하고 만다! 그리고 명 황제 숭정제는 자금성 뒷산에 올라 나무에 목을 매고 만다. 명나라가 망한 것이다!

그런데 문제는 이제부터. 자금성 궁궐을 장악한 반란군이 슬슬 나사가 풀리면서 겁탈과 노략질을 하기 시작했네. 그러다가 결국 대형 사고를 치고 만다. 이자성 일당이 베이징 시내에서 진원원이란 여인을 겁탈한 것. 이 여인은 명나라 최전방 부대 지휘관인 오삼계의 애첩이었다. 격분한 오삼계, 그리고 그걸 알아낸 청나라! 오삼계에게 제안을 한다. '우리 청나라군이 네가 복수하는 거 도와줄게. 한패 안 할래?'란 제안을! 오삼계는 받아들인다. 그리하여 대결전이 벌어졌는데…… 문제는 오삼계군이 명나라 최강의 전투력을 자랑하던 특수 부대였다는 것. 이자성은 결국 전투에서 패하고 도주하다 잡혀 죽는다. 청나라군은 이자성의 잔당을 소탕해 준다는 명분으로 망한 명나라를 접수한다. 그때부터 중국 대륙은 청나라의 지배를 받는다.

1940년 9월 23일, 일본이 인도차이나, 즉 지금의 베트남을 전격 침공했다.

왜 침공했을까? 당시 상황을 좀 보자. 일본은 1937년에 중일전쟁을 일으키고 중국 대륙에서 중국군과 치열하게 전쟁 중이었다. 일본 입장에서 문제는 끊임없이 외부에서 중국으로 물자 지원이 들어오고 있었던 것. 그 중에서 가장 많은 물자가 바로 지금의 중-베트남 국경을 통해 중국으로 들어와 중국군 손안으로 들어가고 있었다.

일본은 베트남을 좀 손보고 싶었는데 당시 베트남이 프랑스 식민지였다는 것. 베트남을 치고 들어간다는 것은 바로 프랑스와 전쟁을 한다는 것인데…… 그건 큰 부담이었다. 그런데! 1939년 9월 1일! 유럽에서 독일이 전격적으로 2차 대전을 일으킨다. 그리고 바로 그다음 해인 1940년 5월, 독일이 프랑스를 침공해 들어가 점령해 버린다. 프랑스란 나라가 잠시 사라졌다는 뜻. 그리고 그 말은 베트남의 '주인 나라'가 잠시 사라졌다는 뜻!

일본은 이 기회를 놓치지 않는다. 그리고 바로 1940년 9월 23일, 중국 국경을 넘어서 베트남, 당시 인도차이나를 치고 들어간다. 이 모습을 당시 미국은 가만히 보고 있었다. 그리고 일본으로 수출하던 원유 파이프를 잠가 버린다. 당시 일본은 원유를 미국으로부터 수입하고 있었거든. 미국은 말이지, 일본이 중국을 침공한 것도 못마땅한데 베트남까지 침공한 건 선을 넘었다고 본 것. 그래서 경고 차원에서 원유 수출을 끊어 버린다. 결국 이것이 미국과 일본이 태평양에서 한판 붙는 태평양 전쟁으로까지 이어진다.

1960년 9월 24일, 세계 최초의 핵 추진 항공 모함인 엔터프라이즈호가 만들어졌다.

자, 항공 모함이란 무엇인가? 바다 위에 떠다니는 군함 위에 전투기를 싣고 다니면서 배 위에 있는 활주로로 전투기를 이착륙시키는, 바다 위의 '공군 기지'를 말한다. 인류 역사에서 항공 모함의 무시무시한 위력이 발휘된 건 일본과 미국 사이의 태평양 전쟁이었다.

서로서로 누가 더 많은 전투기를 싣고 가서 상대방을 바다 위에서 때려잡는지 보여 준 전쟁이었지. 물론 전쟁은 미국의 승리로 끝났다. 그 이후 전 세계 국가들은 '나도 저 항공 모함을 갖고 싶다'란 생각에 너도나도 만들기 시작했지. 거기에 미국은 '이것들이 미국을 따라 해? 그럼 우리 미국은 너희들이 감히 못 따라오게 초대형 항공 모함을 만든다! 하하하!' 하고 정말 대형 항공 모함을 만들기 시작했다.

문제는 연료. 덩치가 커진 만큼 기름을 더 먹었고 이런 초대형 항공 모함 옆에는 '기름배' 즉, 연료를 싣고 다니는 주유선이 항상 따라다녀야 했다. 이 얼마나 비효율적인가! 그래서 미국은 '기름 없이도 움직일 수 있는 배를 만들자'라며 배의 엔진을 디젤 엔진에서 원자력 엔진으로 바꾼다. 원자력을 이용하면 이론상 지구가 멸망할 때까지 무한대로 배를 움직일 수 있다. 그래서 만들어진 것이 인류 최초의 핵 추진 항공 모함인 엔터프라이즈호다. 당시로선 압도적인 규모였다. 다른 나라에서 가장 큰 항공 모함이 3만 톤 규모였다면 엔터프라이즈는 무려 9만 톤 정도였으니! 세계 군사력 갑이 누구인지를 분명하게 보여 준 괴물 무기였다.

1711년 9월 25일, 60년간 중국 청나라를 통치한 건륭제가 태어났다.

참으로 많은 일을 하신 청나라 황제시다. 그만큼 잘한 일도 많았고 못한 일도 많았다. 먼저 잘한 일들. 청나라는 소수의 만주족이 절대 다수인 한족을 지배했던 나라. 건륭제는 최대한 한족을 우대해 주고 차별을 없애려고 노력했다. 한족 출신들도 고위 관료로 취직시켜 주고 만주족 관리와 한족 관리가 갈등을 벌이면 최대한 중립적으로 화해를 시켜 줬다. 그리고 가톨릭 선교사들도 적극적으로 받아들여 베이징 시내에 교회도 짓게 하는 등 통 큰 정치를 했다.

이제 잘못한 일. 먼저 그 당시까지 아직도 중국이 세상의 중심인 줄 착각했다. 산업혁명을 성공시키고 '슈퍼 파워'로 떠오른 영국이 1793년 사신단을 보냈는데, 이들에게 강제로 절을 시켰다. 영국 사신단은 당연히 동등한 일대일 외교를 하러 왔는데 절을 시키니 당황할 수밖에. 결국 양국은, 건륭제 뒤에 영국 왕의 초상화를 걸어 두고 영국 사신단은 영국식 예법인 무릎 하나를 꿇고 황제에게 고개를 숙이는 것으로 퉁친다. 영국 사신으로선 어이가 없었을 것이다. 이렇게 깔봤던 영국이 일으킨 아편전쟁(1840년)으로 청나라는 초토화된다. 그만큼 건륭제는 세상 돌아가는 것을 몰랐다는 뜻.

참, 조선 정조 때 연암 박지원 선생이 쓴 《열하일기》도 바로 이 건륭제 황제의 70세 생일잔치에 참석하려고 떠난 조선 사신들의 중국 체험기다.

1983년 9월 26일, 인류가 핵전쟁으로
전멸할 뻔했다.

스타니슬라프 페트로프란 소련군 장교의 현명한 판단 덕분이었다. 1983년은 미국과 소련 간의 냉전이 극에 달했던 시기. 당시 우리나라의 대한항공기가 소련 전투기의 미사일에 격추된 사건도 있었다. 우리 국민들뿐 아니라 미국인도 많이 사망했다. 그리고 당시 미국은 통일 전 서독에 소련을 겨냥한 핵미사일을 배치하고 언제든지 소련을 공격할 준비를 하고 있었다.

이런 일촉즉발의 순간! 1983년 9월 23일 0시! 소련의 위성센터에 경고음이 울린다. 미국이 소련을 향해 핵미사일을 발사했다는 경고음. 한 발이 아니었다. 무려 5발이나! 당시 위성센터의 담당 장교가 바로 페트로프였다. 모스크바의 소련 당국은 실제 상황인지, 긴급한지 문의를 시작했고……!

말을 잘해야 했다. 실제 상황이라고 보고하면 소련도 바로 핵무기로 미국에 반격할 것이니까. 페트로프는 생각한다. '만일 미국이 다 같이 죽자하고 핵무기를 쐈다면 가지고 있는 모든 핵무기를 일제히 다 쐈을 것이다. 겨우 5발만 쐈다는 건 기계적 오류인 것 같다'란 생각을. 그리고 당국에 보고한다. '기계적 오류인 것 같습니다'라고. 실제로 기계적 오류로 밝혀진다. 소련의 인공위성이 강렬한 햇빛을, 핵미사일이 발사될 때 나오는 엄청난 불빛으로 잘못 인식했던 것이다! 만일 그때 페트로프가 '실제 상황인 것 같다'라고만 보고했어도 지금 이 글을 쓰는 나도 없고 여러분도 없다.

1981년 9월 27일, 프랑스의 고속 열차 테제베(TGV)가 첫 공식 운행을 시작했다.

TGV는 '웅장한 속도의 열차'라는 뜻의 프랑스어 Train à Grande Vitesse의 약칭이다. 맞다, 우리나라 최초의 KTX가 바로 프랑스 TGV였다. 프랑스에서 어느 정도 조립이 된 TGV를 배에 싣고 수에즈운하를 통과해 마산항까지 온다. 그리고 프랑스 기술진이 우리나라에서 최종 마무리 조립을 해서 탄생한 것이 최초의 KTX다.

TGV 얘기를 하면 또 반드시 해야 하는 이야기가 외규장각 의궤 이야기다. '외규장각'은 정조가 만든 국립도서관의 별관으로 지금의 강화도에 있었다. 그리고 '의궤'는 왕실의 여러 이벤트의 진행 순서, 절차 등을 그림으로 그려 놓은 책이다. 그런데 1866년 프랑스군이 강화도를 공격해 들어와서(병인양요) 이 외규장각 도서를 싹 다 불태우고 의궤 등 돈이 될 만한 책들만 프랑스로 들고 간다. 맞다. 도둑질이다.

우리나라 정부는 프랑스 TGV를 한국형 고속철로 받아들이는 대신 프랑스가 약탈해 간 외규장각 의궤를 돌려달라고 한다. 프랑스도 처음엔 오케이를 한다. 왜? 당시 프랑스 정부는 한국의 고속철 사업권을 따내기 위해 나라의 국운을 걸었을 정도였다. 프랑스가 의궤를 돌려준다고 하니까 우리는 덜컥 프랑스와 계약서에 도장을 찍었다. 그런데 막상 도장을 찍고 나니 프랑스의 태도가 달라졌다. 완전 반환이 아니라 '영구 임대'니 '의궤도 동급인 다른 한국의 역사적 도서를 대신 프랑스로 보내야 한다느니' 등. 할 얘기는 정말 많고 길지만 다행히도 지금은 우리나라에 반환되어 서울 국립중앙박물관에 있다.

1968년 9월 28일, 서울 청와대 뒤편의
북악스카이웨이가 개통됐다.

이게 세계사와 관련이 있다고? 있다. 바로 같은 해인 1968년 1월 21일, 북한은 31명의 무장 게릴라를 서울 도심 한복판까지 보내 당시 박정희 대통령과 정부 요인의 암살을 시도했다. 이들은 세검정까지 무장한 채로 내려왔다. 세검정이 어디인지 모르시는 분들을 위해 설명을 드리면, 막말로 세검정에서 '악!' 소리를 지르면 청와대에서 들릴 정도로 가까운 거리다. 대한민국, 위기의 순간이었다!

다행히 세검정 등지에서 우리 군경이 이들 북한 게릴라를 무력으로 진압 성공한다. 당시 북한 김일성은 뭘 잘못 먹었기에 이런 무모한 결정을 내렸을까? 바로 북한의 형제 국가라 할 수 있는 쿠바의 영향을 많이 받았다. 쿠바는 피델 카스트로라는 인물이 80명의 무장 게릴라만 가지고 혁명을 성공시켰다. 겨우 80명만 가지고! 아시다시피 카스트로와 김일성은 서로 형 아우 하면서 절친도 그런 절친이 없었다. 김일성은 생각했겠지. '카스트로도 80명 가지고 쿠바혁명에 성공했는데 나라고 못 하라는 법이 어디 있어?'라고. 그리고 실제로 무장 게릴라를 서울로 침투시킨 것이다. 다행히 실패로 돌아갔지만.

이 무장공비 사태 이후 우리 정부는 여러 가지 조치를 실시한다. 주민등록증 발급, 학교의 교련 실시, 군 복무 기간 연장 등. 그리고 만든 것이 바로 북악스카이웨이다. 왜? 나름 청와대 뒷산에 청와대를 방어할 수 있는 일종의 바리케이드를 만든 것이다. 뻥 뚫린 도로가 있으면 공비들이 숨을 것도 없고 실제 교전이 일어나도 진압하기 쉽기 때문에.

1938년 9월 29일, 히틀러가 2차 대전을 일으킬 용기를 불어넣어 준 뮌헨 협정이 독일 뮌헨에서 시작됐다.

1933년 나치당으로 독재를 시작한 아돌프 히틀러. 그 인간의 1차적 목표는 이거였다. '먼저 유럽에 살고 있는 게르만족(독일 민족)들을 하나로 뭉치자.' 그래서 맨 처음 한 것이 자기의 고향이자 독일계 국가였던 오스트리아를 강제로 합병해 버린다. 영국과 프랑스 등은 두려운 눈으로 그 모습을 지켜보고 있었다. '히틀러 저 인간 또다시 큰 전쟁 일으키려는 것이 아닌가?' 하면서. 그러나 '에이, 아닐 거야. 1차 대전 끝나고 독일 패망한 지 얼마 됐다고 또 전쟁 일으키겠어?'란 생각에 그냥 넘어갔다.

그런데! 이번엔 히틀러가 당시 체코슬로바키아 안에 있는 주데텐란트라는 독일계 주민 거주 지역도 강제로 합병하려고 했다. 여기에 놀란 영국과 프랑스가 제동을 건다. '야! 히틀러. 너 정말 선을 넘을래? 그래, 좋아! 주데텐란트까지만 먹고 더 이상 유럽 땅따먹기는 없다! 오케이?'라고. 히틀러는 동의했다. 그리고 독일 뮌헨에 영국 총리 등과 함께 모여 회의를 시작한다. 그것이 바로 뮌헨 협정이다.

히틀러는 그 약속을 지켰을까? 그럴 리가. '역시 영국, 프랑스 등은 이빨 빠진 호랑이야. 내가 하자는 대로 끌려다니잖아. 하하' 하고 몇 개월 후 바로 2차 세계 대전을 일으킨다. 그래서 세계사에선 이 뮌헨 협정을 역사상 가장 X 같은 협정으로 기록하고 있다.

1963년 9월 30일, 헤이그 밀사 이준 선생의 유해가
네덜란드에서 고국으로 56년 만에 돌아왔다.

그리고 서울 수유리에 안장되셨다. 알다시피 1905년 대한제국은 일본에 외교권을 빼앗겼다. 외교권을 빼앗겼다는 건 '주체 독립적인 나라가 아니다'란 뜻에서 그때 우리나라는 사실상 일본 식민지가 된다. 문제는 외교권을 넘긴다는 문서에 고종 황제는 도장을 안 찍었다는 것. 이른바 이완용을 비롯한 을사오적이 허위로 도장을 대충 찍고 넘어가 버렸다. 격분한 고종은 2년 후인 1907년 네덜란드 헤이그에서 열리는 국제평화회의에 이준, 이위종, 이상설을 특사로 보낸다. 을사늑약은 무효라고 국제 사회에서 주장하기 위해. 우리 특사들은 회의장 안에도 들어가지 못한다.

왜? 그게 국제 사회의 힘의 논리였거든. 말이 좋아 국제평화회의지, 이미 당시 일본은 동아시아 패권 국가로 많이 컸고 국제 사회도 그걸 인정해 줬다. 왜? 1904~1905년 벌어진 러일전쟁에서 일본이 승리했거든. 국제 사회도 '대한제국을 먹고 싶다고? 일본 너희 맘대로 해'라고 동의를 해 준 상태. 그런 상황에서 이준 열사 등 우리 측 특사를 헤이그장에 들여보내 줄리 없지. 이준 열사는 그런 사실에 격분해 자결했다고 한동안 알려져 있었으나, 사실은 오랜 여행 끝에 병을 얻어 네덜란드 현지에서 병사하셨다는 것이 밝혀졌다. 한 많은 삶을 이역만리 네덜란드 땅에서 마치신 이준 선생이 오늘 9월 30일, 꿈에 그리던 고국 땅으로 돌아오셨다.

Oct. 9

볼리비아
혁명가
체 게바라 사망

Oct. 4

소련

세계 최초의
인공위성 발사

Oct. 14

우리나라

제2회
아시안컵 대회

10월

1924년 10월 1일, 미국 제39대 대통령 지미 카터가
미국 조지아주에서 태어났다.

한국인들에게 지미 카터 하면 제일 먼저 떠오르는 이미지는 바로 1994년 한반도에서 핵전쟁이 일어나네 마네 하던 위기 상황에서, 북한 평양에 가 김일성과 단판 협상을 벌이고 대동강에서 함께 보트를 타던 모습, 즉 평화의 사도 이미지일 것이다. 맞다. 지미 카터는 평생을 '인권 대통령, 평화 대통령'의 이미지를 가지고 살았다. 본인도 그것을 원했다.

문제는 그게 다였다는 것. '베트남전을 반대한다! 미군이 해외 주둔하는 것도 반대한다! 그래서 나 지미 카터는 주한미군을 철수시키겠다!'란 공약으로 1976년 대통령에 당선된다. 다행히도 이 공약은 미 의회의 반대로 무산되었지만 당시 우리나라 박정희 정부의 충격은 장난이 아니었다. 한국 정부는 이후 더욱더 '자주국방'에 올인하게 된다.

당연히 당시 박정희 대통령과 지미 카터는 정말 사이가 안 좋았다. 1979년 지미 카터 미국 대통령이 우리나라를 방문했을 때 청와대에서 정상회담을 하던 중 두 대통령이 '말싸움' 끝에 서로 기분이 상해 카터 대통령이 회담 자리를 박차고 나온 건 유명한 일화다. 당시 미국 정계에서도 말이 많았다. '카터가 외교의 외 자도 모르는 대통령이다. 한국을 저렇게 대해서는 안 된다'란 비판이. 결국 1980년 대선에서 '외교 강화! 동맹 강화!'를 공약으로 내건 레이건 후보한테 지고 만다. 미국에서는 재선에 성공 못하고 단임으로 끝나면 '참으로 능력 없는 대통령'으로 불쌍하게 생각한다.

1535년 10월 2일, 프랑스 탐험가 자크 카르티에가 지금의 캐나다 몬트리올에 도착했다.

맞다. 지금의 캐나다에 상륙한 첫 유럽인은 '공식적으로는' 프랑스인들이었다. 그리고 캐나다는 프랑스의 식민지가 된다. 하여간 대서양 건너 미지의 대륙 탐사를 시작한 카르티에는 지금의 캐나다 퀘벡 지역에 상륙한다. (국명 '캐나다'의 시작은 이 책의 7월 1일 글에서 다시 확인하자.)

그 후 프랑스인들은 꾸준히 새로운 대륙으로 이주를 한다. 그리고 처음 카르티에가 상륙한 퀘벡, 그리고 그 중심 도시인 몬트리올에 '새로운 프랑스(뉴프랑스)'를 세운다. 당연히 당시 공용어는 프랑스어. 이렇게 새로운 프랑스 식민지를 건설한 후 잘 살던 프랑스인들은 나중에 1750년경 지금의 미국 땅에서 시작된 영국과의 전쟁에서 지고 만다! 그 전쟁에서 지면서 캐나다는 영국 식민지가 된다. 그리고 공용어에 영어가 추가된다. 아니, 제1공용어가 영어가 되고, 프랑스계 주민들이 몰려 살던 퀘벡 지방에만 프랑스어가 공용어로 인정된다.

지금도 캐나다 퀘벡에 가면 영어보다 프랑스어를 쓰는 주민들을 많앙 볼 수 있다. 아메리카 대륙 안의 프랑스인 것이다.

1993년 10월 3일, 보리스 옐친 러시아 대통령이
반정부 시위대에 맞서 국가 비상사태를 선포했다.

자, 소련에서 러시아로 이어지는 러시아 현대사 얘기를 간단히 하겠다. 소련의 실질적 마지막 지도자였던 미하일 고르바초프. 나름 개혁 개방 정책을 펼쳤지만 문제는 전혀 준비가 없었다는 것. 소련은 경제, 정치 모든 부분이 다 곤두박질치고 통제 불능이 된다. 이런 가운데 개혁 개방에 엄청나게 반대를 했던 소련 공산당이 고르바초프를 쫓아내기 위해 반란을 일으킨다! 이 반란을 진압한 사람은 당시 러시아 대통령 보리스 옐친이다. (기억이 안 나면 이 책의 4월 23일 글을 다시 읽어 보자.) 아, 당시 러시아는 소련을 구성하는 여러 공화국 중 하나였다. 대한민국으로 치면 경기도지사 정도.

반 공산당 구호를 외치며 민중을 이끌고 공산당의 반란을 진압해 버린다! 당연히 옐친의 인기는 하늘을 찌르고! 그를 바탕으로 이미 통제 불능의 소련 권력을 넘겨받고 새로운 러시아 연방을 건국한다. 그러나 '모든 건 다 소련의 반대로 한다' 정책을 강행 즉, 너무나 급진적인 미국화와 자본주의를 추진한 게 문제였다. 아무런 준비도 없이.

물가는 말도 안 되게 폭등하고 경제는 소련 때보다 더 난장판이 된다. 국민들은 당연히 '옐친 물러나라!' 시위를 벌였다. 옐친은 탱크를 동원해 시위를 진압한다. 1993년 10월 3일이 그 시작이었다. 당시 러시아 의회는 옐친 대통령을 탄핵한 상황, 옐친은 군부대를 데리고 의회를 포격하고 장악했다. 시위를 무력 진압해 사상자도 크게 발생했다.

1957년 10월 4일, 인류 최초의 인공위성인
소련의 스푸트니크호가 발사됐다.

스푸트니크는 러시아어로 '동반자'란 뜻. 1950년대 들어 미소 양국은 서로 '누가 먼저 위성을 우주로 보내나' 경쟁에 들어간다. 원래 소련은 아주 정밀하고 복잡한 '고급 위성'을 준비하고 있었는데 경쟁자 미국이 위성을 거의 만들어 간다는 소식을 듣고 결심한다. 아주 최소한의 기술로 만든 최대한 간단한 '기본 위성'을 일단 우주에 띄우자고.

그리고 지름이 겨우 58센티밖에 안 되는 축구공 모양의 위성을 급하게 만들어 우주로 띄우는 데 성공한다. 1957년 10월 4일이었다. 미국은 크게 놀랐다. '소련 따위가 우리 미국을 앞서?'란 충격을 받은 것. 그러나 더 충격적인 일이 있었다. 스푸트니크 위성이 하루 두 번 미국 수도의 상공을 지나갔는데 그때마다 신호를 바꿨다고 한다. 평소에는 '삐…… 삐…… 삐……'란 신호를 보내던 것이 미국 상공에선 '푸하하하하하하(우주 신호로는 xaxaxaxa, 웃음소리를 뜻함)!'로 바꾼 것.

수치심과 분노에 휩싸인 미국은 이 수모를 삭기 위해 10년을 준비한다. 그리고 '너희 소련이 인류 최초의 위성을 만들었니? 우리는 인류 최초로 인간을 달에 보낸다!'라며 아폴로 프로젝트를 성공시킨다. 지금 와서 보면 조금 유치한 경쟁이다.

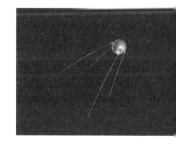

미국 국립항공우주박물관에 보관된 스푸트니크 1호 모형
(Public domain | Wiki Commons)

2011년 10월 5일, 애플의 창업자 스티브 잡스가
췌장암으로 사망했다. 56세였다.

스티브 잡스에 대한 얘기는 워낙 많이 알려져 있기 때문에 여기서는 그나마 좀 덜 알려진 부분을 소개할까 한다. 알다시피 잡스는 애플을 차고에서 시작했다. 집에 있는 차고 말이다. 사실 잡스에게 차고는 정말 소중한 공간이었다. 그는 어렸을 때 사고뭉치였다. 학교 선생님 의자 밑에 사제 폭탄을 설치해 터뜨리기도 하고, 살충제를 먹고 죽을 뻔한 일도 있었다.

잡스의 양아버지는 혹시 이 어린 아들이 자기가 입양되었다는 사실 때문에 스트레스를 받아 저러나 싶어 하루는 자기 집 차고에 잡스를 부른 후 망치를 주고 안에 있는 공구들, 기계들을 마음껏 부수라고 한다. 잡스는 아빠가 시키는 대로 망치로 기계들을 부쉈다. 그리고 그 기계들이 각자 부품들로 만들어졌다는 것을 알고 관심을 가지게 된다! 그 부품들을 하나하나 다시 조립하기 시작한 것!

심지어 어떤 전자제품을 조립하다 부품이 하나 없다는 것을 알아내고 그 제조사 대표에게 직접 전화를 걸어 부품을 달라고 요구한다. 그 제조사는 미국의 대표 컴퓨터 기업인 HP(휴렛 팩커드)였다. 이 당돌한 꼬마의 전화를 받은 HP의 대표는 어린 잡스를 방학 동안에 본사로 불러 알바까지 시켜 줬다. 나중에 애플을 창업한 후 잡스는 그때를 돌이켜 보며 이런 말을 했다. '내 인생의 시작은 집 안의 차고였다. 차고가 없었으면 오늘날의 내가 없었을 것이다'라고.

1973년 10월 6일, 제4차 중동전쟁이 이날 발발했다.

4차전이 일어났다는 건 그 앞에 1~3차가 있었다는 것이지. 자, 보자. 중동전쟁은 기본적으로 '이스라엘 vs 이스라엘이 싫은 아랍 국가들'의 전쟁이었다. 1차는? 이스라엘 승. 2차는? 아랍 승. 3차는? 다시 이스라엘 승.

자! 이제 마지막 4차전! 양측 다 목숨을 건 전면전이었다. 누구 한쪽은 지구상에서 사라져야 하는 총력전이었다. 일단 이집트가 주축이 된 아랍 연합군이 먼저 공격을 날렸다. 욤 키푸르라는 이스라엘 유대교의 기념일이었다. 그날은 유대교 신자들은 다 신께 기도를 올리느라 방심한다는 것을 노렸다. 이스라엘은 격분했다. 그리고 바로 모든 걸 다 동원한 반격에 나선다.

아랍 연합국도 질 수 없었다. 먼저 중동전에서 '미국은 빠져!' 경고를 했다. 왜? 당시 미국은 이스라엘을 지원해 주고 있었거든. 경고에도 불구하고 미국이 계속 이스라엘 편을 드니 아랍국은 최후의 카드를 꺼냈다. '원유 생산 중단'이란 카드. 당시 아랍국은 대부분 원유 생산국들이었다. 원유 생산을 확 줄여 버리면 국제 시장에서 원유 가격은 폭등하겠지. 그리고 그 기름을 가지고 경제를 굴리던 미국은 큰 타격을 입겠지. 이런 계산이었다.

실제 원유 가격은 폭등했고 미국 경제를 뒤흔들어 놓았다. 이 석유 파동 이후 미국은 처음으로 느꼈다. '석유가 무기로도 쓰일 수 있구나' 하는 깨달음. 이 전쟁 결과는 어찌 되었냐고? 이스라엘 편을 든 미국과 아랍 편을 든 소련과의 충돌로 핵전쟁 직전까지 갔다가 부담을 느낀 미국과 소련이 극적으로 양측을 중재해서 실질적인 무승부로 끝났다.

1979년 10월 7일, 전 중앙정보부장 김형욱이
프랑스 파리에서 실종됐다.

1961년 박정희가 주도한 5·16 군사 정변에 참여하면서 박정희 정권의 실권자로 승승장구했다. 중앙정보부장으로 일하면서 박정희 정권에 반대하는 인사들을 무자비한 고문 등으로 탄압했다. 그러나 영원한 권력은 없는 법. 김형욱은 1967년부터 박정희의 3선 개헌(헌법을 바꿔 대통령을 세 번이나 하게 만들어 준 것)을 주도적으로 추진했는데 막상 이게 성공하자 박정희는 김형욱을 바로 '팽' 해 버린다. 더 이상 쓸모가 없었던 것. 토사구팽.

여기에 격분한 김형욱은 1973년 미국으로 망명해 버린다. 그리고 미국에서 박정희 정권의 치부를 폭로하는 자서전을 쓰기 시작한다. 당연히 박정희 정권은 이런 김형욱을 말리기 위해 치열한 첩보전을 펼친다. 그러나 김형욱은 아랑곳하지 않고 미 의회 청문회에까지 나가서 박정희 정권의 실상을 고발한다. 영화 〈남산의 부장들〉에 잘 묘사되어 있다.

문제는 박정희 정권은 이런 눈엣가시 김형욱을 프랑스 파리로까지 유인해서 납치해 버리는데…… 그것이 1979년 10월 7일이었다. 이후, 그가 어찌 되었는지 정확히 밝혀진 것은 없다. 필자가 조연출로 참가한 신상옥 감독의 〈증발〉도 김형욱 실종 사건을 그린 영화다. 〈증발〉에선 파리에서 납치된 김형욱이 화물기에 실려 한국으로 압송된 후 청와대 지하실에서 박정희에 의해 사살되는 것으로 그려진다. 무엇이 진실일까? 오늘 영화 〈증발〉을 한번 보는 건 어떨까? 20대 앳된 얼굴의 조감독 썬킴도 볼 수 있다.

1895년 10월 8일, 명성황후 민씨가
일본에 의해 피살된 을미사변이 일어났다.

한 국가의 왕비가 궁궐 안에서 외국군에 의해 살해된, 세계사에서 유래를 찾을 수 없는 천인공노할 사건이었다. 왜 일본은 이런 무리수까지 두면서 명성황후를 죽여야만 했을까? 1년 전인 1894년으로 가 보자. 그해 청나라와 일본은 우리 조선의 주도권을 놓고 서로 싸운다. 청일전쟁이다. 결과는? 일본의 대승.

일본은 승리의 대가로 대만과 요동반도(압록강 바로 위)를 청나라로부터 빼앗아 간다. 그런데 갑자기 러시아가 등장해서 '어이, 일본. 좋은 말 할 때 요동반도는 청나라한테 돌려주지?'라고 협박을 하네! 왜? 러시아는 이미 시베리아 횡단 철도 건설 등 만주 지역까지 세력을 넓히고 있는데 갑자기 일본이 만주 지역의 노른자 땅인 요동반도를 꿀꺽해 버리는 것을 보고 있을 수 없었다.

러시아는 주변 친구(?) 국가들인 프랑스와 독일까지 끌어들였다. 세 나라가 동시에 일본을 압박했다. 일본은 피눈물을 흘리면서 요동반도를 청나라에게 돌려준다. 이 상황을 가만히 보던 고종, 아니 정확하게는 그 부인인 명성황후가 '우리 조선과 왕실이 살 수 있는 길은 러시아와 손잡는 것이다'라고 판단했다. 러시아와 손을 잡는 조선을 보고 일본은 '요동반도까지 빼앗겼는데 까딱 잘못하면 조선까지 빼앗기겠다. 이거 누가 주도하는 거야? 고종? 그 왕은 아니야. 그럼 누구? 바로 그 부인 명성황후다! 그 여자를 죽이자!'란 결론을 내린 것. 명성황후는 정말 똑똑한 여인이었다. 《삼국지》와 《사기》를 달달 외울 정도로 정치와 역사에 정통했다고 하지.

1967년 10월 9일, 아르헨티나 출신 쿠바 혁명가 아니, 세계사에서 가장 위대한 혁명가 체 게바라가 사망했다.

아니, 총살당했다. 앞에서도 언급했지만(6월 14일 글) 이 위대한 혁명가의 삶을 좀 더 자세히 들여다보자. 아르헨티나의 괜찮은 중산층 집안에서 태어났다. 어릴 적부터 자기를 괴롭혔던 천식의 치료 방법도 찾고 또 자기를 친엄마처럼 보살펴 주신 할머니가 병에 걸려 돌아가시는 걸 보고 의사가 되려고 의대에 진학했다. 의대에 다니면서도 소외된 원주민들, 그리고 사람들이 기겁하며 근처에도 안 가던 나병 환자들을 치료해 주는 등 자기보다 남을 위한 삶을 살아간다.

그러던 중 남미의 수많은 나라 민중들이 자본주의, 특히 미국 기업의 착취에 신음한다는 것을 알고 결심한다. 정의를 위해 싸우는 혁명가가 되기로. 그 과정에서 평생의 동반자 피델 카스트로를 만난다. 당시 쿠바는 바티스타란 친미 독재자가 민중을 착취하던 시기. 쿠바혁명을 도와달라는 카스트로의 제안에 게바라는 흔쾌히 받아들였고 결국 이들은 1959년 혁명을 성공시킨다. 이제 편하게 살 수 있었음에도 게바라는 1965년 '아직 혁명은 끝나지 않았다'란 말을 남기며 홀연히 쿠바를 떠났고, 이후 남미 볼리비아 정글로 들어가 볼리비아 독재 정권과 맞서 싸우다 사살당한다.

물론 그가 꿈꾸었던 모두가 평등한 사회는 현실을 모르는 망상가의 무모한 도전이었을 수도 있다. 하지만 이런 혁명가의 무모한 도전이 있었기에 오늘날 많은 이들이 가슴속에나마 꿈과 희망을 가질 수 있지 않을까?

320

1911년 10월 10일, 중국에 공화국이 탄생하게 된
첫 계기인 우한봉기가 일어났다.

2천 년 동안 왕과 황제가 지배했던 중국이 역사 속으로 사라지게 된 계기! 자, 당시 중국 청나라로 가 보자. 청나라는 1840년 아편전쟁 때 영국에 박살이 난 이후부터 나라로서 구실을 제대로 못 하던 상태였다. 당연히 영국 등 서구 열강들은 중국은 반식민지로 만들면서 여러 이권들을 강탈해 가고 있었지.

청나라 정부도 나름 그런 열강들의 중국 식민지화를 막아 보려고 마지막 카드 하나를 던진다. 바로 철도 국유화. 영국 등 서구 열강이 이미 중국 대륙에서 추진하던 민간 철도 사업에 브레이크를 걸고 '잠깐! 이제부터 철도는 청나라 정부가 만들겠다!' 선언한 것. 그런데 문제는 이미 중국의 수많은 민중들이 민간 철도 건설 '주식'을 산 상태. 그런 와중에 청나라 정부가 갑자기 '어이! 이제 철도는 나라가 건설한다. 여러분들이 투자한 돈은 철도 다 완공된 후 갚아 준다'란 말을 하네. 청나라 국민들은 아우성을 쳤다.

철도에서 시작된 갈등이 순식간에 '대다수 한족 vs 만주족 청나라 정부'의 대결로 번지고 만다. 그러다가 사천성에서 첫 민중 봉기가 일어나고 말았다. 사천성에서 가장 가까웠던 곳이 바로 우한이란 곳. 우한에 주둔하던 청나라 정부군이 출동하면서 우한은 텅 빈 도시가 되고 만다! 그때를 노리고 '만주족 청나라는 물러나라!'라며 한족 혁명 세력이 우한을 점령한다! 한족 주도의 공화국 혁명의 시작이었다.

2018년 10월 11일, 세계 최대 수산시장이었던 도쿄의 쓰키지 시장이 문을 닫고 도요스 시장이 새로 개장했다.

우리에게도 잘 알려진 수산시장이었다. 뭐, 일본판 노량진 수산시장이라고 해서 도쿄에 놀러간 사람들이 싱싱한 초밥과 회를 먹으러 꼭 방문하는 코스였지. 지금 그 추억의 쓰키지 시장은 문을 닫고 도쿄 앞바다의 인공섬에 새로 만든 도요스 시장으로 시장 전체를 옮긴 후 2018년 10월 11일 다시 문을 열었다. 그런데 필자가 왜 쓰키지 시장을 여기서 언급하나……궁금하시지?

쓰키지 시장이 있던 그 자리는 원래 일본해군학교가 있던 자리다. 해군학교(우리의 해군사관학교)뿐 아니라 그 일대에는 메이지 유신 이후부터 일본해군성 등 일본 해군 관련 핵심 시설들이 다 모여 있었다. 그게 뭐가 중요하냐고? 중요하지. 일본이 우리나라를 무력으로 병합하고 식민지로 만들었던 주요 핵심 정책의 인물들 상당수가 그 학교 출신이니까. 뿐만 아니라 태평양 전쟁을 일으키고 주도했던 수많은 전범들도 그 학교 동문들이다.

몇 명만 예로 들어 볼까? 니구모 주이치. 태평양 전쟁의 시작을 알린 진주만 기습을 주도한 인물이다. 야마모토 이소로쿠. 진주만 공습 아이디어를 처음 꺼낸 인물이자 태평양 전쟁 전부를 이끈 일본 해군 총사령관이다. 이제 우리 역사와도 관련된 인물 하나. 바로 사이토 마코토. 제3대 조선 총독이다. 3·1 만세 운동 직후 우리나라에 부임해 온 조선 총독이다. 이 총독 때문에 독립투사 강우규 의사, 송학선 의사가 서대문 형무소에서 순국하셨다. 그리고 그 악명 높은 문화 통치를 실시한 총독이다. 조선어 신문, 잡지, 조선어 사용 등을 다 허용해 줬다. '통치만 일본이 하고 나머지는 조선인들이 다 알아서 하세요'가 기본 정책. 좋은 거 아니냐고? 아니지! 이때부터 수많은 친일파와 변절자들이 생겨났다고. 영화 〈암살〉에서 그 유명한 대사가 있잖나. '해방될지 몰랐으니까'란 말. 그 말이 사이토 총독하에서 생긴 말이다.

1492년 10월 12일, 탐험가 크리스토퍼 콜럼버스가 대서양에서 헤매다가 지금의 서인도제도에 상륙했다.

이것을 유럽 등 서구에선 '콜럼버스의 신대륙 발견'이라고 하는데 절대 그렇지 않다. 철저히 유럽식 관점에서 본 주장이다. 신대륙이라고 하면 이미 그 이전에 거기서 살던 선주민들은 뭐가 되는 건가? 그리고 콜럼버스가 지금의 아메리카 대륙을 찾아서 항해를 시작한 것도 아니라 인도를 찾아 출발한 것이다. 즉, 인도를 찾다가 엉뚱하게 지금의 아메리카에 상륙한 것이니 '표류'가 더 정확한 표현이다.

콜럼버스는 제노바, 지금의 이탈리아 사람이었다. 그는 지구가 둥글다는 것을 알고 있었다. 그래서 유럽에서 출발해 계속 서쪽으로 가면 언젠가는 지구 반대편 인도로 갈 수 있다고 믿었다. 그래서 스페인의 지원을 받아 1492년 '인도 찾아 삼만 리' 여정에 들어간다. 문제는 인도가 얼마나 멀리 떨어져 있는지는 몰랐던 것. 가도 가도 안 나오니 선원들이 반란까지 시도했다. 하지만 콜럼버스는 조금만 더 가 보자며 설득했다. 왜? 인도에 도착해서 엄청난 향신료를 싣고 다시 유럽으로 돌아와 떼부자가 될 생각을 쉽게 포기할 수가 없었지.

그렇게 겨우겨우 지금의 서인도제도에 도착했다. 그곳을 인도로 착각하고 선주민들을 '인디오(영어로는 인디언)'라고 부르기 시작했다. 콜럼버스는 죽을 때까지 자기가 표류한 그곳을 인도라고 생각했다. 이런 이유로 지금의 미 대륙의 선주민을 인디언이라고 부르는 건 옳지 않다.

아메리카 대륙에 도착한 콜럼버스
(Public domain | Wiki Commons)

2016년 10월 13일, 태국의 제9대 왕
푸미폰이 88세로 사망했다.

태국 왕은 절대 군주다. 태국 헌법상 국왕을 모독하면 3년 이상의 유기 징역에 처해지는데 최대 징역 50년까지 처해진 경우도 있다. 태국 국왕 사진을 손가락으로 가리켜서도 안 되고 국왕 얼굴이 있는 지폐를 밟아서도 안 되고 국왕 앞에선 서 있어도 안 되고 기어서 가야 한다. 이 정도면 거의 북한급 우상화다.

태국은 입헌군주제, 즉 왕은 있으나 실제 통치는 의회와 총리가 해야 하는 국가다. 그런데 어찌 이런 일이……! 간단히 설명하겠다. 태국은 예전부터 왕이 다스리던 왕국이었다. 처음에는 국왕이 지금처럼 신적인 존재는 아니었다. 그런데 1947년 군부가 쿠데타를 일으키고 정권을 잡는다. 할 일이 없어진 국왕은 지방 순시, 주민들의 목소리 청취, 수해 복구 현장 방문, 농촌개발운동 장려 현장 방문 등만 했는데, 그게 놀라운 반전을 일으킨다! 국민들 눈엔 부패한 군부보다는 국민들을 생각해 주는 국왕이 진정한 태국의 지도자로 보이기 시작한 것! 이에 놀란 군부는 국왕과 신기한 타협을 한다. '당신을 절대 신으로 만들어 줄 테니 우리 군부의 장기 집권을 도와달라'란 타협을! 당시 국왕이었던 푸미폰 국왕도 오케이를 한다.

그리고 군부는 장기 집권에 들어간다. 민간인 총리가 마음에 안 들면 군부는 바로 쿠데타! 푸미폰 국왕이 왕위에 오른 후 무려 열다섯의 군부 쿠데타가 있었다. 그럴 때마다 국왕은 군부를 지지했다. 군부는 그 보답으로 국왕 푸미폰을 더욱 신격화해 줬다. 이게 지금 태국 국왕이 신이 된 배경이다.

1960년 10월 14일, 서울 효창운동장에서
제2회 아시안컵 축구 대회가 열렸다.

이 얘기는 꼭 해야겠다. 원래 효창운동장은 그 자리에 운동장이 들어와서는 안 된다. 그 자리는 정조의 큰아들인 문효세자의 무덤인 효창원이 있던 곳이다. 문효세자가 태어났을 때 정조는 '이제야, 아비 소리를 들을 수 있겠구나'라며 아주 기뻐했다고 하지. 하지만 정조가 그렇게 예뻐했던 문효세자는 불과 5살에 홍역으로 죽고 만다. 문효세자의 엄마는 의빈 성씨. 정조의 첫사랑이었다. 의빈 성씨도 일찍 죽고 만다. 하늘이 무너질 것 같았던 정조는 문효세자와 의빈 성씨의 무덤을 한양 도성에서 가까운 곳에 마련한다. 언제든지 가서 볼 수 있게. 그곳이 바로 효창원. 그런데 일제가 우리나라를 식민지로 만들어 버린 후 이 효창원에 골프장을 만들어 버린다! 한강 근처라 풍경이 좋다는 이유로 한 나라 왕세자의 묘를!

우리가 해방된 후 귀국한 김구 선생은 일제에 의해 훼손된 효창원을 바로잡기 위해 그 자리에 독립투사 세 분의 묘를 만드신다. 바로 이봉창, 윤봉길, 백정기 의사의 묘, 즉 '삼의사묘'다. 그리고 그 옆에 안중근 의사의 가묘를 하나 더 만드신다. 나중에 안중근 의사의 시신을 수습하면 그때 정식으로 모시자고 해서. 그 옆엔 김구 선생 자신의 묘도 있다. 즉, 대한민국 임시정부의 국립묘지와 같은 곳이다. 그런데 초대 대통령 이승만의 눈에는 이 효창원이 거슬렸다. 왜? 자기의 정치적 라이벌인 김구 라인이 싹 다 거기에 누워 계시니. 그래서 그곳에 일제 골프장을 뛰어넘는 운동장을 만들어 버린다. 지금의 효창운동장이다. 원래 운동장이 있어서는 안 되는 자리다. 아, 참고로 제2회 아시안컵 축구 대회에서 우리나라가 우승했다.

1917년 10월 15일, 1차 대전 당시 이중 스파이 노릇을 한 네덜란드 여인 마타 하리가 총살됐다.

네덜란드 사업가 집안의 딸로 태어났지만 아버지가 사업을 실패한 후 고난의 행군을 겪는다. 단지 입에 풀칠하기 위해 당시 네덜란드 식민지였던 인도네시아에서 복무하던 네덜란드 군인과 결혼한다. 그러나 사랑이 없던 그 결혼은 실패로 돌아가고. 다시 유럽으로 돌아온 마타 하리는 프랑스 파리에서 코르티잔(고위층을 상대로 성매매를 하던 여성들)으로 활동한다. 그리고 예명을 마타 하리로 바꾼다. 원래 본명은 마그레타 젤러였다. 마타 하리는 인도네시아어로 '여명의 눈동자'란 뜻.

이국적인 외모와 인도네시아에서 배워 온 현지 춤을 추면서 파리의 고위층 인사들에게 접근한다. 이때 독일군 측에서 마타 하리에게 접근한다. 프랑스군 장교들에게 접근해 정보를 빼 주면 거액을 주겠다고 하면서. 돈 때문에 이 세계에 들어온 마타 하리는 당연히 오케이. 그러나 프랑스군 장성들에게 빼돌린 정보는 정말 사생활 정보뿐이었다. 그런데 마타 하리가 독일의 스파이 노릇을 한다는 것을 눈치챈 프랑스는 억제하고, 독일 측 정보를 넘겨주면 더 큰 돈을 주겠다고. 이렇게 마타 하리는 독일과 프랑스 사이에서 이중 스파이 활동을 하기 시작한다. 물론 독일에서 빼돌린 정보도 아무 가치가 없었다. 이용 가치가 떨어진 마타 하리. 프랑스 당국에 체포되어 1917년 10월 15일, 파리 근교에서 총살형을 당한다. 마지막 유언은 '그 총 무겁지 않아요? 빨리 쏘세요'였다고.

마타 하리
(Public domain | Wiki Commons)

1793년 10월 16일, 프랑스 왕 루이 16세의 왕비
마리 앙투아네트가 단두대에서 처형됐다.

사치와 낭비의 대명사로 알려져 있는데 사실 그렇지 않다. 앙투아네트는 억울하다. 여기서 그녀를 위한 변명 하나를 하겠다. 앙투아네트가 사치의 대명사가 된 계기는 바로 그녀가 무려 600여 개의 다이아몬드가 박힌 목걸이를 하고 다녔다는 소문 때문이었다. 자, 이제 해명의 시간. 루이 16세 전 국왕은 당연히 루이 15세겠지. 루이 15세에겐 뒤바리란 이름의 애인이 있었다. 이 애인에게 푹 빠진 루이 15세는 그녀의 환심을 사려 파리의 보석상에게 다이아 600개가 박힌 목걸이를 주문한다. 그런데 이 목걸이가 완성되기 전에 루이 15세가 죽는다! 뒤바리 부인은 궁에서 쫓겨나고.

가장 큰 멘붕(멘털 붕괴)이 온 사람은? 바로 목걸이를 만들던 보석상. 그 비싼 목걸이를 만들고 있었는데 이제 돈 줄 사람이 사라진 것이다! 처음에 보석상은 새로 왕비가 된 앙투아네트에게 접근한다. 대신 목걸이를 사라고. 그러자 앙투아네트는 이런 말을 했다지. '그 돈이면 프랑스 해군 군함을 사겠어요'란 말. 이런 절망적인 상황에서 라모트 부인이란 귀부인이 접근한다. 그 목걸이가 정말 갖고 싶었던 부인이었다. 라모트 부인은 로앙 추기경(당시 앙투아네트에게 찍혀서 하루빨리 왕비의 용서를 받고 싶던 사람이었다)에게 접근해 사기를 친다. '앙투아네트 왕비께서 그 다이아 목걸이를 정말 갖고 싶어 해요. 그 목걸이를 선물로 드린다면 왕비는 당신을 용서해 주실 겁니다. 마침 내가 왕비와 아주 친하거든요. 제가 중간에서 다리를 놔 드릴게요'란 사기를!

사실 라모트 부인은 왕비와 전혀 친하지 않았다! '직접 왕비를 보고 말씀드리고 싶소'란 추기경의 요구에 왕비와 비슷하게 생긴 하녀를 분장해서 왕비인 척 연기까지 하게 한 라모트 부인. 결국 추기경은 거액의 돈을 주고 그 목걸이를 사서 라모트 부인에게 건네주고…… 라모트 부인은 영국으로 튀어 버리고…… 추기경은 파산해 버리고…… 왕비는 이 모든 사기극에 분노하고……. 문제는 이 사기극이 와전되어 군중들 사이에서 '앙투아네트 왕비가 거액의 목걸이를 차고 다닌다! 우리는 굶어 죽고 있는데!'란 소문이 돌기 시작한 것. 결국 이 잘못된 소문이 다른 여러 요인들과 함께 프랑스 혁명을 일으켰고, 앙투아네트는 단두대에서 죽는다. 억울할 것이다.

비제 르 브룅이 그린 마리 앙투아네트 초상
(Public domain | Wiki Commons)

1967년 10월 17일, 청나라 그리고 중국 역사상 마지막 황제인 선통제(본명 푸이)가 파란만장했던 삶을 마쳤다.

중국 역사상 마지막 황제라고 해서 '말제(末帝)'라고도 불린다. 1908년, 고작 3살의 나이에 청나라 마지막 황제 자리에 오른다. 그런데 그 황제 자리, 오래가지 못한다. 1911년에 일어난 신해혁명으로 중화민국이 건국되자 푸이(편의상 본명으로 부르겠다)는 바로 다음 해인 1912년 청나라 황제 자리에서 쫓겨난다.

뭐, 그 순간부터 청나라는 권력을 놓고 서로 싸우는 난장판이 된다. 그런 정신없는 와중에 일본이 1931년 갑자기 중국 만주를 침공해 들어와 그냥 꿀꺽 먹어 버리네? 중국 대륙에선 일본의 만주 침공을 손 놓고 보고만 있었다. 왜? 자기 앞가림도 못 하는 상황에서 만주는 무슨! 일본은 만주를 먹은 후 직접 통치를 하기보단 허수아비 국왕 하나를 세운 후 만주에 자신들의 '부하 국가'를 세우기로 한다. 그리고 그 허수아비 국왕으로 푸이를 고른다.

왜? 청나라 황족들은 다 만주족이었다. 푸이도 당연히 만주족. 일본은 '어이, 푸이. 만주족 청나라가 망해서 슬프지? 걱정 마. 우리 일본이 만주에 만주국이란 나라를 세워 줄 테니까 당신이 와서 황제 할래?'라고 제안한다. 그렇게 푸이는 일본의 괴뢰국 만주국의 황제로 즉위한다. 그리고 그 달콤함도 오래 못 간다. 1945년 태평양 전쟁에 일본이 패하면서 푸이의 만주국도 망했고 푸이도 승전국 중국의 포로로 잡힌다. 그리고 공산 중국에서 식물원 정원사로 평범히 살다가 암으로 삶을 마감했다.

1867년 10월 18일, 러시아 땅이었던 알래스카에서
미국 국기가 공식 게양됐다.

러시아가 알래스카를 헐값에 미국에 팔았다는 이야기는 앞에서 했으니 (3월 2일, 30일 글), 여기서는 그 이유와 배경을 보다 상세히 알려 드리겠다. 알래스카 땅에 석유, 석탄 등 엄청난 자원이 묻혀 있다는 걸 러시아는 정말 몰랐을까? 솔직히 러시아도 그 정도로 멍청한 건 아니었다. 그러나 당시 러시아는 영국과 이른바 그레이트 게임(Great Game)을 벌이고 있었다. 새로운 패권 국가로 힘을 키우던 러시아, 그리고 그런 러시아를 필사적으로 막으려던 영국.

러시아는 두려웠다. 캐나다 바로 위에 있는 알래스카를 캐나다가 꿀꺽 점령해 버리는 것을. 왜? 당시 캐나다는 영국령이었거든. 즉, 캐나다가 알래스카를 점령해 버리면, 영국이 폴짝 바다 건너와 시베리아를 점령해 버리는 것은 시간문제! 러시아는 고민에 빠진다. 알래스카를 영국이 점령하는 것을 눈 뜨고 보고 있을 바에 차라리 중립 지대로 만들어 버리자. 어떻게? 바로 당시 아메리카 대륙에서 신흥 강국으로 떠오르고 있던 미국에 알래스카를 팔아서 미국 땅(중립 지대)으로 만들어 버리자는 생각을 한 것. 그래서 러시아는 알래스카를 서둘러 미국에 팔아 버린 것이다.

러시아가 알래스카에 군대를 좀 더 보내든지 해서 강력하게 지키면 되지 않았냐고? 그러기엔 너무 멀었다. 모스크바 기준으로 거의 지구 반대편! 하여간 지금 러시아의 푸틴 대통령이 이런 말을 한다고 하지. '그때 알래스카를 너무 헐값에 팔았어. 미국이 돈을 더 주든지, 아니면 다시 알래스카를 러시아에 넘겨'라고. 농담이길 바란다.

1216년 10월 19일, 영국 역사상 가장 불쌍한 왕, 존 왕이 죽었다.

존 왕 이후에 그 누구도 그의 이름을 따 2세, 3세라고 부르지 않았을 만큼(이 책의 6월 15일 글에서도 언급했다), 영국 역사에서 영국인들이 지우고 싶어 하는 존재다. 왜 그런지 자세히 살펴보자. 그의 형은 영국 역사상 가장 위대한 왕 중 하나인 리처드 1세. 지금도 영국 런던 국회의사당 앞에 그의 늠름한 동상이 떡하니 서 있다. 그런 위대한 형 밑에 그런 멍청한 동생이? 형 리처드 1세는 당시 중동에서 벌어졌던 십자군 전쟁에서 맹활약을 했다. 동생인 존은? 형이 집을 비운 사이에 형 자리를 노리고 쿠데타를 준비한다. 그것도 영국의 적국인 프랑스와 손을 잡고! 형 리처드에게 딱 걸린 후 실패를 하지만.

동생을 불쌍하게 여긴 리처드는 이를 용서해 준다. 그러는 와중에 형 리처드가 죽고 동생인 존이 영국 국왕이 되는데…… 이제부터 막장이다. 돈 욕심이 많았던 존은 각종 세금을 있는 대로 다 올리고, 교회의 재산까지 몰수해 버린다. 이에 격분한 교황은 존 왕을 파문해 버린다! 그러든가 말든가 존 왕은 착취를 이어 간다. 이에 격분한 귀족들이 똘똘 뭉쳐 존 왕을 궁지에 몰아넣는다. 그리고 왕에게 서류 하나를 내밀고 사인하라고 한다. '앞으로 세금을 올리려면 국민들의 의견을 묻고 동의를 해야 한다'란 서류, 대헌장이다. 지금까지 이어지는 납세자의 권리가 처음 탄생했다. 귀족에게 굴복당한 치욕을 견딜 수 없었던 존 왕은 해외에서 용병까지 끌고 들어와 맞서 싸우다…… 중간에 병에 걸려 죽는다.

존 왕
(Public domain | Wiki Commons)

2011년 10월 20일, 북아프리카 리비아의 독재자 카다피가
무장봉기를 일으킨 시민들의 총격에 사망했다.

2010년 말, 리비아의 옆 나라 튀니지에서 이른바 '아랍의 봄' 혁명이 일어난다. 길거리에서 과일을 팔던 노점상 청년이 당국으로부터 과잉 단속을 받자 항의를 하며 분신자살하는 일이 발생한다. 이에 격분한 튀니지 국민들이 '청년을 살려 내라! 우리도 먹고살자! 독재 타도!'를 외치며 반정부 시위를 벌이기 시작한다.

그런데 튀니지에서 시작된 이 시위가 비슷하게 독재자들이 통치를 하던 북아프리카의 옆 나라들로 번지기 시작한 것이다. 이집트, 리비아 등. 무려 42년 동안 리비아를 통치하던 독재자 카다피를 국민들이 가만둘 리가 없었지. 독재 타도를 외치며 자리에서 물러나라는 국민들의 요구에 카다피는 이런 망언을 했다. '리비아를 너희들 국민들에게 넘겨줄 바엔 이 나라를 소말리아(아프리카 최빈국 중 하나)로 만들어 버리겠다! 난 너희들과 싸우다 순교자로 죽겠다!'라고 국민들에게 선전포고를 해 버린다.

그러면서 '내가 왜 독재자야? 영국의 엘리자베스 여왕은 50년 넘게 여왕을 하고 있는데 아무 소리도 못 하면서!'란 희한한 논리의 항변까지 한다. 결국 도주하다 시민군들에게 발각된다. 하수도 밑에 숨어 있다가. 시민군에게 사살된 후 시신은 동네 정육점에 전시되는 수모까지 겪는다.

1600년 10월 21일, 일본 역사상 가장 중요한 단일 전투 세키가하라 전투가 시작됐다.

이 한 전투로 약 300년간 일본을 통치할 세력이 결정되었고 또 전투에서 진 세력은 철저한 죽임을 당했다. 이 전투의 시작은 도요토미 히데요시의 '아들 사랑'으로부터 시작됐다. 맞다. 임진왜란을 일으킨 그 도요토미 히데요시 말이다.

그 인간은 아들이 없었다. 그래서 임진왜란 직전에 자기 조카인 도요토미 히데쓰구를 후계자로 임명한다. 어쩔 수 없는 플랜 비였던 것이지. 그런데! 임진왜란이 한창이던 1593년! 히데요시가 아들을 낳는다! 환갑이 거의 다 되어 낳은 아들이었다. 문제는 이미 자기 조카를 후계자로 정한 상태. 히데요시는 자기 친아들을 후계자로 만들기 위해 조카에게 누명을 씌운다. 그리고 조카는 물론 그 처자식까지 다 죽여 버리고 만다.

문제는 조카 히데쓰구의 처와 첩들이 다 지금 조선에 나가 전쟁을 벌이고 있던 자기 부하들의 딸들이었다는 것. 자기 딸들이 죽어 나가는 이런 상황에서 전투를 제대로 할까? 아이고…… 그런 와중에 히데요시는 후계 문제를 제대로 정리를 안 하고 임진왜란(정확히는 정유재란)이 한창이던 가운데 그냥 죽어 버린다. 이제는 '도요토미 히데요시에게 독을 품은 옛 부하들'과 '그래도 히데요시 가문에 충성을 하는 인간들' 사이에 최후의 결전만 남은 것. 그 결전이 바로 세키가하라 전투다. 세키가하라는 전투가 벌어진 지역 이름. 하여간 이 전투에서 '타도, 히데요시!'를 외친 도쿠가와 이에야스가 승리한다.

2000년 10월 22일, 일본 〈마이니치 신문〉이
후지무라 신이치의 역사 사기극을 밝혀냈다.

일단 이걸 알고 들어가야 한다. 일본은 고대사 부분에 상당한 콤플렉스를 가지고 있다. 대륙과 한반도에 비해 너무도 늦게 역사가 시작됐기 때문이다. 예를 들어 진시황이 대륙을 통일하기도 이전인 중국 춘추 전국 시대, 공자와 맹자의 가르침 등 여러 가지 학문이 쏟아져 나오고 각종 선진 발명품들이 만들어지고 있을 때 일본은…… 아직 석기 시대였다.

이런 고대사 콤플렉스를 극복할 수 있는 사건이 발생한다. 후지무라 신이치란 이름의 아마추어 고고학자가 1990년대 말 '70만 년 전 구석기 시대 유물이 일본에서 발견됐다!'라고 주장하면서 자기가 발굴한 유물을 공개한 것! 그것이 사실이라면 일본의 구석기 시대는 중국과 한반도를 뛰어넘는 것이 된다. 그리고 2000년 10월에는 또 10만 년을 앞당겨 80만 년 전의 유물을 발견했다고 주장한다.

이를 아주 수상하게 여긴 〈마이니치 신문〉이 신이치가 유물을 발굴하는 현장에 몰래카메라를 설치해서 추적한다. 그리고 땅에 몰래 유물을 파묻는 장면을 촬영하고 만다! 그렇다! 신이치는 몰래 가짜 유물을 땅에 묻어 놓은 후 진짜 고대 유물을 발굴한 척 쇼를 한 것이다. 그 몰래카메라로 조작 장면을 찍은 날이 2000년 10월 22일이다. 사기극이 세상에 폭로된 후 그의 변명이 압권이었다. '모두 다 조작한 건 아니다. 그냥 마가 낀 것 같다'란 말.

1940년 10월 23일, 브라질의 전설적인 축구 선수
펠레가 태어났다.

펠레는 브라질이 포르투갈 식민지였을 때 아프리카에서 끌려온 흑인 노예의 후손이다. 브라질은 전 세계에서 미국 다음으로 흑인들이 많이 사는 나라다. 대부분 노예의 후손들이다. 이 자리에선 브라질 흑인과 축구 얘기를 해 볼까 한다. 왜 수많은 흑인 축구 선수들 가운데 브라질 흑인 축구 선수들이 거의 '신의 경지'인가 하는 얘기. 여기에 브라질 흑인들의 무술인 '카포에라'가 등장한다.

브라질이 포르투갈의 식민지였을 때, 대규모 사탕수수 농장들을 백인들이 운영했는데 무지막지한 노동은 흑인 노예들의 담당이었다. 밥도 제대로 안 주고 부려 먹어서 당시 흑인 노예들의 수명은 브라질 도착 후부터 7년이 채 안 되었다고 한다. 이런 최악의 상황에서 흑인들은 '자기 목숨은 자기가 지키자'란 생각으로 스스로 격투기를 개발해 낸다. 그런데 대놓고 격투기 연습을 할 수 없으니 '춤을 가장한' 무술을 만든 것. 그것이 바로 카포에라다.

언뜻 보면 그냥 전통 춤인데 대부분 발을 이용해 춤을 춘다. 그게 키포인트. 백인 농장주들에겐 발로 추는 춤이라고 말해 놓고 실제로는 발차기 무술을 연습한 것이다. 발로 하는 무술이다 보니 자연스럽게 축구 기술로 연결된다. 브라질 흑인 축구 선수들의 스텝 기술이 신의 경지인 이유가 여기 있다. 펠레도 어린 시절부터 카포에라를 엄청나게 연습했다고 하지.

1537년 10월 24일, 영국 헨리 8세의
세 번째 부인(왕비) 제인 시모어가 사망했다.

28살이었다. 알다시피 헨리 8세는 자기 뒤를 이을 아들에 그렇게 집착을 했고 무려 여섯 번이나 결혼했다. 그리고 아들을 못 낳는다고 아내들과 이혼을 하고 목을 쳐 죽이기까지 했다. 그런 그가 살아생전 '사랑했다'라고 말한 부인은 제인 시모어가 유일하다.

자, 헨리 8세의 미친 '아들 사랑' 이야기를 다시 정리해 보자. 첫 번째 부인, 스페인의 캐서린 공주. 결혼했는데 아들을 못 낳았다. 그러자 캐서린의 하녀인 앤 불린이 '아들을 낳아 드리겠습니다' 하며 접근한다. 조건이 있었다. 정식 부인 자리를 요구한 것. 그러기 위해선 헨리 8세는 캐서린과 이혼을 해야 했다. 헨리 8세는 로마 교황의 반대에도 불구하고 이혼을 강행했고, 아예 교황과 관계를 끊고 자기가 교회를 하나 만드는데 그것이 영국 국교(지금의 성공회). 어찌어찌 앤 불린과 결혼했는데…… 앤 불린도 아들을 못 낳는다!

그러자 헨리 8세의 레이더망에 들어온 것이 바로 앤 불린의 하녀인 제인 시모어였다. 제인 시모어도 똑같은 제안을 한다. '정식 부인이 되길 원한다. 첩이 아닌.' 헨리 8세는 엄청난 결정을 한다. 앤 불린과 이혼하는 것이 아니라 그냥 죽여 버리기로. 앤 불린의 목을 치고 바로 제인 시모어랑 재혼을 하는 헨리 8세. 그렇게 원하던 아들을 얻는다. 그러나 앤 불린의 저주였을지 제인 시모어는 바로 산후병을 얻고, 갓난아이를 옆에 두고 죽는다.

1950년 10월 25일, 중국인민지원군이
한국전쟁에 참전했다.

이른바 '중공군의 한국전 개입'이었다. 꽹과리를 치고 떼로 진격해서 적군의 혼을 빼 버리는 인해전술로 악명 높았던 바로 그 중공군 말이다. 중공군 참전 얘기는 다른 곳에서 다 들어 보셨을 것이니 여기서는 좀 생소한 이야기를 좀 할까 한다. 바로 당시 중공군의 전투 식량, 미숫가루 이야기다.

엥? 우리가 여름에 냉수에 타 먹는 바로 그 미숫가루? 맞다. 미숫가루의 사전적 정의는 '보리나 쌀을 찌거나 볶아서 가루로 만든 식품'이다. 그리고 곡식을 생으로든 볶든 가루로 만들어 간편하게 먹는 것은 우리나라뿐 아니라 동서고금 전 세계 대부분 지역에서 볼 수 있다. 특히 쌀과 같은 곡식을 먹는 동아시아 국가들에서. 간편하니까. 잘 안 썩으니까.

생각해 보라. 전투를 하고 있는데 밥솥에 밥을 하면서 뜸까지 들이고 있는 장면을. 적이 쳐들어오고 있는데 '잠깐만. 지금 밥 뜸 들이고 있거든. 조금 이따 싸우자' 할 수는 없잖아. 중공군이 참전할 때 중국 총리 저우언라이가 만주 지역의 농가들에게 중공군 식량용 미숫가루 생산을 지시했다. 그러나 중공군 참전이 길어지면서 만주 지역 농가들로는 부족했지. 그래서 전 중국 대륙 농가에 미숫가루 생산 지시를 내린다. 한국전쟁 당시 포로로 잡힌 중공군을 조사하던 미군들이 참으로 신기하게 생각했다고 하지. 포로들마다 몸에 가루가 든 봉지가 하나씩 있어서 말이다.

깨알 지식 하나 더. 미숫가루의 '미수'의 어원이 아직까지 불분명하다. 그런데 하나 강력한 가설이 등장했다. 몽골에서도 미숫가루 비슷한 음식을 먹는다. 그런데 그 이름이 몽골어로 '미스가라'이다! 즉, 미숫가루란 표현 자체도 몽골에서 왔다는 주장도 있다. 판단은 여러분이. 👓

1919년 10월 26일, 이란 역사상 마지막 국왕
팔레비가 테헤란에서 태어났다.

지금의 '초강경 이슬람' 이란의 이미지를 생각해 보면 상상이 안 갈 정도로, 팔레비는 이란 왕으로 있으면서 서구적인 정책을 펼친다. 여성 참정권도 허용해 주고 디스코, 청바지, 미니스커트 등도 다 허용해 준다. 문제는 이런 정책을 너무 급하게 추진했다는 것. 당연히 기존의 이슬람 종교계와 보수층은 부글부글 끓기 시작했다. 거기에 팔레비 왕가는 이란에서 생산되는 석유를 판 수입을 다 왕가의 계좌에 넣어 버린다. 당연히 민중들은 폭발했고 1979년 그 이름도 유명한 이란 이슬람 혁명을 일으킨다. 혁명을 주도한 종교 지도자 호메이니 등에 의해 이란 이슬람 공화국이 탄생했다. 팔레비 국왕은 미국으로 도주한다.

당연히 이란 군중들은 팔레비를 다시 이란으로 돌려달라고 미국 정부에 요구를 했는데…… 미국은 바로 묵살해 버린다. 더욱 열받은 이란 국민들은 테헤란에 있던 주이란 미국 대사관을 점거해 버리고 인질극을 벌인다. 52명의 인질들을 무려 444일 동안 붙잡고 있었다. 미국 외교사의 가장 큰 위기 중하나였다. 이때 붙잡힌 미국인 인질을 구출하기 위해 여러 시도들이 있었는데 그중 한작전을 그린 영화가 이 책의 앞(7월 27일 글)에서도 얘기한 〈아르고〉다. 아직 안 보셨다면 꼭 감상하시도록.

1979년 축출된 팔레비 왕조의 마지막 왕 모하마드 레자 팔레비
(Public domain | Wiki Commons)

서기 921년 10월 27일, 중국 5대10국 시대 때
강국 후주의 제2대 황제가 되는 시영이 태어났다.

아이고, 또 복잡한 중국사다. 최대한 간단히 설명하겠다. 중국 역대 왕조 가운데 가장 강력했던 당나라가 서기 907년 망한다. 그리고 50여 년간의 5대10국 시대가 열린다. 간단히 이렇다. 당나라의 정통성을 '이어받았다'라고 주장하는 5개의 큰 나라들이 연속해서 중국 대륙에 생겼고(5대) 그 주변에 그렇고 그런 조그만 떨거지 국가들 10개가 건국을 했다(10국). 자, 큰 나라 5개가 있었다고 했지? 동시에 존재한 것이 아니라 하나 망하고 또 하나 생기고, 이런 식이다. 그 5개 가운데 제일 마지막 국가가 후주였다. 후추 아니다. 원래 이전에 주나라란 나라가 있었기 때문에 구별하려고 즉, '뒤에 나온 주나라'란 뜻으로 후주라 불린다.

이 나라의 두 번째 황제 시영은 정말 대단한 인물이었다. 5대10국 헬게이트를 거의 통일할 '뻔'한 인물이었기 때문. 정복 전쟁을 벌이다 갑자기 마흔도 안 되어 죽는다. 그리고 그의 7살 난 아들이 3대 황제로 즉위하는데…… 후주의 조광윤이란 장군이 '저런 어린 황제가 어찌 중국 통일이란 어려운 일을 완성할 수 있을까'란 생각에 쿠데타를 일으키고 정권을 잡는다. 그리고 나라 이름을 송나라로 바꾸고, 시영이 못 이룬 중국 통일이란 꿈을 이룬다. 맞다. 우리 고려사에 항상 등장하는 그 송나라다.

조광윤도 그리 나쁜 사람은 아니었다. 어찌 되었건 시영의 자식에게서 나라를 빼앗은 것이 미안했는지 '송나라가 유지되는 한 시씨(후주의 황족)들은 송나라 황족과 똑같은 대우를 해 줘라'란 명령을 내린다. 그리고 그 명령은 실제 송나라가 멸망하는 그 순간까지도 지켜진다.

340

1972년 10월 28일, 중국이 일본에 보낸 판다 캉캉과 랑랑이 도쿄에 입성했다.

자, 간단한 판다의 역사다. 중국 사천성(매운맛으로 유명한)에 주로 사는 판다는 청나라 말기까지 중국인들 관심 밖이었다. 중국인들조차 '그런 동물이 있어?'라고 할 정도. 그러던 중 아르망 다비드란 프랑스 선교사가 중국에 들어와 각종 동식물 샘플 수집을 하다 우연히 판다 가죽을 보고, '너무 귀엽다'라며 판다를 유럽에 소개한다. 유럽에서 판다 돌풍이 일어났고 그 열풍은 미국으로까지 번진다. 미국과 유럽의 여러 동물원이 서로 판다를 데려가려고 경쟁을 벌였지.

그걸 가만히 보던 중국 정부가 '이 동물이 그렇게 해외에서 인기가 있단 말이지? 그럼 마음대로 사 가는 걸 막고 우리 중국에 잘 보이는 국가들에게 조금씩 나눠 줘야겠다'란 생각을 한다! 즉, 판다 외교를 하겠다고 마음먹은 것. 그리고 일본에도 1972년 중국과 수교를 맺은 기념으로 판다 두 마리를 선물한 것이다.

참고로 푸바오(2020년 우리나라에서 최초로 태어난 아기 판다)가 2024년 4월 중국으로 돌아가야 했던 이유는 1973년 만들어진 워싱턴 협약 때문이다. 이 협약에 따르면 멸종 위기의 동식물은 외국에 함부로 팔거나 기증할 수 없다. 선물로 기증도 안 되기 때문에 다시 데려가는 것이다.

중국 청두의 자이언트 판다
(© Colin W | Wiki Commons)

1911년 10월 29일, 퓰리처상으로 유명한
조셉 퓰리처가 사망했다.

원래 헝가리에서 태어났다. 그가 10대 때 미국에서 남북전쟁이 터지고 병사가 부족했던 남부군, 북부군 모두 외국에서 돈을 주고 용병을 데려왔다. '미국 가면 돈을 벌 수 있다'란 생각에 미국으로 향하는 배에 올라탄 퓰리처. 그런데 배 위에서 '이민 사기를 당했다'란 걸 알게 된다. 용병으로 가는 줄 알았는데 잡노동자로 팔려 간다는 것.

배가 뉴욕에 도착하기 직전, 퓰리처는 바다에 뛰어든다. 그리고 통나무 하나 붙잡고 간신히 미국 땅에 도착했다. 미국 땅 여기저기를 전전하던 퓰리처는 한 신문사에 우연히 취직했다. 기자로 명성을 날리다, 사업 수완이 좋아서 경쟁 신문사를 하나둘 인수하며 슬슬 돈을 모은다. 그러다가 파산 직전이었던 〈뉴욕 월드〉란 신문사를 하나 인수하면서 '나도 전국구 언론인이 되어 보자'란 꿈을 꾼다. 재미없는 신문은 죄악이란 생각에 자극적인 기사를 마구 쏟아 낸다.

자극적인 기사가 쏟아져 나온다는 건? 맞다. 판매 부수 급상승이다. 결국 〈뉴욕 월드〉를 미국 전국 판매부수 1위 신문사로 만들어 버린다! 경쟁 신문사와 '누가 더 저급하고 자극적이고 선동적인 기사를 찍어 내나' 경쟁까지 벌인 퓰리처. 그 자세한 이야기는 이 책의 4월 10일 글에서 들려드렸다. 혹 기억이 안 나신다면 다시 읽고 오자.

1961년 10월 30일, 소련이 인류가 만든 폭탄 중
가장 강력한 차르 봄바를 실험했다.

차르 봄바는 러시아어로 '폭탄의 황제'란 뜻. 수소폭탄이었다. 어느 정도 가공할 위력의 폭발이었냐 하면 폭발한 후 버섯구름의 높이가 60킬로미터, 그 에너지는 태양에서 지구에 1초 동안 쏟아지는 모든 에너지를 다 합친 수준. 폭발 지점에서 100킬로 떨어진 곳에 있던 사람도 3도 화상을 입었고 그 충격파는 지구를 세 바퀴 돌았다. 만약 백두산에서 폭발했다면 전남 해안 땅끝 마을에서도 버섯구름을 볼 수 있었을 정도의 위력이었다. 간단히 말해 히로시마에 떨어진 원자탄의 3,300배가 넘는 가공할 폭발력이었다.

이걸 만든 소련도 이 정도의 위력일 줄은 몰랐다. 그 이후 소련도 미국도 차르 봄바를 뛰어넘는 핵무기는 개발 안 한다. 왜? 이 정도 수준의 폭탄은 '그냥 지구 망하게 하는 폭탄'인 걸 두 나라가 다 깨달았기 때문. 만일 두 나라가 핵전쟁을 한다고 해도 전쟁 끝나고 이긴 나라는 살아야 하지 않는가. 그런데 두 나라가 동시에 차르 봄바급 폭탄을 서로 봐 대면 다 죽는데 전쟁을 해서 뭐 하나. 그래서 그 이후엔 그보다 훨씬 약한 핵무기를 여러 개 만드는 쪽으로 방향을 잡는다.

1941년 10월 31일, 미국 대통령 4명의 얼굴이 조각된 미국 러시모어산 국립기념지가 문을 열었다.

조각된 4명의 미국 대통령은 조지 워싱턴, 토머스 제퍼슨, 시어도어 루스벨트, 그리고 에이브러햄 링컨이다. 미국을 대표하는 거대 상징물은 총 3개다. 자유의 여신상, LA의 할리우드 간판, 그리고 러시모어 조각상. 미국인들은 이곳 러시모어를 '미국 정신의 성지'로 생각한다.

그런데! 문제는 러시모어산이 원래 미국 원주민(우리가 한때 인디언이라고 불렀던)들의 성지였다는 것! 수우(Sioux)족이란 원주민 부족이 있었던 옛날부터 이곳을 성지로 여겼다. 그런데 백인들이 대륙 간 횡단 철도를 이 부근에 깔면서 이 산을 그냥 빼앗아 버린다. 그리고 이 지역의 경제 활성화를 위해 '큰 바위 얼굴 조각'을 만들어 버린다. 왜? 관광객이 많이 올 것이니까.

이렇게 생각하면 된다. 일본이 우리나라를 강제로 병합한 후 광화문 광장 한가운데 이토 히로부미 동상을 세웠다고 말이다. 지금도 강제로 성지를 빼앗긴 원주민들은 이 땅을 돌려달라고 요구한다. 그러면서 러시모어산 부근에 원주민 영웅의 석상을 만들고 있다. '우리 원주민들도 미국 백인 대통령과 같이 영웅이 있었다'란 걸 세상에 보여 주기 위해. 그런데 수십 년째 아직 공사 중이다. 왜? 돈이 부족해서. 안타까운 미국의 역사다.

9-10월의 주요 역사

기원전 490년 9월 12일

그리스에서 그 유명한 마라톤 전투가 벌어졌다.
페르시아군을 물리쳤다는 소식을 알리기 위해
한 병사가 마라톤 평야에서 아테네까지 약 40킬로를 뛰었다.

1935년 9월 15일

나치 독일의 대표적 유대인 차별법인 뉘른베르크법이 만들어졌다.
황제가 선출되던 상징적 도시 뉘른베르크에서.
2차 대전 이후, 나치 전범들에 대한 재판이 이곳에서 열린다.

1957년 10월 4일

인류 최초의 인공위성인 소련의 스푸트니크호가 발사됐다.
충격받은 미국은 이후 1969년,
인류 역사상 처음으로 인간을 달에 착륙시키는 데 성공한다.

1960년 10월 14일

서울 효창운동장에서 제2회 아시안컵 축구 대회가 열렸다.
원래 이 자리는, 성소가 의민 성씨와 분효세자를 위해 마련한 부넘 효창원이었다.
해방 이후 운동장이 만들어진 것.

1967년 10월 9일

아르헨티나 출신 쿠바 혁명가 아니, 세계사에서 가장 위대한 혁명가
체 게바라가 사망했다.
쿠바혁명 성공 이후 남미 볼리비아로 넘어가 볼리비아 독재 정권과 싸우다 죽었다.

1988년 9월 17일

역사적인 서울 올림픽이 막을 올렸다.
올림픽 유치 경쟁 도시였던 일본 나고야를 제치고.
미국, 소련, 중국 등 자유·공산 진영이 모두 참가하는 역대 최대 규모로 개최되었다.

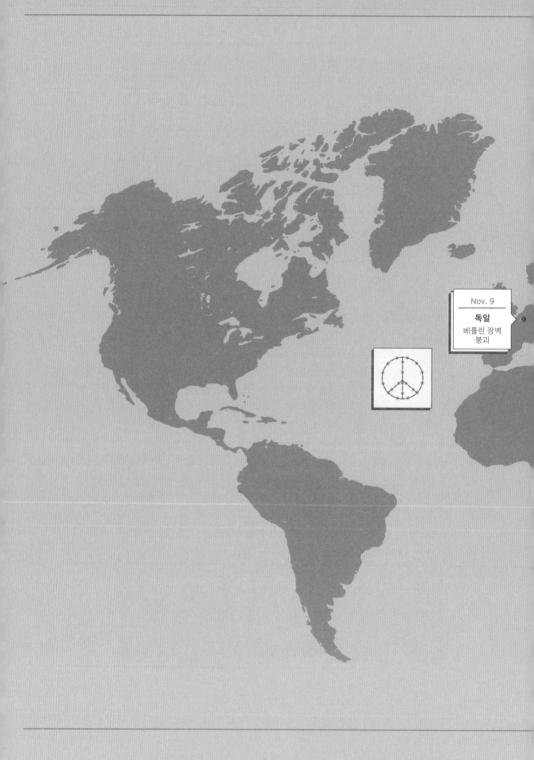

Nov. 9
독일
베를린 장벽
붕괴

Nov. 28
체코
벨벳혁명

Nov. 4
이집트
투탕카멘의
무덤 발견

11월

1955년 11월 1일, 그 이름도 유명한
베트남전이 시작됐다.

여기서 이것 하나는 꼭 기억해야 한다. 베트남전은 총 두 번 있었다. 1차(1946~1954년)는 베트남과 프랑스가 전쟁을 벌인 것. 그리고 2차(1955~1975년)는 수많은 영화로도 유명한 미국과의 전쟁. 놀랍게도 베트남은 두 강대국과의 전쟁에서 모두 이겼다. 이에 대한 베트남 국민들의 자부심은 상상 이상이다.

베트남은 1887년부터 프랑스 식민지가 된다. 우리가 먹는 'Pho'라고 불리는 베트남 쌀국수, 베트남식 바게트인 '반미' 모두가 프랑스의 영향으로 만들어진 베트남 음식이다. 하여간 지배와 억압이 있으면? 당연히 저항도 있다. 베트남인들은 끊임없이 독립 투쟁을 한다. 그러다 프랑스가 갑자기 '셀프로 방을 빼'는 일이 발생한다. 1939년 나치 독일이 프랑스를 침공해서 프랑스를 잠시 지도에서 지워 버린다. 베트남은 이걸 계기로 1946년부터 본격적인 독립전쟁에 나선다. 그리고 1954년 승리한다(1차 베트남전). 유럽 강대국 프랑스를 물리친 것.

그런데 완전한 '통일 독립'은 아니었다. 베트남 남쪽엔 여전히 베트남을 완전히 포기할 수 없었던 프랑스 잔존 세력(그리고 그 프랑스에 빌붙은 베트남 꼭두각시 정부)이 남아 있었다. 그래서 이들을 완전히 쫓아내기 위한 전쟁이 1955년 시작된다(2차 베트남전). 문제는 북부 베트남을 지배하고 통일 전쟁을 벌인 인물이 공산주의자 호찌민이었던 것! 베트남이 전부 공산화되는 것이 두려웠던 미국이 전쟁에 개입한다. 그리고 미국도 1975년 전쟁에서 진다. 이건 아직까지 미국인들에게 큰 트라우마로 남아 있다. 베트남인은 만만한 사람들이 절대 아니다.

1917년 11월 2일, 영국 외무장관 아서 벨푸어가
벨푸어 선언을 발표했다.

자, 지금부터 영국 욕 좀 하겠다. 1914년, 1차 대전이 일어난다. 당시 전쟁 대결 구도를 보면 '영국, 프랑스, 러시아 vs 독일, 오스트리아, 오스만 튀르크(현 튀르키예)'였다. 영국은 적국들 가운데서도 오스만 튀르크가 정말 마음에 안 들었다. '우리 강대국 형님들 전쟁에 깜도 안 되는 오스만 따위가 감히 끼어들어? 혼 좀 내 줘야겠어'란 생각을 했다. 그래서 당시 오스만의 식민지였던 중동 국가들에게 제안을 한다. '어이, 중동 국가들. 언제까지 오스만 식민지 노릇을 할래? 우리 영국이 독립 도와줄게. 단 조건이 있어. 오스만 뒤통수를 좀 쳐 줘'란 제안을. 중동 국가들은 당연히 그 제안을 받아들인다. 한창 전쟁 중인 1915년의 일이었다.

그런데 영국이 전쟁을 계속하다 보니 돈이 점점 떨어지네. 그래서 영국, 이번엔 유대인 금융 재벌 로스차일드 가문에 제안한다. '어이, 유대인들. 언제까지 나라 없이 살래? 우리 영국에 돈 좀 빌려주면 전쟁 끝나고 중동에 유대인 국가를 만들어 줄게'란 제안을. 유대인들은 당연히 그 제안을 받아들인다. 즉, 영국은 이중 계약을 한 것이다. 중동이란 한 땅을 놓고 아랍인들에겐 아랍인 독립 국가를 만들어 주겠다, 유대인들에겐 유대인 국가를 만들어 주겠다는 계약을 말이다. 유대인과 한 계약을 당시 영국 외무장관 벨푸어가 추진했다고 해서 '벨푸어 선언'이라고 한다. 결국 영국은 아랍인들을 배신하고 유대인 손을 들어 준다. 그리고 유대인 국가를 만들어 준다. 그것이 이스라엘이다.

1918년 11월 3일, 1차 대전에서 독일을 패망으로 몰아넣은 킬항구 수군 반란 사건이 일어났다.

킬(Kiel)은 독일 북부에 있는 항구 도시다. 덴마크 부근에 있는데 지금은 아름다운 관광지다. 자, 1차 대전 말기로 가 보자. 독일은 영국, 프랑스, 미국, 러시아 등 연합군을 맹공격하여 패망 직전까지 갔다. 미국은 독일에게 무조건 항복을 하라고 하면서 '민주 정부가 아니면 항복 협상을 안 하겠다'라고 한다. 즉, 당시 1차 대전을 지휘한 독일 황제 빌헬름 2세와는 협상을 하지 않겠다고 선언한 것.

그러자 독일은 잽싸게 입헌군주제로 정부를 바꾼다. 황제는 그냥 허수아비고 실제 통치는 의회가 하겠다는 것. 그런데 그걸 빌헬름 황제가 직접 주도했다. 엥? 황제가 스스로 허수아비가 되겠다고 했다고? 맞다. 왜? 전쟁 책임을 자기가 아니라 의회에 은근슬쩍 떠넘기기 위해. 정말 찌질한 황제였다. 그리고 이 무책임한 황제는 그나마 남아 있던 독일군 수군(해군)에게 마지막 출전 명령을 내린다. 간단히 '남아 있는 독일 수군들! 군함 다 끌고 나와 연합국 군함들과 장렬히 싸우다 죽어라!'였다. 맞다. 일본 가미가제 특공대처럼 자살 명령을 내린 것이다.

여러분이 독일 수군이라면 그 명령을 듣겠나? 당연히 아니지! 그래서 독일 킬항구에 주둔하던 수군이 반란을 일으킨다. 이 반란을 시작으로 독일은 전쟁 능력을 상실하고 빌헬름 황제는 밤 기차를 타고 야반도주하고…… 1차 대전은 끝난다. 독일의 '폭망'으로.

1922년 11월 4일, 황금 가면으로 유명한
이집트 투탕카멘의 무덤이 발견됐다.

이집트 제18왕조의 12대 파라오(국왕)였다. 18왕조? 간단히 이렇게 보면 된다. 고대 이집트는 총 31왕조가 있었다. 우리는 고려 왕조, 조선 왕조……처럼 국가명이 있는 것과 같이 이집트는 그 왕조에 번호가 붙는다. 그 수많은 이집트의 파라오 가운데 투탕카멘이 가장 유명한데 그 이유는 완벽하게 보존된 미라, 황금 가면, 그리고 여러 가지 '저주 음모론' 때문이다. 일단 이 왕이 살았을 때가 얼마나 옛날이었냐 하면, 태어난 것이 기원전 1361년이다. 진시황이 중국을 통일하기 무려 천 년 전! 고대 이집트 이야기는 이 책 한 권으로도 모자라니 여기서는 왜 이집트에서 그렇게 고도의 문명이 발달했는지 간단히 얘기해 보려 한다.

세계 4대 문명은 모두 강을 중심으로 발달했다. 그런데 나머지 강 지역은? 우리 한강도 엄청 큰 강인데 '한강 문명'은 없지 않는가? 자, 이렇게 보면 된다. 4대 문명이 생긴 강들(황하강, 인더스강, 티그리스-유프라테스강, 나일강)은 다 범람을 한다. 그것도 무지막지하게. 범람이 나쁜 것만은 아니다. 홍수가 나면 강 밑에 있던 영양이 풍부한 흙이 강가로 올라와 농사가 대박을 치게 만들어 준다. 강가에 살던 사람들은 발견했다! 범람이 한 해의 일정 시기에 주기적으로 온다는 사실을! 그 주기를 계산하기 위해 천문학, 달력 등을 만들어 낸 것이다! 그것이 문명의 발달로 이어진 것이고! 한강도 주기적으로 범람했다면…… 아니다. 그만하자.

이집트 기자의 피라미드
(ⓒ en:User:Hajor | Wiki Commons)

1605년 11월 5일, 가톨릭 신자들이 영국 국왕 제임스 1세를 폭사시키려다 실패한 화약 음모 사건이 발각됐다.

발단은 이렇다. 1605년이면 헨리 8세가 아들 하나 낳으려고 무려 6명의 부인과 결혼을 하고 영국 종교를 가톨릭에서 영국 국교(성공회)로 바꾼 지 얼마 안 된 시기다. 즉, 당시 영국은 모든 국민들이 개종을 강요받던 때. 당연히 가톨릭 신자들은 엄청나게 반발을 했다. 그중 일부 가톨릭 신자들은 '안 되겠다. 개신교 신자인 국왕을 암살해 버리고 가톨릭 국왕을 새로 앉히자!'란 엄청난 생각을 하게 된다. 그리고 실행에 옮긴다.

계획은 이랬다. 1605년 11월 5일, 영국 상원 개원식에 제임스 1세가 참석하기로 되어 있었다. 그래서 국회의사당 지하실에 폭발물을 쌓아 놓고 터뜨려 위에 있는 국왕과 의원들을 모조리 폭사시키려고 했던 것. 그러나 누군가의 밀고로 이 계획은 사전에 알려지고 문제의 11월 5일, 국회의사당 지하실을 급습해 보니 진짜로 폭탄이 엄청나게 쌓여 있고 한 남성이 불을 붙이려고 했다! 그 남성의 이름은 가이 포크스! 당연히 가톨릭 신자였다.

폭탄은 다행히 터지지 않았다. 이 일로 관련자들은 모조리 체포되어 교수척장분지형을 받았다. 그게 뭐냐고? 설명을 해야 하나…… 하겠다. 영국사를 공부하면 꼭 나오는 형벌이니. 일단 목을 졸라 죽인다. 그리고 내장을 끄집어낸다. 그리고 팔다리를 다 잘라 버린다. 주로 영국에서 내란죄로 사형을 받은 남자들에게 내려진 형벌이다. 이런 신교-구교 갈등을 보면 안타깝다. 같은 예수 그리스도를 믿는 사람들이 서로 이렇게 잔인하게 죽고 죽이다니. 예수 그리스도가 이런 걸 보시면 어떤 생각을 하실까?

1600년 11월 6일, 임진왜란을 이끈 일본군 장수 고니시 유키나가가 일본에서 참수됐다.

일단 이 인물이 누구인지 보자. 임진왜란을 일으킨 도요토미 히데요시 밑에서 일하던 영주(자기 성을 가진 성주)였다. 놀랍게도 가톨릭 신자다. 세례명은 아우구스티노. 임진왜란이 터지자마자 선발대를 이끌고 가장 처음 조선 땅을 밟은 일본군 장수다. 부산진성, 동래성을 박살 내고 수많은 민간인을 학살했다. 크리스천이 말이다.

사실 고니시는 정말 전쟁을 하고 싶지 않았다. 어찌해서든 임진왜란이란 전쟁을 빨리 끝내려고 별의별 노력을 다 했다. 실패했지만. 이순신 장군에게 정말 혼쭐이 난 인간이다. 이순신 장군이 노량해전에서 돌아가신 건 다들 아시겠지? 그 해전이 바로 마지막으로 도망가는 고니시 유키나가를 잡으려고 벌인 전투다.

자, 이제 이 인간이 왜 일본으로 돌아가 죽었는지 보자. 임진왜란을 일으킨 도요토미 히데요시는 전쟁 중간에 그냥 죽어 버린다. 그리고 일본은 권력 투쟁에 들어간다. 도요토미 파 vs 그 반대 파. 그리고 1600년, 이들 사이에 내전이 일어난다. 세키가하라 전투이다. 이 전투에서 고니시는 도요토미 파 쪽에 선다. 문제는 전투에서 도요토미 파가 졌다는 것. 원래 스스로 할복을 해야 했으나 자기는 크리스천이라고 할복을 거부했다. 그리고 참수당한다. 죽기 전에 성모 마리아에게 기도를 하고 죽었다지.

1972년 11월 7일, 미국 대통령 리처드 닉슨이
재선에 성공했다.

맞다. 워터게이트 사건으로 대통령 자리에서 스스로 물러난 그 대통령. 이 책 앞에서 여러 번 소개했지만 조금 더 자세히 그의 삶을 들려드리겠다. 찢어지게 가난한 집안에서 태어났다. 정말 공부를 잘해서 하버드대에 합격했으나 등록금이 없어 집 근처 대학을 졸업하고, 로스쿨 3년 전액 장학금으로 다닌 후 변호사가 된다. 그리고 정치인의 꿈을 안고 워싱턴 D.C.에 진출해 의회에 들어간다. 그리고 또 다른 꿈을 꾼다. 바로 미국 대통령이 되는 것.

1960년, 미 대선에 출마하지만 상대는 하버드 출신의 금수저, 게다가 잘생기기까지 한 존 F. 케네디! 미 역사상 첫 TV 토론에서 닉슨은 '말발로 무장한 미남'에게 밀려 결국 선거에서 지고 만다. 당시 케네디는 민주당 소속 후보였는데 닉슨은 그때부터 독을 품는다. '이 민주당 놈들, 내가 가만 놔두나 봐라. 꼭 복수할 거야!'란 독을. 그리고 결국 1968년, 대선에서 승리한 후 꿈에 그리던 미국 대통령이 된다. 그리고 문제가 시작된다. 어려서부터 돈에 대한 집착이 심했던 그. 대통령이 되자마자 기업들로부터 불법 자금을 받는 등 몰래 주머니 채우기에 들어간다.

그리고 한 번 더 대통령을 하면서 돈을 긁어모으기 위해 재선 캠페인을 시작하는데…… 마침 당시 경기도 좋고, 닉슨의 그런 비리를 몰랐던 대중들도 닉슨을 괜찮게 봤기 때문에 재선 성공은 이미 정해져 있었다. 그런데! 닉슨은 '민주당 후보를 꺾는 건 당연하고, 그냥 꺾는 것이 아니라 완전히 망하도록 꺾어야겠어!'란 생각에 당시 워싱턴 D.C.의 워터게이트 호텔에 있던 민주당 대선 준비 사무실에 도청을 시도했다! 안 해도 이기는데!

1519년 11월 8일, 스페인 정복자 에르난 코르테스가
아즈텍 제국(지금의 멕시코) 수도에 무혈 입성했다.

약 20년 전인 1492년 크리스토퍼 콜럼버스가 대서양을 표류하다 얼떨결에 신대륙(유럽인 관점에서 신대륙)을 발견했다는 소문은 스페인을 비롯, 유럽 전역에 퍼졌다. 그리고 팔자 한번 고쳐 보려는 이들이 너도나도 신대륙으로 부푼 꿈을 갖고 떠난다. 그중 하나가 코르테스였다. 코르테스의 꿈은 컸다. 대륙 깊숙이 있는 아즈텍 제국이 '황금이 넘쳐 나는 황금 제국'이란 소문을 듣고 600여 명의 특공대를 이끌고 아즈텍으로 향한다. 대단한 배짱이었다. 아즈텍이 얼마나 큰지도, 환영을 할지 공격할지도 모르는데 말이다. 황금만 바라보고 직진한 것.

그런데 아즈텍의 수도 테노치티틀란에 도착한 코르테스 일행을 당시 아즈텍의 황제 몬테수마가 환영을 해 준다! '저런 유럽 촌놈들에게 내 황금 제국을 구경시켜 주면 기가 확 죽을 거야! 하하. 그럼 날 존경하겠지. 그리고 황금 몇 푼 쥐여 줘서 고향에 돌아가게 하면 유럽에도 내 위대함이 소문날 거야!'란 자신감 때문. 그날이 1519년 11월 8일이었다.

결론부터 말씀드리면 아즈텍 제국은 이 스페인 정복자들에게 함락되었다. 그냥 망했다. 문제는 스페인의 군사력 때문에 망한 것이 아니라 스페인 병사들이 유럽에서 가져온 천여두 때문. 당시 아즈텍엔 천연두가 존재하지 않았기 때문에 아즈텍인들은 면역이 전혀 없었다. 유럽에서 들어온 전염병이 온 제국에 퍼지면서 아즈텍은 셀프 멸망을 해 버렸다고. 아즈텍을 정복한 스페인인들은 테노치티틀란을 흙으로 메우고 그 위에 신도시를 건설한다. 지금의 멕시코시티다.

1989년 11월 9일, 동서 베를린을 갈랐던
베를린 장벽이 무너졌다.

그리고 동서독은 곧이어 통일이 되었고 또 바로 소련이 해체되면서 미국과 소련이 주도했던 냉전이 끝났다. 인류 현대사에서 베를린 장벽 붕괴만큼 큰 사건이 있을까 싶을 정도로 엄청난 사건이었다. 2차 대전이 끝난 후 바로 시작된 미소 간 냉전은 한반도도 남북한으로 갈랐고 또 전범 국가인 독일도 동서독으로 갈랐다. 참고로 이게 웃기는 것이다. 전범국 독일을 동서독으로 가른 것처럼 전범국인 일본을 남일본, 북일본으로 갈라야 하는데 엉뚱하게 한반도가 남북으로 갈린 것.

하여간 문제는 베를린이 동독 땅에 들어갔다는 부분이었다. 역사적으로 베를린이 갖는 존재감이 너무 커서 미국 등 서방 세계는 베를린을 동독에 덜렁 줄 수는 없었다. 그래서 동서독을 가른 것처럼 베를린도 동서 베를린으로 가른다. 그리고 1961년엔 동서 지역을 나누는 장벽이 세워진다. 자유 서베를린으로 도망가는 동베를린 주민이 너무 많아지자 열받은 소련이

장벽을 세운 것. 1989년 즈음, 동독에서도 민주화에 대한 민중 시위가 격렬해졌고 1989년 11월 9일, 드디어 베를린 장벽이 무너지고 동독 주민들이 일제히 서독 쪽으로 탈출하기 시작한다. 여담으로 이때 동독에서 유학을 하던 북한 유학생들 중 '얼떨결에' 서독 쪽으로 탈출한 이들도 꽤 된다.

1989년 베를린 장벽 붕괴
(ⓒ 영어 위키백과의 Lear 21 | Wiki Commons)

1483년 11월 10일, 독일의 종교 개혁가
마르틴 루터가 태어났다.

철저하고도 엄격한 가톨릭 집안에서 태어났다. 야사에 따르면 어느 날 하늘에서 벼락이 내리쳤는데 루터는 그것을 하나님의 음성으로 생각했다고 한다. 그리고 바로 땅에 엎드려 '제가 수도원에 들어가 신부가 되겠습니다!'라고 외쳤다고 하지.

루터는 기본적으로 '성경으로 돌아가자' 주의였다. 즉, 성경에 없는 내용은 조작이고 왜곡이다, 이 말이지. 당시 로마 교황청은 면죄부라고 해서 돈을 교회에 바치면 교회가 신 대신 죄를 면해 준다고 주장하며 면죄부를 엄청나게 팔아 돈을 챙기고 있었다. 이걸 루터는 볼 수 없었지. '돈을 내면 죄를 사해 준다는 내용이 도대체 성경 어디에 있는가?'라고 교황에 반기를 들었다. 만일 그때 교황이 '듣고 보니 그렇군. 루터, 미안해. 돈은 더 이상 안 거둘게'라고 한 발만 물러났더라도 역사는 바뀌는 것인데…… 현실은 그렇지 않았다. 교황은 바로 루터를 파문시켜 버린다. 이게 기독교 사회에서 사형보다 더 무시운 처벌이었다. '넌 더 이상 기독교 사회의 일원이 아니야! 넌 죽어도 천국이든 지옥이든 아무 곳에도 못 가! 영혼은 영원히 구원 못 받아!'란 최악의 저주였다. 교황은 루터가 달려와 싹싹 빌 줄 알았겠지. 웬걸, 루터는 파문장을 찢어서 불태워 버린다.

이런 '불순한' 루터는 교황과 교회에 의해 죽어야 했다. 그런데 마침 그때 유럽으로 넘어온 인쇄 기술로 루터의 주장이 대량 인쇄되어 사방으로 뿌려진다. 사방 천지에 루터의 주장을 지지하는 세력이 등장한 것. 이런 과정을 거치며 '더 이상 타락한 가톨릭과 함께할 수 없다. 새로운 교회를 만들자'란 주장이 등장한다. 개신교의 등장이다.

1821년 11월 11일, 러시아의 소설가
표도르 도스토옙스키가 태어났다.

'영국에 셰익스피어가 있다면 러시아엔 도스토옙스키가 있다'라고 러시아인들은 말하며 굉장한 자부심을 가진다. 그가 쓴 소설들은 엄청난 대작들인 것은 분명하지만 인간 도스토옙스키는 참으로 안타까운 인생을 살았다.

일단 평생을 도박 중독자로 살았다. 말년에 그가 쓴 작품들은 대부분 도박 빚을 갚으려고 쓴 것들이다. 그래서 이상할 정도로 분량이 길다. 당시 출판사들이 페이지 수대로 원고료를 줬기 때문. 그렇게 받은 원고료를 들고 또 도박판으로 갔다. 왜 이리 도박에 중독이 되었을까. 여러 설이 있는데 그중 하나가 이거다. 도스토옙스키는 젊었을 때 러시아 황제에 대항하는 '반정부 세력'으로 찍혀 사형을 당할 뻔했다. 목에 교수형 줄까지 걸리고 죽기 직전에 황제의 특별 사면으로 풀려난다. 사실 당시 황제는 이들 젊은이들을 죽일 생각까지는 없었다. 그냥 겁 한번 주면 다시는 시위를 안 할 것이라고 생각해 '사형 쇼'를 한 것.

하지만 당하는 도스토옙스키는 생각이 달랐다. 정말 죽는 줄 알았다. 오죽했으면 죽기 바로 직전 순간에 '나에게, 내 인생 1분이 더 있다면 정말 100년같이 소중히 쓸 텐데……'란 생각을 했단다. 결국 살아났고 그 살아난 순간의 짜릿함이 너무 강렬해서 그 짜릿함을 더 느껴 보기 위해 도박에 손을 대기 시작했다는 주장도 있다.

1866년 11월 12일, 중국의 혁명가
쑨원이 태어났다.

여기서 중요한 건 앞에서도 언급했듯(3월 11일 글) 이 인물이 중국(중국 대륙)과 대만(중화민국) 두 곳 모두에서 국부로 존경받는다는 사실! 중국과 대만은 지금도 사실상 적국이다. 그런데 한 인물을 동시에 존경? 그 이유를 간단히 설명하겠다. 쑨원은 청나라 말기 중국에서 태어났다. 서구 열강에 의해 쓰러져 가는 종이호랑이 중국을 온몸으로 경험하며 자랐다는 얘기. 그는 '이제 중국도 왕이나 황제가 다스리는 나라가 아닌, 미국과 같이 국민이 뽑은 지도자가 나라를 통치하는 공화국을 만들 때다'란 생각에 '청나라 타도! 만주족 타도! 다시 중국을 한족의 나라로!' 운동을 펼친다. 그를 중심으로 한 신중국 건설 선구자들은 1911년 10월 10일 신해혁명을 일으킨다.

진시황 이래 2천 년 동안 황제가 다스린 중국이 무너지고 드디어 국민이 주인이 되는 '공화국 중국'의 시작이었던 것. 그는 특히 삼민주의(민족, 민권, 민생)를 강조했는데 민족은 '만주족을 몰아내고 한족의 나라'를 만드는 것이고, 민권은 '황제 몰아내고 민주주의 하자'다. 문제는 민생이다. 쑨원은 황제가 소유한 토지를 다 국민들에게 나눠 줘서 잘살게 하자고 주장했는데, 이걸 마오쩌둥의 공산당은 '토지공개념'으로 해석했고 장제스의 국민당은 '그냥 국민 평등하게 잘살게 해 주자'로 해석했다. 둘은 치고받고 싸운다. 한쪽은 중국, 한쪽은 대만을 거점으로 해서 아직까지 싸운다. 민생 부분을 달리 해석하더라도, 2천 년 황제의 나라를 무너뜨리고 국민의 나라 중국을 시작해 준 쑨원을 중국과 대만 두 곳 모두 국부로 모신다. 중국 난징에 있는 그의 묘는 중산릉이라 해서 황제의 묘에만 쓰는 '능(陵)'이란 표현을 써서 황제급 예우를 해 주고 있다.

서기 354년 11월 13일, 기독교의 교부(教父) 즉, 종교의 아버지 아우구스티누스가 태어났다.

태어난 출생지는 현재의 북아프리카, 당시는 로마의 식민지였다. 이 인물은 현재 개신교와 가톨릭 등 모든 기독교 종파로부터 다 교부로 존경받고 있다. 도대체 이 인물이 무엇을 했길래? 바로 현재의 기독교란 종교의 교리, 이론의 틀을 만들었기 때문. 그가 태어난 4세기에는 아직 기독교가 자리를 제대로 잡지 못했던 상태. 동네마다 교리가 다 다르고 주장이 다 달랐던 때였다. 그때 이 인물이 '자, 기독교란 종교는 이렇다!'란 규칙을 제시한 것. 간단히 살펴보자.

먼저 그는 '하나님이 아무것도 없는 무(無)에서 모든 걸 창조했다'라고 말한다. 누가 딴지를 걸었다. '그럼 하나님은 창조 이전엔 뭘 하고 계셨나요? 놀고 계셨나?'라고(실제 있었던 발언). 그때 그는 '너같이 딴지 거는 놈 벌하려고 지옥 불을 만들고 계셨다'란 농담을 한 후(실제 했던 발언) '시간이란 개념도 창조 이후에 만들어진 것이기 때문에 지금 인간의 눈으로 창조 이전, 이후를 보는 건 옳지 않다'라고 깔끔하게 논란을 정리했다.

그리고 '악(惡) 문제'도 해결했다. 누가 또 시비를 걸었다. '하나님이 그렇게 선(善)하다면 왜 악을 만드셨나요?'라고. 이에 그는 '세상에 악이란 없다. 단지 선이 조금 덜 있을 뿐이다'라고. 엥? 이게 무슨 소리냐고? 벽에 구멍이 뚫렸다고 해 보자. 그 구멍을 '악'이라고 보지 말고 그저 '벽이 조금 부족하구나'라고 보자는 주장이다. 물론 지금의 관점에선 논리적으로 많이 부족(?)할 순 있으나 당시로선 여러 가지 논란을, 나름 증거를 제시하면서 해결하려고 했다. 그래서 그를 '종교의 아버지'로 존경해 주는 것이다.

1908년 11월 14일, 비운의 청나라 황제 광서제가 사망했다.

'권력의 화신' 서태후에 의해 황제가 되었고 그녀의 꼭두각시로 평생을 살다 젊은 나이에 독살당했다. 맞다. 현직 중국 황제가 독살된 것이다. 먼저 서태후는 두말할 것 없이 '청나라 멸망의 원흉'이다. 한 사람의 권력 욕심에 나라가 망한 것. 먼저 서태후는 스스로 황제가 되진 않았다. 자신의 어린 아들 동치제를 황제로 앉혀 놓고 뒤에서 청나라를 쥐락펴락한다. 그러다가 아들 황제가 일찍 죽는다. 그렇다고 권력을 포기할 여인이 아니었다. 먼 친척 조카뻘인 남자 하나를 데려와 꼭두각시 황제로 앉힌다. 그가 광서제다.

하지만 광서제는 큰엄마뻘이었던 서태후가 자기를 맘대로 조종하도록 놔둘 정도로 핫바지는 아니었다. 맞서 싸웠다. 나름 '입헌군주제 도입' 등 청나라를 개혁하려고 정말 노력했다. 심지어 실권자인 서태후까지 몰아낼 계획까지 세운다. 그러자 서태후는? '가만 놔두면 안 되겠군. 제거하자'란 결심을 하고 광서제를 잡아다 가둬 버린다. 황제 자리에서 끌어내리진 않았다. 왜? 그래도 황제가 있어야 그 뒤에서 나라를 주무를 수 있으니까.

감금이 된 불쌍한 황제 광서제. 1908년 11월 14일, 갑자기 죽어 버린다. 당시 청나라 정부는 '지병으로 죽었다'라고 발표했지만 2008년 중국 정부가 광서제의 시신을 부검해 봤는데 다량의 독극물이 나왔다. 독살당한 것이다. 그럼 누가 죽였을까? 서태후일까? 심증은 있지만 증거는 없다. 이 미스터리는 이 책을 읽는 여러분이 한번 풀어 보는 건 어떨까? 참고로 광서제의 저주였는지 광서제가 죽고 그다음 날 서태후도 따라 죽는다.

1906년 11월 15일, 미 공군의 전설
커티스 르메이 장군이 태어났다.

이 인물에 대한 평가는 극과 극이다. 민간인 도살자 vs 강경한 군인! 자, 왜 이런 평가가 나오는지 알아보자. 때는 일본이 일으킨 태평양 전쟁이 막바지에 달했을 때다. 일본은 끝까지 항복을 안 하고 저항한다. 그때 미 공군 책임자였던 커티스 르메이가 '일본을 항복시키려면 수도 도쿄에 대한 무자비한 공습이 필요하다'라 주장한다. 그리고 초대형 폭격기인 B-29에 소이탄(축구장 몇 개 이상의 면적을 불로 초토화시키는 폭탄)을 가득 싣고 도쿄 공습을 실시한다. 1945년 3월의 일이다.

왜 소이탄을 썼냐고? 당시 도쿄 대부분의 건물들이 목조 건물이었다. 한마디로 도쿄를 다 불태워 버리겠다는 얘기였다. 미국 내 반발도 심했다. 무고한 민간인들도 희생된다는 것. 여기에 르메이는 그 유명한 말을 남겼다. '전쟁에 무고한 민간인은 없다'란 말. '도쿄 시내 가정집에서 민간인들이 군복도 만들고 무기 부품도 가내 수공업으로 만들 수 있다. 다 없애야 한다'란 주장을 한 것. 그리고 실행에 옮긴다. 이 공습으로 10만 명에 가까운 도쿄 시민들이 불에 타 죽었다. 히로시마, 나가사키 원폭보다 피해가 컸다.

그의 이런 신념(?)은 한국전쟁에까지 이어진다. '땅 위에 있는 사람들이 북한인인지, 남한인인지 어찌 구별하나? 그냥 다 공습으로 몰살시켜라'란 명령을 내린다. 맞다. 한국전쟁 당시 미 공군의 무차별 공습도 그의 지시였다. 여러분의 판단은 무엇인가? 그는 민간인 도살자였나? 아니면 전쟁은 이기는 것이 최고의 목표라고 주장한 강경한 군인이었나?

2017년 11월 16일, 남미 베네수엘라가
국가 부도를 선언했다.

한때 세계에서 제일 잘사는 나라 중 하나였던 베네수엘라. 지금은 세계에서 가장 살인 사건이 자주 일어나는 나라, 돈이 그냥 휴지가 되어 버린 세계에서 가장 못사는 나라가 되었다. 왜 이런 일이 일어났을까? 먼저 질문 하나. 세계 최대 원유 매장량 국가는? 사우디라고? 땡. 사우디는 세계 최대 원유 '생산국' 중 하나다. 지구상에서 땅속에 원유가 가장 많이 매장되어 있는 나라는 베네수엘라다. 그런데도 그 나라는 현재 가장 못사는 나라 중 하나다.

베네수엘라에서 석유가 발견된 건 1918년. 그 이후 꾸준히 석유를 생산하면서 남미에서 제일 돈이 많은 나라가 되어 간다. 문제는 석유를 판 돈이 일반 국민들에게 돌아간 것이 아니라 소수 집권층 주머니로 들어간 것. 당연한 얘기지만 빈부 격차는 어마어마해진다. 그런 상황에서 1998년 우고 차베스란 사회주의자가 집권하게 된다. 그리고 선언한다. '지금부터 석유 판 돈은 모두 국민에게 돌아간다!'라고.

실제로 무상 교육과 무상 의료가 제공됐고, 심지어 집까지 나라에서 그냥 공짜로 준다! 그게 가능하냐고? 가능하다. 석유가 있으니까. 문제는 그 나라의 경제가 거의 100% 석유 산업에만 의존해 있다는 것. 그 말은 국제 유가가 떨어지면? 그냥 망하는 것이다. 아니나 다를까. 2000년대 초부터 국제 유가는 떨어지기 시작했고(전문 용어로는 '안정화'가 된 것) 베네수엘라 경제는 나락으로 떨어졌다. 그리고 결국 2017년 국가 부도 사태까지 온 것이다.

1558년 11월 17일, 영국의 여왕
메리 1세가 죽었다. 나이는 42살.

혹시 '피의 메리(Bloody Mary)'라고 아는가? 칵테일 이름을 들어 보셨다고? 그 이름 '피의 메리'가 바로 메리 1세 여왕이다. 왜 피의 메리냐고? 정말로 많은 사람들을 죽였거든. 자, 이 여왕의 아빠가 바로 아들 하나 낳자고 결혼을 여섯 번이나 한 헨리 8세다.

헨리 8세의 첫 부인은 스페인 출신 캐서린 공주였다. 그리고 둘 사이에서 태어난 딸이 메리 1세다. 그러나 헨리가 원했던 건 아들! 캐서린이 아들을 못 낳자 이혼하고 캐서린의 하녀였던 앤 불린과 결혼한다. 하여간 그 과정에서 로마 교황이 캐서린과의 이혼을 허락 안 해 주니까 헨리는 교황과 '손절'하고 아예 새 종교를 만드는데 나중에 성공회가 되는 영국 국교다.

아들을 낳아 주겠다 약속하고 헨리와 결혼한 앤 불린은 결국 딸을 낳고, 남편에게 사형을 당한다(이 딸이 나중에 엘리자베스 1세가 된다). 하여간 여러 번의 결혼으로 정말 어렵게 아들 하나를 얻지만 그 아들도 일찍 죽어 버린다! 그래서 어쩔 수 없이 헨리 8세 다음 왕으로 장녀인 메리가 여왕이 되는데…….

메리 입장에선 영국 국교가 미울까? 좋을까? 당연히 증오 그 자체였다. 왜? 자기 아빠가 자기 엄마 캐서린과 이혼하기 위해 만든 종교, 즉 자기 엄마 가슴에 대못을 박은 종교였기 때문. 그래서 메리 1세는 여왕이 되자마자 '다시 가톨릭으로!'를 선언했고 그에 맞서는 인간들을 다 처형했다. 아주 많이 처형했다. 그래서 피의 메리라고 불린다.

메리 1세
(Public domain | Wiki Commons)

1836년 11월 18일, 우리 역사와도 인연이 깊은
청나라 군인 정여창이 태어났다.

왜 우리 역사와 관계가 깊나? 1882년 조선에 임오군란이 일어난다. 고종이 신식 군대만 예뻐하고 구식 군대는 월급을 13개월이나 안 주고 차별을 하니, 구식 군대가 '월급 달라!' 외치며 들고일어난 사건이다. 고종은 밀린 월급을 주는 대신에 청나라에 원군을 보내 달라고 SOS를 친다! 개인적으로 필자가 고종을 정말 싫어하는 이유 중 하나다. 그냥 월급 주면 되잖아! 왜 외국 군대를 끌어들이냐고!

하여간…… 이때 청나라군을 이끌고 온 장군 중 하나가 바로 정여창이다. 정여창은 구식 군대의 난을 무력으로 진압해 버린다. 그리고 '조선은 청나라의 속국이다!'란 것을 다시 한번 온 세상에 보여 준다. 그리고 청나라로 돌아간 정여창은 중국 내에서도 승승장구한다. 그러나! 1894년 청일전쟁이 터지자 청나라의 해군 책임자로 일본과의 해전을 벌였다가…… 크게 패한다. 정여창은 아편을 먹고 자결을 한다.

청나라 장군이 독약을 먹고 죽었다는 소식을 들은 일본군은 정여창의 시신을 찾아내서 '예의를' 갖춰 청나라 진영으로 보내 준다. 그리고 그의 시신 앞에서 일본군은 경례까지 올린다. 이게 나중에 1966년 시작된 중국의 문화대혁명 때 문제가 된다. 홍위병들이 정여창의 시신을 도굴해 불 질러 버린 것! 일본에 항복한 중국의 원수라는 이유 때문에. 그리고 그의 관을 뜯어서 공산당 관공서 구내식당 의자로 만들어 버리는 굴욕까지 준다.

1598년 음력 11월 19일, 이순신 장군이
임진왜란의 마지막 전투, 노량해전에서 전사하셨다.

그리고 임진왜란은 끝이 났다. 임진왜란은 단지 우리나라 역사뿐 아니라 중국, 일본사도 뒤흔들어 놓은 세계 대전이었다. 일단 명칭 '임진왜란' 자체에 문제가 있다. 그 전쟁은 '왜구'가 일으킨 전쟁이 아니라 일본 정규군이 일으킨 전쟁이다. 즉, '왜구가 일으킨 난(왜란)이 아니라 명나라, 조선, 일본 세 나라의 정규군이 참전한 '임진년 동아시아 국제전'이다.

또 그 전쟁은 우리가 이긴 전쟁이다. 도망가는 일본군을 마지막까지 추격한 전투가 노량해전이다. 이 전쟁 이후 일본은 정권이 바뀐다. 도요토미 히데요시 세력이 몰락하고 도쿠가와 이에야스가 주축이 된 에도 막부 정권이 들어선다.

조선에 원군을 보낸 명나라도 무리해서 파병을 해 준 여파로 1644년 나라가 망해 버린다. 그리고 조선의 이순신 장군과 수군, 막강한 화포의 위력에 놀란 일본은 그 이후 조선에 대한 무력 침공을 꿈도 꾸지 않았고 조선과의 외교 회복에 진심으로 노력한다. 물론 임진왜란 300여 년 후…… 근대화에 성공한 일본이 조선(정확하게는 대한제국)을 멸망시켰지만은.

아산 이충무공 유허
(ⓒ 국가유산청 현충사관리소 | 국가유산청)

1912년 11월 20일, 오스트리아의 마지막 황태자 오토 폰 합스부르크가 태어났다.

중국 청나라의 마지막 황제 푸이와 같은 인생을 살았다. 한마디로 비참한 삶. 그가 마지막 황태자였단 말은 그의 아버지 카를 1세가 오스트리아의 마지막 황제란 말이겠지. 당시 오스트리아 황실은 모두 합스부르크 가문이었다. 간단하게 이렇게 생각하면 된다. 조선의 왕은 다 '전주 이씨'. 그리고 오스트리아 황제는 다 '합스부르크 씨'. 유럽 최고의 명문 가문이지.

하여간 그가 아직 황태자였던 1918년, 오스트리아 제국(황제가 다스리는)이 멸망하고 공화국이 들어선다. 즉, 그때부터 그는 '전직 황태자'가 된 것. 그리고 오스트리아를 떠나 외국을 전전하며 떠돌이 생활을 한다. 왜? 새로 들어선 공화국 정부가 '전직 황족'들을 사실상 다 국외로 추방시켜 버렸기 때문. 또다시 황제국이 들어설 가능성을 원천 차단하기 위해서.

그러다가 독일에 히틀러가 등장을 하고 히틀러는 자기 모국인 오스트리아를 독일에 강제 합병해 버린다. 그리고 히틀러는 이 비운의 황태자를 자기편으로 끌어들이기 위해 애를 쓴다. 왜? 몰라했지만 '내가 히틀러를 지지한다'라는 황태자의 한마디는 엄청난 파워를 가지기 때문에. 하지만 히틀러의 제안을 다 거절하고 미국으로 넘어가 망명 생활을 한다. 2차 대전이 끝난 후 서독으로 건너와 평범한 서독 시민으로 살다 2011년 98세의 나이로 생을 마감한다.

1694년 11월 21일, 프랑스의 철학자이자 작가 볼테르가 태어났다.

프랑스 하면 어떤 단어가 생각나시는가? 가장 대표적인 것이 바로 '톨레랑스(tolerance)' 즉 '관용'이다. 종교가 다르다고, 생각이 다르다고 남을 욕하고 비난하는 것이 아니라 다 끌어안고 포용해 주는 정신. 톨레랑스! 이 톨레랑스를 프랑스의 정신으로 만들어 준 사람이 바로 볼테르다. 그가 활동하던 당시 프랑스는 구교(가톨릭)와 신교(개신교)와의 싸움이 극에 달하던 때. 즉, 서로 관용하는 대신 서로 부딪치고 죽이던 때였다. 그런 현실이 정말 마음에 안 들었던 볼테르는 모든 걸 돌려 까는 '모두까기 인형'이 된다. 즉, 모든 불합리한 것들을 다 비판하기 시작한다. '왜 관용하면 안 되는가? 왜 신교는 구교를 포용하면 안 되는가? 왜 프랑스는 왕권이 이다지도 강한가? 민중이 권력을 가지면 안 되는 것인가?' 등.

그러다가 귀족에게 찍혀 영국에 잠시 도피하게 되는데 그곳에서 그는 큰 충격을 받는다. 왜? 당시 영국은 의회 시스템이 자리를 잡아 의회가 권력을 잡고 왕도 마음대로 비판하던 때. 이런 영국의 정치 선진화를 경험한 그는 다시 프랑스로 돌아와 더욱 강력해진 모두까기 인형이 된다. 프랑스 왕, 귀족, 심지어 교황까지 비판하며 이런 모든 부조리를 해결할 수 있는 건 서로서로 다 포용하는 관용이란 점을 죽을 때까지 강조한다.

참고로 '난 너의 의견에 동의를 하진 않지만 네가 그 말을 할 수 있는 권리는 내 목숨을 걸고 지키겠다'란 유명한 말⋯⋯ 볼테르가 한 말로 알려져 있는데 말의 뜻은 볼테르의 철학이 맞지만, 말 자체는 볼테르가 한 말은 아니다. 실망하셨나? 🐵

1963년 11월 22일, 당시 미국 대통령
존 F. 케네디가 암살당했다.

민주당 대통령이었던 케네디는 1964년 재선을 앞두고 공화당 텃밭 즉, 적진이었던 텍사스주 댈러스를 유세차 방문했다. 그는 카퍼레이드 중 저격당했다. 암살 장면이 미 전국에 생중계가 되었다. TV로 실시간 시청하던 미국인들은 엄청난 충격에 빠진다.

리 하비 오스월드란 인간이 대통령을 쏘고 도주했다. 그는 2시간 만에 근처 극장 안에서 바로 체포된다! 이는 음모론을 불러일으켰다. 경찰은 그가 저격범인지 어찌 알았고 또 해당 극장에 숨어 있다는 걸 또 어찌 알았을까? 하여간 체포된 오스월드는 바로 이틀 후, 잭 루비라는 동네 나이트클럽 사장에 의해 암살당한다! 해당 경찰서는 일개 동네 클럽의 사장이 총을 들고 들어갈 수 없던 곳이었다! 그 클럽 사장은 교도소에 수감된 후 사건에 대해 입을 꾹 다물고 있다 1967년에 갑자기 병으로 죽는다.

그 말은? 케네디 암살에 직접적으로 관련된 인물들이 다 죽었다는 것. 케네디 암살의 진실은 영원히 미스터리가 된다. 그리고 수많은 음모론들이 쏟아져 나온다. 누가 죽였을까? 배후엔 누가 있을까? 참고로 이 사건 이후 미 대통령은 반드시 뚜껑이 덮인 전용 방탄차를 타고 다닌다.

1859년 11월 23일 (혹은 17일로 추정), 미국 서부 개척 시대의 총잡이 빌리 더 키드가 태어났다.

1988년에 개봉된 영화 〈영건〉이라고 혹시 기억하시나? 기억하신다면 올해는 꼭 건강검진을 받자. 그럴 나이다. 하여간 그 영화가 바로 빌리 더 키드와 그를 따르던 어린 건달 총잡이들의 실화를 바탕으로 한다. 영화 개봉 당시 이 어린 연쇄살인범들을 너무 미화했다는 비판이 엄청났다. 하여간 실제로 빌리 더 키드(본명은 헨리 매카시)는 12살이 되던 해, 자기 어머니를 성폭행한 남자를 죽인 후 떠돌이 생활을 시작한다. 그러던 중 존 턴스톨이란 갱 두목 밑에 들어가 부하로서 제2의 인생을 시작하는데…… 그의 보스가 라이벌 갱의 뇌물을 받은 보안관이 쏜 총에 죽고 만다! 여러분 같으면 이 상황에서 어찌할 것인가? 그 조직을 떠나 다른 조직에 들어가겠나? 빌리 더 키드는 떠나지 않았다. 자기 보스를 죽인 보안관, 그리고 죽이라고 뇌물을 준 라이벌 모두를 다 죽이는 복수를 한다. 복수는 그렇다 쳐도 보안관을 죽인 것은 선을 넘은 것!

전국적으로 수배령이 내려지고 그때부터 그를 쫓는 공권력, 그리고 도주하는 빌리 더 키드의 추격전이 벌어진다. 이 과정에서 빌리 더 키드가 죽인 사람만 21명! 도주 과정에서 지친 빌리 더 키드는 팻 개릿이란 술집 바텐더와 친해지는데…… 이 바텐더가 어느 날 보안관이 되더니 빌리 더 키드를 전격 체포하고 만다! 다시 감옥을 탈출해 도주하는 과정에서 팻 개릿 보안관이 쏜 총에 맞아 짧은 생을 마감한다. 21살이었다. 이 대략적인 실화 스토리를 알고 난 후 영화 〈영건〉을 한번 보라. 정말로 살인범을 미화한 영화인지, 아니면 시대를 잘못 만난 젊은이를 그린 진실에 가까운 영화인지.

1361년 11월 24일, 중국 원나라 말기에 일어난 홍건적이 압록강을 건너와 결국 개경을 공격했다.

이 홍건적 떼는 왜 생겼고, 왜 이 '중국 무장 건달들'은 고려 수도 개경까지 밀려왔을까? 일단 원나라는 몽골족이 세운 나라다. 그런데 몽골족의 원나라 정부는 철저하게 '민족 차별'을 했다. 몽골족 1등, 이슬람교를 믿는 중동인들 2등, 북부 중국의 한족 3등, 그리고 남부 중국의 한족 4등. 엥? 중동인이 2등? 그렇다. 당시 몽골족은 자기들이 점령한 한족을 믿지 못해서 중동에서 전문가들을 '수입'해 와 원나라의 고위 공무원을 시켰다.

그럼 한족 가운데서도 북부와 남부 차별은? 북부 한족은 몽골족에 조금 대항하다 바로 항복했는데 남부 한족들은 남송이라는 나라를 세워 몽골족에 끝까지 저항했다. 거기에 대한 벌이었다. 즉, 남부 한족들은 거의 비참한 노예 생활을 했는데…… '더 이상 못 참겠다! 물러가라, 몽골족!'이라고 들고일어난 것이 바로 남부 한족을 중심으로 한 홍건적이었다. 머리에 붉은 수건을 썼다고 해서 붙여진 이름.

홍건적 대 몽골의 원나라군! 대결이 시작되었나. 원나라군도 만만치 않았다. 한때 세계를 다 정복했던 분들인데 그게 어디 가려고. 원나라군에 밀린 홍건적이 북쪽으로 밀리고 밀리고 하다…… 어어어! 압록강을 건너 고려 땅까지 얼떨결에 들어오게 된다. 이 홍건적들이 '이왕 온 김에 고려를 점령하고 우리의 새로운 거점으로 만들자' 하고 수도 개경까지 쳐들어온 것이다. 물론 다 알다시피 개경까지 점령한 홍건적을 당시 고려의 젊은 장수가 다 박살을 내고 전국구 스타가 된다. 그게 바로 이성계다. 어찌 보면 중국사와 우리 국사는 참으로 많이 연결된다.

1914년 11월 25일, 미국 메이저리그 전설의 홈런왕이자 여배우 매릴린 먼로의 전남편 조 디마지오가 태어났다.

이 인물이 뉴욕 양키스의 전설적인 홈런왕이었던 과거보다 여기서는 매릴린 먼로의 남편이었던 부분에 주목하자. 한마디로 '망나니' 같은 남편이었다. 부인을 때렸다. 홈런왕이 야구 방망이로 부인을 팼다. 12살 연하였던 먼로는 어렸을 때부터 아빠가 없는 걸 큰 '삶의 구멍'으로 여겼다. 그래서 남자를 만날 때 의지할 수 있는 연상의 남자를 주로 만났다. 그러다가 만난 것이 띠동갑인 디마지오였다.

당시 디마지오는 야구를 거의 은퇴하기 직전의 한물간 늙은 선수였고 먼로는 할리우드의 샛별이었다. 당연히 남편은 이 어리고 예쁜 부인이 '혹시 바람을 피우나' 오버할 정도로 의심했고 결국 의처증으로 도진다. 디마지오는 그랬다지. 한창 부인을 폭행하고 나서는 울며 껴안고 '미안해. 내가 너무 사랑해서 당신을 때린 거야'라고. 미친 인간이었다. 폭력을 못 견뎠던 먼로는 디마지오와 이혼한다.

자기 딴에는 부인을 너무도 사랑했던 것 같다. 죽기 직전 유언이 '이제 매릴린을 보러 갈 수 있겠군'이었단다. 그리고 평생 먼로를 죽인 것이 바람둥이 케네디 대통령이라 생각했고, 바람둥이 정치인을 정말로 미워했다. 바람둥이 정치인의 대명사 빌 클린턴 전 대통령이 디마지오에게 악수를 청했을 때 매몰차게 거절한 건 유명한 일화.

1844년 11월 26일, 벤츠 자동차의 설립자
칼 벤츠가 독일에서 태어난 다음 날이다.

'휘발유에서 나는 힘으로 움직이는 탈것.' 바로 벤츠가 본인이 인류 최초로 만든 내연 기관(현재 우리가 휘발유, 경유를 넣고 타는 자동차 엔진) 자동차 특허를 신청하면서 쓴 설명이다. 맞다. 지금 우리가 기름 넣고 타고 다니는 자동차는 칼 벤츠가 발명했다. 이런 생각 안 해 봤나? 왜 이름난 차들은 대부분 독일에서 만들었나 하는 생각을? 이건 다 영국 때문이다. 사실, 상업용 자동차를 처음 개발한 나라는 영국이다. 1840년대에 이미 영국은 증기로 굴러가는 증기 버스를 만들어 돈을 받고 승객을 태우고 다녔다. 맞다. 영국이 자동차 선진국이었다.

그런데! 이런 증기 자동차에 시비를 거는 사람들이 있었다. 바로 마부들과 마차 산업 관계자들. '자동차 때문에 우리가 실직자가 되고 있다! 타도 자동차!'를 외친 것. 그리고 영국 의회에 엄청난 로비를 한다. 결국 영국 의회는 1865년, 붉은 깃발법이란 걸 통과시킨다. 자동차는 시내에서 시속 3킬로(사람 걷는 속도)로밖에 못 달리고 자동차 앞엔 반드시 붉은 깃발을 든 기수가 서 있어서 근처에 마차가 다가오면 깃발을 들고 뒤에 따라오는 자동차를 세우게 한 법이다. 맞다, 마차 산업을 보호하고 자동차 산업을 망하게 하려 한 법이다.

영국에 있던 자동차 전문가들은? 영국을 떠나 프랑스, 특히 기술자를 소중히 여기던 독일로 간 것이다. 그 기술을 전수받은 독일은 결국 인류 최초의 내연 기관 자동차를 발명하고 자동차 강국이 된다.

칼 벤츠가 만든 세계 최초의 차 '페이턴트 모터바겐' 그림
(Public domain | Wiki Commons)

1095년 11월 27일, 로마 교황 우르바노 2세가
십자군 전쟁 시작을 선언했다.

　명분은 '이슬람이 점령한 성지 예루살렘을 되찾자!'였다. 그리고 약 200년에 걸쳐 총 8차례 전쟁을 치른다. 결과는? 이슬람 승. 기독교 패. 생각해 보라. 단 한 번 전쟁에서 져도 자존심이 구겨지는데 200년 동안 싸웠는데도 졌다면 로마 교황의 권위는 어찌 되었겠는가? 바닥도 아니라 지하실까지 추락했겠지. 그러면서 슬슬 프랑스 등 각 지역의 왕들이 들고일어난다.

　'교황 별것 아니네. 우리가 왜 교황의 말을 들어야 하지? 이제는 왕 노릇 좀 제대로 해 보자!'라고. 즉, 교황권은 땅에 떨어지고 각 나라의 왕권은 점점 커지기 시작한다. 이런 가운데 터진 것이 바로 1309년의 '아비뇽 유수'다. 유수(幽囚)란 말은 '어디에 잡아 가두다'란 말. 즉, '아비뇽에 가두다'란 말이다. 누구를? 교황을.

　엥? 교황을 가둔다고? 당시 프랑스 왕 필리프 4세는 이미 한물간 교황의 말을 들을 생각이 전혀 없었다. 당시 교황은 보니파시오 8세. 둘이 알력 싸움을 하다 필리프 4세의 신하가 교황의 뺨을 갈기는 일이 발생한다! 충격을 받은 교황은 시름시름 앓다가 죽는다. 이런 교황 자리 공백 사태 끝에 프랑스 출신 신임 교황이 선출되는데…… 필리프 4세는 새 교황이 로마 교황청으로 가는 걸 막고 남부 프랑스의 아비뇽이란 곳에 잡아 가둬 버린다. 그리고 교황청을 아예 아비뇽에 새로 만들어 버린다. 이게 아비뇽 유수다. 십자군 전쟁에 패한 로마 교황청이 당한 최대의 굴욕이었다.

**1989년 11월 28일, 당시 공산 국가였던 체코슬로바키아가
여러 정당이 정치에 참여하는 다당제를 받아들였다.**

이 민주화 혁명을 벨벳혁명이라고 부른다. 왜? 사망자 없이 벨벳과 같이 부드럽게 혁명이 성공했다고 해서. 사실 체코슬로바키아는 1940년대부터 구소련의 위성 국가로서 동유럽의 공산 국가였다. 그러다가 1968년 한번 바짝 민주화 혁명 시도가 있었는데 소련이 탱크를 몰고 들어와 민주화 시위를 무력 진압해 버린다. '어딜 감히 민주화를 시도해! 체코는 공산 국가야!' 하면서 말이다. 이 1968년 민주화 시위를 '프라하의 봄'이라고 부른다. 잠깐 민주주의의 봄이 올 뻔했다 해서 말이다. (참고로 우리의 '1980년 서울의 봄'도 이 프라하의 봄 이름을 빌려 온 것.)

하여간 프라하의 봄 실패 이후 체코슬로바키아는 더욱더 민중을 탄압하는 최악의 공산 국가가 된다. 그런데 작용이 있으면? 반작용이 있지. 때는 1989년. 베를린 장벽이 무너지고 슬슬 소련도 무너질 조짐도 보이기 시작하네. 수많은 체코슬로바키아 국민들이 거리로 쏟아져 나왔다. 우리도 민주주의 하자고. 수도 프라하 중심가에 최대 100만 명이니 되는 시위대들이 모였다.

공산당은 고민한다. 무력 진압을 할 것인가, 시위대의 요구를 들어줄 것인가……란 고민. 결국 100만 명을 다 몰살시키는 건 비현실적이란 결론을 내리고 시위대의 요구, 즉 민주화 요구를 들어준다. 그리고 공산 정권도 몰락한다. 사망자 하나 없이. 부드러운 벨벳혁명이 성공한 것이다. 우리가 지금 프라하에 가서 아름다운 사진을 편하게 찍을 수 있는 것도 이 벨벳혁명 성공 덕분이다.

1947년 11월 29일, 유엔이
팔레스타인 분할안을 채택했다.

팔레스타인 땅을 '팔레스타인 영토' 그리고 '이스라엘 영토', 이렇게 둘로 쪼갠 것이다. 그 여파가 지금까지 이어지면서 팔레스타인의 비극이 벌어지고 있다. 지금으로부터 2천 년 전, 원래 팔레스타인 땅엔 유대인들이 살았다. 그리고 당시 유대의 땅은 로마의 식민지였다. 그러다가 유대인들이 '로마 물러가라! 우리도 독립하자!'란 운동을 벌이고 로마는 대규모 군대를 끌고 와서 이들을 박살 낸다. 그리고 수많은 유대인을 유럽으로 끌고 와 노예로 만들어 버린다.

그 이후 유대인들은 2천 년 동안 나라 없이 떠돌이 생활을 한다. 그러다가 유럽에서 금융업(고리대금업)으로 돈을 좀 번 유대인들, 고향인 팔레스타인으로 돌아가기 시작한다. 문제는 그 빈집에 이슬람교를 믿는 지금의 팔레스타인 주민들이 그 땅을 고향으로 삼고 살고 있었다는 것! 여기서 상황이 애매해진다. 2천 년 전 주인(유대인)이 진짜 땅 주인인가, 2천 년 전부터 지금까지 살고 있는 현 주인(팔레스타인인)이 진짜 땅 주인인가 하는 문제.

유대인들은 엄청난 자금력으로 국제 사회의 여론을 친 유대인 쪽으로 끌고 간다. 결국 유엔까지 설득해서 팔레스타인 땅을 거의 반반씩 나누게 된다. (사실 유대인들에게 땅이 더 돌아갔다. 약 56%.) 문제는 팔레스타인 인구가 훨씬 많았다는 것. 당연히 팔레스타인인들을 반발했고 유대인들은 '또 땅을 빼앗기면 영원히 떠돌이다'란 각오에 팔레스타인 주민과 주변 아랍 국가들의 반대에도 기어이 다음 해인 1948년 기습적으로 새로운 유대인 국가, 이스라엘 건국을 선언해 버린다. '아랍권 대 이스라엘'의 갈등은 지금까지 이어지고 있다.

1874년 11월 30일, 영국 총리 윈스턴 처칠이 태어났다.

처칠에 대한 이야기를 어찌 짧게 하겠는가. 아주 간단하게 중요 포인트만 언급하겠다. 일단 2차 대전 때 독일의 히틀러와 맞서 싸워 이긴 영국의 영웅이다. 2차 대전 직전까지만 해도 영국은 '에이, 히틀러는 전쟁 안 일으킬 거야. 전쟁이 뭐 애들 장난인가?'란 분위기였다. 그런데도 (아직 총리는 아닌 정치인) 처칠은 '정신 차려! 히틀러는 반드시 전쟁 일으킨다고!'라고 경고를 했지. 여론은? 처칠에게 안 좋게 돌아갔다. 전쟁광이라고.

그런데 결과는? 맞다. 처칠의 경고대로 히틀러는 2차 대전을 일으키고 만다. '전쟁 안 일어난다'라고 했던 영국 총리(체임벌린)는 쫓겨나고 바로 처칠이 총리가 된다. 그리고 히틀러와 맞서 싸운다. 히틀러가 런던 대공습을 할 때도 대피하지 않았고, 현장에서 반격을 지휘했다. 공습이 끝난 후엔 바로 직접 피해 복구 현장에 달려갔다. 영국 국민들은 처칠의 지휘하에 똘똘 뭉쳤고 결국 전쟁에서 승리했다. 전쟁 영웅 맞다.

그런데…… 우리 역시 입장에선 그다지 빅수를 보낼 인물은 또 아니다. 2차 대전이 한창이던 1943년, 처칠은 미국의 루스벨트, 중화민국의 장제스와 이집트 카이로에서 만난다. 우리가 국사 시간에 배웠던 카이로 회담이다. 이 자리에서 처칠은 당시 일본 식민지였던 한국의 독립을 은근히 반대했다고. 엥? 왜? '한국을 바로 독립시켜 주면 당시 영국의 식민지였던 인도도 바로 독립을 요구할 수 있다'란 우려 때문에. 그에 대한 평가는 여기까지.

Dec. 18

미국
노예제 폐지

Dec. 22

프랑스
드레퓌스 사건

Dec. 13

중국
난징대학살

12월

2017년 12월 1일, 일본의 게임기 회사 닌텐도가 오락기 '닌텐도 스위치'를 한국에서 판매하기 시작했다.

이 회사의 역사는 꽤 오래됐다. 1889년에 일본에서 문을 열었으니. 1889년에도 전자오락기가 있었냐고? 당연히 아니다. 처음에 닌텐도는 화투를 만드는 회사였다. 맞다. 우리가 고스톱을 칠 때 쓰는 그 화투. 관련해서는 이 책의 7월 15일 글에서 설명해 드렸다. 여기에서는 좀 다른 이야기를 들려드리겠다.

이 회사가 전자오락 사업에 처음 뛰어든 것은 1970년대 말. 그리고 내놓은 제품이 바로 그 이름도 유명한 '동키콩'이다! 하긴 요즘 젊은 친구들은 이 게임을 모를 수도 있겠다. 유튜브 등에서 찾아보면 '아! 이 게임!' 할 거다. 간단하게 말하면 킹콩이 납치해 간 여자 친구를 점프맨이란 남자 친구가 구출해 오는 게임이다.

닌텐도는 이 게임을 더욱 발전시키기 위해 1980년, 전자게임의 원조국 미국에 직접 진출해 연구에 들어간다. 그런데 연구소 건물 월세를 몇 개월 동안 못 내 쫓겨나게 된 것. 당시 닌텐도는 그랬다. 돈이 없었다. 화가 난 미국 건물주가 찾아와 '밀린 월세 내놔!'라고 역정을 냈다. 그때 닌텐도 연구원들은 '저 화가 난 미국 건물주 얼굴을 우리 새로운 게임 캐릭터로 쓰자!'고 해 버린다. 나름 귀여운 복수였다. 그리고 그 미국 건물주의 이름을 실제 새로운 캐릭터 이름으로 써 버린다. 이름은 마리오였다. 닌텐도의 대표적 인기 캐릭터 '슈퍼 마리오'가 탄생하는 순간이었다.

1980년 12월 2일, 나이키가 뉴욕증권거래소에 처음으로 상장됐다.

맞다. 운동화 만드는 바로 그 나이키. 나이키는 1964년, 육상 선수 출신인 미국의 필 나이트란 사람이 만든 회사다. 당시 미국은 서독 브랜드인 아디다스가 장악하고 있었다. 필 나이트는 그게 정말 싫었다. 미국만의 당당한 스포츠 브랜드를 만들고 싶어서 나이키를 설립했다. 브랜드 이름은, 부하 직원이 꿈속에서 그리스 신화 속 승리의 신 니케(Nike)를 봤다고 필 나이트에게 말한 후 정해진 이름. 로고는 캐럴린 데이비슨이란 디자인 전공 여학생이 단돈 35달러 정도만 받고 그려 준 것.

그리고 나이키의 상징이라고 할 수 있는 '와플 밑창'은 공동 창업자인 빌 바우어만이란 사람이 집에서 밥을 먹다, 아내가 와플 기계에 실제 와플을 찍어 내는 걸 보고 '아! 저걸로 신발 밑창 만들자!'란 아이디어로 탄생한 것이다. 또 나이키 밑창의 상징인 '에어쿠션'도 미국의 나사(NASA) 엔지니어 출신익 '이걸로 신발 밑창 한번 만들어 보세요'란 아이디어로 만들어진 것이다.

혹시 그거 아시나? 1970~1980년대 나이키 대부분은 한국 부산에서 만들었다는 것? 당시 부산은 세계 신발의 수도였다. 마이클 조던이 처음 신었던 '에어 조던 1호'도 부산 나이키 공장에서 만들었다.

〈사모트라케의 니케〉 조각
(Public domain | Wiki Commons)

1889년 12월 3일 한국전쟁 낙동강 전투의 영웅,
전 미8군 사령관 월턴 워커 장군이 태어났다.

워커 장군은 1, 2차 세계 대전에 미군 장교로 참전한 미국의 전쟁 영웅이었다. 그 유명한 노르망디 상륙 작전에도 직접 참가했다. 이 노장이 한반도에서 전쟁이 터지자 미8군 사령관으로 '북한군을 원래 38선 북쪽까지 밀어 올려 원위치시켜라'란 명령을 받고 한국전쟁에 참전한다. 그러나 파죽지세로 밀고 내려온 북한군은 대구 근방 낙동강까지 몰려들었다. 이른바 '낙동강 전선'이 만들어진 것이다.

워커 장군은 낙동강 전선의 미군들에게 이 유명한 말을 했다. 'Stand or Die!' 이 자리를 지키든지 아니면 여기서 죽자는 말. 이 전선이 뚫리면 부산의 그 많은 피난민들이 다 학살당할 것인데 군인으로서 그런 참극은 못 본다는 각오였다. 오죽했으면 미 의회에서도 '미국도 아니고 동양의 이름 모를 나라에서 미국 젊은이들을 희생시킬 수 없다! 당신 군국주의자냐?'란 항의가 나왔다고. 그때 워커의 상관이었던 맥아더 장군이 '우리 군인은 그런 거 모른다. 전투가 앞에 있으면 싸울 뿐이다'란 말로 지원해 줬다.

워커 장군의 미군과 우리 국군의 처절한 방어로 낙동강 전선을 지킬 수 있었다. 워커 장군은 전쟁이 한창이던 1950년 겨울, 차량 사고로 사망했

1950년대 38선의 모습
(Public domain | Wiki Commons)

다. 전쟁이 끝난 후 한국 정부는 워커 장군의 공을 기리기 위해 지금의 서울 광진구 아차산에 그의 이름을 딴 언덕을 하나 만들어 준다. 바로 '워커힐(Walker hill)'이다.

1892년 12월 4일, 스페인의 독재자
프란시스코 프랑코가 태어났다.

1939년부터 그가 사망한 1975년까지 40여 년 동안 스페인을 무자비하게 독재 통치한 인물이다. 자, 이 인물은 1936~1939년까지 3년 동안 벌어진 스페인 내전에 참전해 승리한 후 권력을 잡은 사람이다. 이 복잡한 스페인 내전 얘기를 아주 쉽고 간단히 설명하겠다.

스페인은 한때 정말 잘나갔다. 중남미 대륙 거의 전체가 다 식민지였으니. 그런데 아메리카 대륙에 등장한 신흥 강자 미국에 밀려서 있던 식민지 다 날리고 '유럽의 병자'가 되어 버린다. 관리할 식민지가 없어지니 군대도 필요 없어졌다. 스페인군은 '국내 방어용'으로 규모가 쪼그라들어 버린다. 이런 과정에서 스페인군은 '스페인이 이 모양 이 꼴이 된 건 우리 군대 잘못이 아니라 못난 정치인들 때문이다'란 생각에 쿠데타를 일으킨다. 그 주동 인물이 바로 프랑코였다.

당시 스페인 정부는 공산당이 주도했는데 프랑코는 '타도 공산당! 타도 사회주의! 타도 무능한 스페인 정부!'를 외쳤던 것. 그리하여 스페인 정부군과 군부 쿠데타 세력 간의 전쟁이 벌어지는데 이것이 바로 스페인 내전이다. 결론부터 말하자면 군부의 승리, 프랑코의 승리였다. 이기자마자 프랑코가 한 일은? 반대 세력 20만 명을 몰살시키는 일이었다. 그런 다음 본인이 죽을 때까지 무자비한 철권 독재를 한다. 굉장히 잔인했다. 반대파의 어린 자녀들까지 납치해 와 죽인 후 암매장까지 한다. 그 희생자 아이들의 숫자는 확인된 것만 3만 명이 넘는다. 〈판의 미로〉란 영화가 있다. 스페인 내전을 그린 영화다. 이번 주말에 한번 보시는 건 어떨까?

1833년 12월 5일, 을사늑약에 저항한 대한제국의 의병장 최익현 선생이 태어나셨다.

최익현 선생을 한마디로 정의하면 대쪽 그 자체다. 우회전 좌회전 없다. 무조건 직진이다. 그만큼 원리 원칙대로 사신 분이다. 일단 우리가 국사 시간에 배운 것처럼 흥선대원군의 '불법 통치'에 제동을 거셨다. '왕도 아닌 왕의 일가가 무슨 근거로 통치를 하냐?'란 논리로 흥선대원군을 자리에서 몰아냈다. 하긴 맞는 얘기지. 흥선대원군은 왕의 아빠지, 무슨 정식으로 통치권을 받은 건 아니잖나.

1876년 일본과 굴욕적인 강화도 조약을 조선이 체결하자 도끼를 메고 광화문에 나가 '조약 취소하라!'라고 외치신 분이다. 1905년 우리가 일본에 외교권을 빼앗긴 을사늑약이 체결되자 붓을 놓고 총을 잡으시고 의병 활동도 하셨다. 결국 '우리' 관군에 체포되어 일본 대마도로 유배를 가신다. 대마도주는 최익현 선생에게 조선 옷을 벗고 일본 옷을 입으라고 강요한다. 격분한 최익현 선생은 단식에 들어간다. 그때 이미 선생의 나이는 74세. 단식 후유증으로 대마도 땅에서 순국하신다.

대마도에 가면 최익현 선생이 돌아가신 후 조선 땅으로 시신이 운구되기 전 시신이 잠시 안치되었던 수선사란 절이 있다. 한적한 시골 마을 골목 안에 있다. 최익현 선생의 숨결을 느끼러 그 절을 방문하기 위해 그 골목길에 들어서면 주민들이 굉장히 싫어한다. '한국인들이 너무 많이 와 시끄럽다'고. 하…… 더 이상의 설명은 생략한다.

채용신 필 최익현 초상
(ⓒ 국립중앙박물관 | e뮤지엄)

1877년 12월 6일, 미국에서 가장 오래된 신문사 중 하나인 〈워싱턴포스트〉가 창간됐다.

〈워싱턴포스트〉는 역사에 큰일을 하나 한 신문사다. 바로 미국의 닉슨 대통령이 스스로 물러나게 만든 워터게이트 사건을 폭로한 언론사이기 때문. 이 책 앞에서도 여러 번 언급했지만 워낙 중요한 사건이니 다시 한번 복습해 보자.

리처드 닉슨은 1968년에 대통령에 당선된다. 당시 미국 경기도 좋았기에 1972년 재선은 가만히 있어도 가능했다. 그런데 공화당 소속이었던 닉슨은 케네디가 속했던 민주당을 완전 박살을 내 버리고 싶었다. 자신은 돈이 없어 못 간 하버드대학교를 나오고, 잘생기기까지 한 케네디에 열등감이 있었던 것. 그래서 당시 워터게이트 빌딩 안에 있던 민주당 선거사무소를 몰래 도청한 것이다.

이 모든 비리를 주도적으로 폭로한 신문사가 바로 〈워싱턴포스트〉이며, 그 주인공은 기자 밥 우드워드와 칼 번스타인이다. 이들의 폭로로 닉슨은 미국 사상 최초로 임기 중에 사임한 대통령이 되었으니 세기의 특종이다. 닉슨은…… 무리를 하다 자기 무덤 자기가 판 거다. 👓

1941년 12월 7일 일요일 아침, 일본이 하와이 진주만을 무차별 공격했다.

이곳에는 미 태평양함대사령부가 있었다. 일요일 아침 휴일을 즐기던 미군 2,000명 이상, 그리고 민간인 100여 명이 사망했다. 그리고 바로 다음 날 미국은 일본에 선전포고를 하고 태평양 전쟁을 시작한다. 당시 일본도 알았다. 미국과 1:1 전면전을 하면 일본은 지도에서 지워진다는 것을. 그럼에도 불구하고 왜 일본은 진주만 공습이라는 무리수를 둔 것일까?

일단 일본은 1937년 중국 대륙을 침공하면서 중일전쟁을 일으킨다. 그리고 같은 해 12월 13일, 수십만 명의 민간인을 살해한 난징대학살을 일으킨다. 이걸 보고 미국은 '저 일본, 해도 해도 너무한 거 아니야?'란 생각을 했지만…… 막상 무슨 수는 안 쓴다. 왜? 당시 미국은 고립주의라고 해서 미국에 직접적인 피해를 주지 않는 한 유럽과 아시아 등의 일에 신경 끄는 정책을 가지고 있었다.

그런데! 1939년 유럽에서 히틀러가 2차 대전을 일으키고 프랑스를 점령해 버린다. 막말로 프랑스란 나라가 잠시 없어진다. 그 말은 당시 프랑스 식민지였던 베트남의 '주인 국가'가 없어졌다는 말. 이걸 보고 일본은 중국을 넘어 베트남까지 넘본다. 그리고 바로 베트남을 침공해 접수해 버린다. 이게 미국 입장에선 넘지 말아야 할 선이었다. 미국은 즉시 일본으로 수출하던 원유를 끊어 버렸고, 일본은 생각한다. '미국을 협상 테이블로 불러올 수 있는 큰 한 방이 필요하다. 어차피 미국은 고립주의다 보니 전면전은 안할 것이다. 그 한 방은…… 진주만 공격이다!'란 엄청난 착각을 한 것이다.

1949년 12월 8일, 중화민국 정부가 중국 대륙에서 쫓겨난 후 대만 타이베이에 '정식으로' 중화민국 정부 이전을 했다.

맞다. 대만의 정식 국호는 '중화민국(Republic of China)'이다. 물론 중국 (중화인민공화국)은 절대 인정하지 않지만. 청나라가 망하고 중국 대륙을 다시 통일하고 등장한 나라는 중화민국이다. 장제스란 인물이 이끌었다. 엉? 학교에서는 국공내전이라고 '마오쩌둥의 공산당과 장제스의 국민당이 대륙을 놓고 싸웠다'고 배웠다고? 맞다. 그런데 이건 분명히 기억해야 한다. 당시 중국 대륙의 유일한 합법 정부는 국민당의 중화민국이었고 마오쩌둥의 공산당은 불법 게릴라였다.

하여간 최종 결과는 국민당의 중화민국 패. 마오쩌둥의 공산당 승. 당시 10배가 넘는 군사력을 가지고도 국민당의 중화민국은 왜 졌을까? 여러 이유가 있지만 결정적으로 민심을 잡지 못해서였다. 국민당은 공산당과 내전을 치르느라 국민들로부터 엄청난 세금을 뜯어 갔고 미숙한 군사 작전 때문에 수많은 민간인들이 몰살당하기도 했다. 반면 공산당은 게릴라전을 펼치며 '절대 민가에 피해 주지 말고, 밥도 공짜로 얻어먹지 말고 혹시라도 민가에서 재워 주면 아침엔 꼭 이불 개고 나오라'라고 병사들을 교육시켰다. 그럼 민심은 누구 편을 들까?

결국 1949년 10월 1일, 마오쩌둥이 베이징 천안문 광장에서 '중화인민공화국' 수립을 선포했고 내전에서 진 국민당의 중화민국 정부는 미군이 제공한 군함을 타고 대만섬으로 밀려나 그곳에서 중화민국의 명줄을 이어간다. 지금의 대만 정부가 바로 그 중화민국이다.

1868년 12월 9일, 인류에게 생명과 죽음을 동시에 선물한 독일의 화학자 프리츠 하버가 태어났다.

먼저 생명. 하버는 세계사를 바꾸어 놓을 엄청난 발명을 한다. 바로 '질소 비료'. 공기 중에 흔하디흔한 질소를 이용한 화학 비료를 만든 것이다. '에이, 그게 뭐 그리 대단하다고' 하시는 분들 잘 들으세요. 하버의 질소 비료가 없었다면 여러분은 태어나지도 못했을 거다. 이 글을 쓰는 저자도 마찬가지고. 조상들이 다 기아로 굶어 죽었을 거니까.

그의 화학 비료 발명으로 '인류는 원하는 만큼의 식량을 원하는 시기에 만들어 낼 수' 있게 된다. 1900년대 16억 하던 세계 인구가 백여 년 후에는 70억 명을 돌파하게 된다. 소, 양들의 먹이인 옥수수, 콩도 무제한으로 생산할 수 있게 되었다. 또 인분을 거름으로 안 줘도 되었기에 수천 년 동안 인류를 괴롭힌 기생충으로부터도 해방시켜 줬다. 프리츠는 이 모든 공로로 1918년 노벨 화학상을 받았다.

자, 이제 죽음. 그는 독일 우월주의자였다. 1차 대전이 터지자 그는 독가스를 발명해 낸다. 당시 독일 군부조차도 대량 살상 무기라고 독가스 사용을 반대했다. 그러자 하버는 '이기기 위해선 무슨 짓이라도 해야 한다!'라고 우겼고 결국 독일 군부도 전장에서 독가스를 쓰기 시작했다. 그의 말년은 초라했다. 히틀러의 나치가 집권을 하자 그는 쫓겨나듯이 독일을 떠났다.

맞다. 그는 유대인이었다. 평생을 조국 독일을 위해 헌신했지만 결국 독일에 의해 쫓겨났고, 스위스에서 심장마비로 생을 마감한다.

1896년 12월 10일, 다이너마이트를 만들고 노벨상을 만든 알프레드 노벨이 사망했다. 63세였다.

노벨과 다이너마이트, 노벨상 얘기는 다 아니까 여기서는 노벨의 사랑 이야기를 해 볼까 한다. 노벨은 하는 연애마다 다 실패하고 평생 독신으로 산 불쌍한 남자였다. 젊은 시절 좋아하던 여성이 있었으나 여자의 아버지가 노벨이 가난하다고 반대하여 끝내 헤어지기도 했다. 참, 노벨 아버지도 폭발물 전문 회사를 운영했지만 폭망이었고 회사를 말아먹었다. 그래서 젊은 시절 노벨은 가난했다.

하여간 프랑스에서 또 운명적인 한 여인을 만나 열애를 했지만 그 여인도 연애하던 중 그만 죽어 버린다. 또 노벨이 너무나도 짝사랑하여 수백 통의 편지를 보내며 사랑을 고백한 여인도 있었다. 그러나 그 여성은 노벨을 완전히 무시했다. 그런데 노벨이 죽고 나서 노벨상으로 유명해지자 그 편지들을 팔아 돈을 벌었고 '내가 노벨의 숨겨진 아내다! 노벨의 유산은 내 것이다!' 주장을 하기도 했다.

또 노벨이 너무 외로워하니까 친구가 한 여인을 소개해 준다. 베르타 킨스키란 사람이었는데 처음에 노벨은 킨스키를 비서로 고용했다. 곧 서로 연인 관계로 발전했다. 그런데! 그녀는 갑자기 첫사랑을 찾아 떠나야겠다며 노벨의 곁을 떠난다. 아무리 다이너마이트로 돈을 많이 벌어도 무슨 소용인가. 같은 남자로서 위로주 한잔 사 주고 싶을 정도다.

1936년 12월 11일, 에드워드 8세가 영국 왕위를 포기하고 그의 동생 조지 6세가 왕이 되었다.

엘리자베스 2세 여왕의 친아빠이기도 하다. 원래 왕이 될 사람은 아니었지만 미국 출신 이혼녀 심슨 부인과 결혼을 하겠다고 우기면서 친형이자 전임 왕 에드워드 8세가 갑자기 영국 왕 자리를 포기하자 얼떨결에 그 뒤를 이어 영국 왕이 된다.

영국 역사상 가장 위대한 왕 중 하나다. 많은 이들이 2차 대전은 '독일 히틀러 vs 영국 처칠' 대결로 알고 있는데 사실 '히틀러 vs 조지 6세'로 봐야 한다. 맞다. 조지 6세는 2차 대전 당시 영국을 이끈 국왕이다. 어릴 적부터 심한 말더듬증으로 고생했다. 문제는 국왕이 되어서도 국민들에게 연설도 못 할 지경이었다는 것. 그런 와중 큰 시련이 닥쳤다. 바로 히틀러가 2차 대전을 일으키자 영국이 선전포고를 해야 하는데…… 조지 6세가 BBC 라디오 방송을 통해 생방송으로 선전포고를 해야 하는 상황! 하지만 그의 옆에는 뛰어난 언어치료사 라이오넬 로그가 있었다.

그의 도움으로 무사히 대국민 선전포고 방송을 마치고 독일 전투기들이 버킹엄 궁전을 폭격하는 가운데도 '나는 영국 국민을 버리지 않겠다. 여기서 죽겠다'란 각오로 끝까지 궁전을 지켰고 결국 전쟁을 승리로 마무리했다. 영국 국민들은 아직까지 조지 6세를 '런던에서 폭탄을 맞고 죽을지언정 결코 국민을 버리지 않았던 국왕'으로 기억한다.

1936년 12월 12일, 중국 현대사에서 가장 충격적인 사건인 시안 사변이 일어났다.

여기서 '사변'이란 '무력을 사용해 발생한 난리'라는 뜻. 우리가 한때 6·25 한국전쟁을 6·25 사변이라고 불렀던 것과 같다. 시안(西安)은 중국의 도시로 진시황의 진나라 수도 등 중국 역대 왕조들의 수도였던 역사적인 도시다. 당시 상황을 살펴보자.

일본은 이미 1931년 중국 북부 만주를 침공해서 슬슬 중국 대륙까지 넘보고 있었다(관련하여 이 책의 9월 18일 글에서 자세히 이야기했다). 이때 중국의 공식 합법 정부는 국민당의 중화민국이었고 지도자는 장제스였는데 이 장제스가 일본과 싸울 생각은 안 하고 내부적으로 세력을 키워 가던 마오쩌둥의 공산당과 싸우는 것이 아닌가! 이런 망언까지 했다. '일본이 피부병이면 공산당은 심장병이다' 즉, 심장병인 공산당부터 손을 봐야 한다는 논리였다. 지도자가 이런 정신 나간 행동을 보이자, 그 밑의 부하였던 장쉐량이 시안의 화청지란 건물에 장제스를 감금해 버린다! 시안 사변이다.

그는 요구한다. '지금은 공산당과 싸울 때가 아니라 일본과 싸울 때요! 약속하시오. 일단 공산당과 손을 잡고 함께 일본에 맞서 싸우겠다고!' 상관을 구금해 버린 심각한 하극상이 일어난 것이다. 장제스는 감금된 후 무장 협박까지 당하고 있었으니 선택의 여지가 없었다. 일단 일본과 싸우겠다고 약속한 후 풀려난다. 장제스는 풀려나자마자 장쉐량을 체포했다. 장쉐량은 나중에 대만으로 후퇴하는 국민당을 따라 대만으로까지 끌려간다. 그곳에서 가택 연금을 당했고 1993년에서야 풀려난다.

1937년 12월 13일, 일본이 중국의 수도 난징을 점령하고 수십만 민간인을 학살한 난징대학살이 일어났다.

1937년 7월 7일, 중일전쟁을 일으킨 일본은 현재의 베이징을 점령하고 남쪽으로 빠르게 치고 내려온다. 목표는 당시 수도였던 난징을 함락시키고 중국의 항복을 받는 것. 그런데 예상외 복병을 만난다. 난징 바로 옆 상하이에서 치열한 시가전이 발생하면서 난징 점령 목표 시기가 너무 늦어지는 것뿐 아니라 일본군의 사상자 수도 폭증했던 것. 여기에 일본이 열받는다. 가까스로 상하이를 점령한 후 '우리 일본에 저항한 중국인들에게 뜨거운 벌을 내리자'라며 바로 옆 도시 수도 난징을 무너뜨린 후 무자비한 학살극을 벌인다.

12월 13일부터 6주 동안 30만여 명을 학살했다. 12초마다 1명씩 죽은 것이다. 중국 난징대학살기념관에 들어가면 천장에서 12초마다 눈물이 한 방울씩 떨어져 내린다. 희생자들을 추모하는 상징이다. 30만 명. 감이 잘 안 오면 이렇게 생각하자. 상암 월드컵 경기장을 가득 채우면 6만 명이 들어간다. 그것 5개가 꽉 찬 사람들을 6주 안에 다 죽인 것이다.

일본군은 심지어 '누가 중국인 100명을 먼저 참수하나' 레이스까지 펼쳤다. 그 당시 참수 레이스를 펼친 두 일본군 장교들은 자랑스럽게 일본 일간지에 기사로까지 실린다. 1937년이면 그리 오래되지 않았다. 이 책이 출간된 날 기준으로 100년도 안 된 일이다. 아직 생존자들이 살아 계시다. 중국 난징에 가면 제삿날이 거의 같다. 제주 4·3 사건 때문에 많은 제주도민들의 제삿날이 4월 3일인 것처럼 난징은 12월 13일이다. 이런 만행에 대해 '아직까지' 일본의 공식적인 입장은 '일본은 책임 없다'이다.

1799년 12월 14일, 미국 초대 대통령 조지 워싱턴이 사망했다. 67세였다.

오늘날의 미국을 미국으로 만든 훌륭한 인물이었던 건 인정. 영국과의 독립전쟁 중엔 총사령관으로 대륙군(나중의 미군)을 이끌었고 미국이 독립한 후엔 의회가 만장일치로 뽑은 초대 대통령이 되었다.

그런데 대통령으로 선출되었을 당시 미국 대통령의 임기는 4년으로 합의가 된 상태였지만 '얼마나 연임'할 수 있는지에 대한 규정은 없었다. 처음 4년만 하고 내려오려고 했는데 '한 번 더!'라고 외친 미 의회의 요구에 한 번 더 대통령을 한다. 그러니까 총 8년을 한 거지. 그 이후에도 계속 대통령을 해 달라는 요구에 '여기서 계속하면 유럽의 왕과 황제와 같은 자리가 된다'라며 바로 물러난다. 그것이 미국 대통령은 '4년 임기, 두 번 재임'의 전통으로 자리 잡게 된다.

워싱턴의 또 다른 업적은 바로 공직자 청탁 금지법을 만든 것. 미국의 모든 공직자들은 뇌물을 받는 것을 금지시키고 심지어 생일 때 외부 인사를 초대하는 것조차 금지시켰다. 마음만 먹으면 독립 영웅으로서 유럽의 왕과 같은 권력을 누릴 수도 있었지만 그 권력을 스스로 포기하고 쿨하게 자리에서 내려오면서 여러 개혁 정책을 펼친 워싱턴 덕분에 신생국 미국은 결과적으로 초강대국으로 성장할 수 있었다.

1832년 12월 15일, 프랑스의 건축가
구스타브 에펠이 태어났다.

맞다. 파리 에펠탑을 설계한 사람이다. 미국 뉴욕 앞바다의 자유의 여신상 작업도 했다. 참고로 자유의 여신상은 프랑스 정부가 미국 독립 100주년 기념 선물로 미국에 준 것이다.

에펠탑은 1889년 파리 만국박람회를 기념하기 위해 만들었다. 하지만 만들 때 파리 시민들의 반발은 상상 초월이었다. 아름다운 파리 시내에 솟은 커다란 철제 구조물이 꼴 보기 싫다 이거였다. 반발 여론 때문에 프랑스 정부도 원래 건설 예산 20%만 지원하겠다고 했고 열받은 에펠은 나머지 80%를 자기 돈을 써 가며 완공을 한다. 완공 후 20년간 에펠탑에서 나오는 수입금을 에펠이 가져가는 조건이었다.

에펠은 에펠탑을 만들 때 '안전, 안전, 또 안전!'을 가장 중요시했다. 그래서 완공될 때까지 사망자는 한 사람밖에 없었다. 그것도 에펠탑 내부가 아닌, 외부에서 일어난 사고사라고. 그는 안전 제일주의자였다.

구스타브 에펠
(Public domain | Wiki Commons)

서기 705년 12월 16일, 중국 역사상 유일한 여자 황제 측천무후가 사망했다. 81세였다.

당시로는 정말 장수한 것이다. 측천무후에 대한 평가는 극과 극이다. 권력을 잡기 위해 자기 친딸과 아들까지 죽인 비정한 여인 vs 그래도 정치 하나는 정말 잘해서 백성들은 잘 먹고 잘 살았다는 평가.

원래 당태종 이세민(고구려를 침공했다 실패한 그 황제)의 후궁이었다. 그런데 당태종이 말년에 오늘내일할 때 그만 당태종의 9남인 이치(본명이다)와 눈이 맞아 버린다! 맞다. 친엄마는 아니지만 어쨌든 엄마와 연애를 시작한 것. 그리고 당태종이 죽고 이치가 다음 황제 당고종으로 즉위하자 이번엔 고종의 후궁이 된다. 그 후 원래 있었던 고종의 정식 부인 등을 몰아내고 결국 고종의 황후 자리를 차지한다. 그리고 황후 자리도 성에 안 찼는지 나중에 고종이 죽고 아들들이 황제에 오르자 아들 황제들을 바지 사장으로 만들어 놓고 실제 권력은 자기가 휘두른다. 그러다 진짜 그것도 성에 안 찼는지 아들 황제를 끌어내리고 스스로 황제 자리에 오른다.

권력을 차지하는 과정은 잔인했지만 일단 황제가 된 후 정치는 정말 잘했다. 지금 중국의 측천무후 묘에 가면 큰 묘비석이 서 있는데 무자비(無字碑)라고 비석에 글이 하나도 없다. 여러 가지 설이 있지만 측천무후가 죽기 직전 '내 업적은 후대에 평가를 받겠다. 내 비석엔 글을 남기지 마라. 후대에 쓰게 하라'라고 해서 글이 없다는 설이 있다.

1830년 12월 17일, 남미 독립의 아버지 시몬 볼리바르가 사망했다. 47세였다.

현재 남미 베네수엘라에서 스페인계 가정에서 태어났다. 어릴 적 부모가 다 사망해서 고생하며 컸다. 그는 정말 치열하게 스페인과 독립전쟁을 벌이며 남미의 여러 나라들을 독립시켜 주는데(그 계기는 이 책의 7월 24일 글에서 알려 드렸다) 대표적인 나라가 베네수엘라, 콜롬비아, 에콰도르다. 볼리바르의 목표는 남미에 통일된 거대한 하나의 독립 국가를 만드는 것이었다. 그러나 일단 대륙이 평야로 뻥 뚫린 미국과 달리 남미는 안데스산맥, 아마존 정글 등으로 하나로 통일하기엔 지리적 여건이 너무 좋지 않았다.

시몬 볼리바르는 또 하나 개인적으로도 과오가 하나 있다. 바로 영구 집권을 하려 했다는 것. 47살에 일찍 죽은 것도 반대파들과 권력 싸움을 하다 밀려나 병에 걸려 죽은 것이다. 시원하게 대통령 자리를 내놓고 권력을 포기한 미국 초대 대통령 워싱턴과는 많이 달랐다. 아쉽다. 워싱턴과 같이 권력욕만 없었더라도 진짜 영웅으로 기억될 것인데. 🤓

1865년 12월 18일, 미국에서
노예제도가 공식적으로 폐지됐다.

노예제는 폐지되었지만 미국은 1960년대까지 노골적인 흑백 차별이 있었다. 특히 조지아주 같은 남부주들에선 공식적으로 흑백 분리 정책이 버젓이 존재했다. 심지어 당시 백인들은 뭐라고 했냐면 'We made you free, not equal' 즉, 우리 백인들은 너희 흑인들을 자유롭게 만들어 줬지 동등하게 만들어 준 건 아니라는 헛소리까지 했을 정도.

이런 분위기 가운데 가장 인종 차별이 심했던 조지아주에서 1929년, 미국이 막 대공황이 시작되어 경제가 무너지던 그해에 마틴 루서 킹 목사가 태어났다. 그가 흑인 인권 운동에 본격적으로 뛰어든 계기도 참 충격적이다. 한 식당에서 밥을 먹으려 했는데 백인 주인은 주문을 받지 않았다. 그래도 끝까지 버텼던 킹 목사. 백인 주인은 권총을 들고 와 창문 밖으로 쏘면서 킹 목사를 쫓아내 버렸다! 킹 목사는 경찰을 불렀는데 당시 식당에 있던 백인 손님들은 '주인이 총을 쏜 적이 없다'라고 거짓 증언을 한다.

이 사건을 계기로 마틴 루서 킹 목사는 본격적으로 흑인 인권 운동에 들어간다. 그리고 1963년, 워싱턴 D.C.에서 그 유명한 'I have a dream' 연설을 한다. 이 책이 나온 현재, 미국은 과연 흑인이 진정으로 해방되었을까? 인종 차별을 노골적으로 조장하는 인물이 최근에 미국 대통령이 된 걸 봐선 아직 멀었다.

1778년 12월 19일, 프랑스 루이 16세와 마리 앙투아네트 왕비 사이의 딸인 마리 테레즈가 태어났다.

두 사람이 결혼한 지 무려 7년 만에 본 첫 자식이다. 마리 앙투아네트는 정말로 아들을 원했다. 오스트리아 출신 왕비로서 '연줄도 빽도 없는' 프랑스로 와 프랑스 귀족들로부터 정말 엄청난 무시와 차별을 받았다. 그래서 '내가 다음 왕이 되는 아들만 낳으면 너희들 다 죽었어'라며 이를 바득바득 갈다 출산을 했는데 딸이었다. 첫 자녀의 성별을 알고 마리 앙투아네트는 펑펑 울었다고 한다. 하여간 이 딸의 운명은 프랑스 혁명과 함께 180도 바뀐다.

일단 아빠, 엄마가 모두 단두대에 목이 날아갔다. 그리고 혁명군에 의해 꽤 오랫동안 감옥 생활을 한다. 먹을 것도 제대로 없는 생활. 그러다가 17세가 되던 해, '외갓집'인 오스트리아로 추방된다. 오스트리아 입장에서도 받아 주기 떨떠름했다. 괜히 프랑스의 난장판에 휘말릴 것 같아서. 그래서 마리 테레즈는 평생을 오스트리아, 이탈리아, 영국 등을 떠돌아다니다 오스트리아에서 1851년 사망했다. 그리고 프랑스 역사에선 잊힌다.

1924년 12월 20일, 뮌헨 폭동을 일으켜 수감 생활을 하던 아돌프 히틀러가 석방됐다.

1차 대전 참전 용사였던 히틀러는 1차 대전이 끝난 후 바로 독일 정계에 들어간다. 그리고 그 특유의 연설로 대중을 휘어잡았다. 당시 독일은 바이마르 공화국이라고 정말 난장판이었다. 수십 개의 정당이 서로 치열하게 권력 싸움을 하던 상황. 히틀러는 '여기서 내가 쿠데타를 일으키면 바로 권력을 잡을 수 있겠다'란 생각을 한다. 그래서 1923년 11월, 독일 주요 도시였던 뮌헨에서 그 계획을 바로 실행에 옮긴다. 한 맥주홀(호프집)에 주요 정치인, 군 관계자들이 다 모여 있다는 소식을 듣고 그 맥주홀을 나치당원과 함께 급습해 모두 체포 구금을 해 버린 것. 그런데 큰 실수를 한다. 나치는 어찌 된 일인지 통신망을 그대로 두었다. 그리고 기껏 잡은 인질들을 다 풀어 준다! 감시 인력도 안 붙이고. 당연히 이들은 바로 튀어서 열린 통신망으로 지원 병력 요청을 했고 히틀러는 바로 검거된다. 그것이 뮌헨 폭동.

그런데 감옥에서 히틀러는 인생 역전을 한다. 법정에서 판사가 '왜 반란을 일으키려고 했냐?'란 질문을 했고 그는 '당신들같이 썩어 빠진 지도자들이 독일을 망치고 있다! 독일을 구하기 위해 일어선 것이다!'라고 연설한 것. 그것이 언론 보도가 되면서 히틀러는 일약 전국구 스타가 된다. 이런 '대스타'를 잡아 둘 수 없었던 독일 사법 당국. 반란죄로 5년형을 선고했으나(이것도 원래는 사형인데 눈치 보여 5년을 준 것) 13개월 만인 이날 그냥 히틀러를 풀어 준다. 그래서 몇 년 후 히틀러는 정말 나치당을 동원해 독일 정권을 잡아 버린다. 수감 생활이 편했는지, 자신의 전기이자 훗날 나치당의 바이블과 같은 존재가 되는 《나의 투쟁》이란 책까지 감방 안에서 썼다.

1620년 12월 21일, 영국 청도교들이 메이플라워호를 타고 지금의 미국 보스턴 부근인 플리머스에 상륙했다.

원래 목표는 훨씬 남쪽의 따뜻한 곳, 지금의 미국 남부 지역이었지만 내비게이션 고장으로(측량을 잘못해서) 더 북쪽에 상륙한다. 그것도 12월 한겨울에! 보스턴에 겨울에 한번 가 보라. 너무 추워서 욕이 나올 정도다. 그런 곳에 아무런 준비도 없이, 심지어 낚싯대 하나 없이 '잘될 거야'란 긍정적인 마음 하나만 가지고 지금의 미국 동부에 상륙한 것까진 좋은데 막상 도착하니 일단 먹을 것이 없었다. 겨울에 뭐가 있겠나.

'생고생하고 여기까지 왔는데 이제 굶어 죽을 일만 남았네'라며 포기하고 있던 차, 이들을 측은하게 여긴 현지 원주민인 왐파노아그 부족이 다가와 북미산 날지 못하는 새(칠면조)와 먹을 것을 나눠 줬다. 이들이 가르쳐 준 농사법으로 다음 해에 수확을 하여 '연명을 한 날'을 기념하기 위해 만든 것이 추수감사절이다.

문제는…… 많은 이들이 그 이후 역사를 잘 모른다. 겨우 먹고살게 된 청교도 첫 정착민들은 배은망덕하게 자기를 살려 준 왐파노아그족과 슬슬 갈등을 벌이다 1675년 전쟁을 일으켰고 결국 이 부족을 몰살시켜 버린다. 명분은? '예수를 믿지 않는 이들은 멸망해야 한다'란 것. 미국의 흑역사다. 이 원주민 몰살 사건은 앞으로 이 신대륙에서 원주민들이 겪게 될, 나아가 아프리카 대륙에서 납치되어 온 흑인 노예들이 겪게 될 참극의 시작일 뿐이었다.

1894년 12월 22일, 프랑스의 유대인 육군 장교 알프레드 드레퓌스가 종신형을 선고받았다.

국가 기밀 누설죄로. 이 책의 앞에서 여러 번 언급했지만, 현대사에 엄청난 나비 효과를 일으킨 사건이므로 한 번 더 짚고 넘어가자. 1871년, 프랑스는 프로이센(나중의 독일이 되는)과의 전쟁에서 진 후 자존심이 지하실로 추락한다. 프랑스인들은 이 말도 안 되는 현실을 또 '남 탓'을 하는데, 히틀러가 그랬듯 가장 만만한 것이 동네북 유대인들이었다.

그런 와중에 파리 주재 독일 대사관에 누군가 기밀을 넘긴다는 얘기가 나왔고 범인으로 현직 프랑스 육군 장교 드레퓌스가 체포된다. 대대로 프랑스에서 살아온 프랑스인이었다. 단, 민족은 유대인. 단지 그것 때문에 드레퓌스는 희생양이 된다. 군중 앞에서 군적을 박탈당하는 치욕을 겪고 기아나 앞바다의 악마섬으로 유배되기까지 한다.

드레퓌스는 이 사건과 아무런 연관도 없었다. 진범은 곧 밝혀졌다. 그런데도 드레퓌스는 누명을 빨리 벗지 못했다. 그리고 간첩 누명을 쓴 지 12년 만인 1906년, 프랑스 최고재판소는 드디어 무죄를 선고한다.

401

1948년 12월 23일, 일본의 총리이자
태평양 전쟁을 주도한 A급 전범
도조 히데키가 교수형으로 처형됐다.

이 인간 때문에 태평양 전쟁이 일어났다. 주변에서 다 말렸다. 미국과 전쟁하면 일본은 100% 진다고. 그러나 '정신 승리!'를 외치며 결국 미국과 전쟁을 시작한다. 일본 왕을 위해 모든 병사들이 다 옥쇄(玉碎)해야 한다고 외친 인물이다. 옥쇄…… 말 그대로 일왕을 위해 옥이 부서지듯이 온몸이 부서질 때까지 싸우자는 미친 구호였다.

그러나 정작 자신은 전쟁에서 지자 목숨을 구걸하는 등 비굴한 모습을 보였다. 8월 15일 패전 후 미군이 자신을 체포하러 오자 권총 자살을 시도한다. 그러나 약간의 부상만 당한 채 입원 치료를 받고 회복한다. 그리고 전범 재판을 받는데 자기는 죄가 없다고 항변만 한다. 그러다 결국 이날 12월 23일 교수형을 당하는데 죽는 순간까지 반성은 없었다. '이승을 하직하고 신의 곁으로 가니까 기쁘다'란 최후의 망언까지 남겼다.

연합군은 이 인간의 유해를 화장한 후 항공기에 실어 수많은 미군들이 희생당한 태평양 상공에 뿌려 버렸다. 일본은 이런 지독한 인간을 '나라를 위해 목숨 바친 위인'이라며 1978년, 야스쿠니 신사에 위패를 넣어 버린다.

도쿄 중심가에 위치한 야스쿠니 신사
(© Wiiii | Wiki Commons)

1937년 12월 24일, 학살이 벌어지던
난징 한가운데서 독일인 욘 라베가
최악의 크리스마스이브를 맞이했다.

욘 라베는 난징대학살에서 중국 민간인들을 한 사람이라도 더 구하기 위해 노력한 인물이다. 독일의 지멘스사 난징 지사장이었다. 나치당원이 기도 했다. 나치가 좋아서 그런 건 아니었다. 유명한 홀로코스트 영화 〈쉰들러 리스트〉의 그 쉰들러처럼 사업을 위해 어쩔 수 없이 입당한 케이스였다. (독일인 사업가 오스카 쉰들러는 유대인 1,000여 명을 자신의 공장에 취업시켜 목숨을 살렸다.)

1937년 12월 13일, 일본이 난징을 무차별 침공하면서 민간인 수십만 명을 도륙하기 시작하자 라베는 '철수하라'란 본국의 명령을 거부하고 난징에 남아 중국인들을 구출한다. 자신의 지멘스사 공장, 사옥, 창고 지붕 위에 하겐크로이츠 즉, 나치의 마크를 크게 건다. 왜? 당시 일본과 나치 독일은 동맹이었다. 감히 동맹국의 국기가 걸린 건물에는 공습을 못 할 것이란 생각이었다. 라베는 구출한 중국인들은 그 건물 안으로 대피시켰다.

그 과정에서 어느 일본군이 한 중국 여인을 성폭행하는 걸 목격하고 '중단하라! 제네바 협약 위반이다!'를 외친다. 상대가 백인, 그것도 독일인인 걸 알아챈 일본군은 옷을 주섬주섬 입고 웃으며 라베에게 이런 말을 했다고. '메리 크리스마스.' 맞다. 그날은 성탄절 이브였다. 라베는 나중에 기록에서 '내 인생 최악의 크리스마스이브였다'라고 썼다.

1914년 12월 25일, 1차 대전이 한창이던 서부전선에서 병사들이 잠시 전투를 멈추고 성탄절을 기렸다.

서로 축구 시합까지 했다. 1차 대전이 터졌을 때만 해도 전쟁이 무려 4년이나 갈 줄 아무도 몰랐다. 여름에 시작된 전쟁은 겨울, 12월까지 이어졌다. 그리고 12월 25일, 정확하게는 12월 24일 저녁, 참호를 사이에 두고 영국, 프랑스군, 그리고 반대편 독일군이 서로 조용한 목소리로 캐럴을 부르기 시작한다. 그러자 독일군 측에선 조그맣게 만든 트리를 참호 밖에 살짝 올려 두기까지 했다. 그리고 한 독일군 병사가 용기를 내어 캐럴을 부르며 참호 밖으로 나온다. 평상시 같으면 바로 기관총 세례가 날아왔을 텐데…… 그날은 성탄절.

영국군과 프랑스군도 참호에서 나와 캐럴을 같이 부르며 독일군과 손을 잡았다. 불과 몇 시간 전엔 서로 죽이고 죽었던 사이라곤 믿을 수 없는 광경이었다. 하긴 그들이 무슨 죄가 있겠나. 다 10대 후반, 20대 초반의 죄 없는 젊은이들이 늙은 정치인들의 과욕에 죽음의 전쟁터로 끌려 나온 것이 아니겠나. 성탄절 당일, 그날 하루만큼은 서로 싸우지 말고 축구라도 하자고 해서 실제 축구 경기까지 한다. 행복했던 순간은 그게 다였다. 바로 다음 날부터 다시 서로 죽이기 시작한다.

1893년 12월 26일, 중국의 최고 지도자로 군림한 마오쩌둥이 태어났다.

마오에 대한 평가는 극과 극이다. 국민당과 싸웠던 1949년 이전에는 정말 훌륭한 게릴라였던 건 맞다. 문제는 1949년 중화인민공화국을 세운 후였다. '중국은 영국을 따라잡을 수 있다'라며 나라를 부강하게 만들겠다고 시작한 대약진운동. 참새가 추수한 볍씨를 먹은 걸 보고 마오가 한마디 한다. '참으로 나쁜 새다.' 하…… 이 한마디로 중국 대륙 전체의 참새 씨가 마른다. 문제는 참새가 없으니 참새의 먹이였던 메뚜기가 창궐을 하고 그 메뚜기가 곡물을 다 갉아 먹어 정작 사람들이 먹을 식량이 사라져 버린다! 대약진운동으로 약 5,000만 명이 굶어 죽었다. 우리나라 인구 전체에 달하는 사람들이!

이 대약진운동의 실패로 마오는 권좌에서 쫓겨난다. 그렇다고 바로 잊힐 인물은 아니었다. 다시 권력을 잡기 위해 이번엔 순진한 대학생 등 젊은이들을 선동했다. '나는 참 잘했는데 권력에 눈이 먼 다른 경쟁자들이 일을 망쳐 놨다'라면서. 마오는 더 나아가 '옛것은 다 나쁘디. 새로 시작하사'란 한마디를 툭 던진다. 마오를 신으로 생각하던 젊은이들은 '옛것'을 '역사적인 모든 유물, 유산'으로 생각하고 다 부숴 버린다. 싹. 다. 1966년 문화대혁명의 시작이었다.

지금도 중국 대륙에 가면 '오리지널 문화유산'은 거의 없다. 왜? 문화대혁명에 진짜로 다 박살이 나 버렸기 때문. 중국 역사 여행을 매달 떠나는 필자로선 너무나도 안타까운 부분이다.

1904년 12월 27일, 약 4년의 공사 끝에
경부선이 완공됐다.

맞다, 지금의 경부선. 일본인들이 처음 만들었다. 아니, 일본이 설계하고 실제 노동은 조선인들이 했지. 최근 식민지 근대화론이 또(잊을 만하면) 들려와서 이 얘기만큼은 좀 해야겠다. 식민지 근대화론은 '일본의 식민 지배로 결과적으로 우리나라가 잘살게 되었다……'란 슬프지만 웃긴 주장이다. 자, 사실은 이렇다.

경부선이 애당초 처음 만들어진 목적. 1904년 러일전쟁이 터지자 군수 물자 수송 등을 하기 위해서이다. 우리 조선인이 서울을 출발해 해운대에 와서 해수욕하라고 만든 게 아니다. 경부선 철도 주변의 땅은 거의 강제 몰수를 당했다. 당시 민족 정론지였던 〈대한매일신보〉는 이렇게 기록했다. '철도가 통과하는 지역은 온전한 땅이 없고 기력이 남아 있는 사람이 없으며, 열 집에 아홉 집은 텅 비었고, 천 리 길에 닭과 돼지가 멸종하였다'라고.

이렇게 보면 된다. 도둑이 우리 집을 도둑질하려고 담에 사다리를 놨는데 도둑질 후 그 사다리를 놓고 갔다. 그렇다고 우리는 '와! 이제 우리 집에 사다리 생겼네. 사다리는 참으로 고마운 물건이지'라고 하겠나? 식민지 근대화론이라고? 이제 그만 좀 하자. 😊

1856년 12월 28일, 미국의 제28대 대통령
우드로 윌슨이 태어났다.

우리 역사와도 관계가 깊은 인물이다. 3·1 운동의 기폭제가 된 민족 자결의 원칙을 주장한 인물이다. 자, 일단 1차 대전에 미국의 참전 결정을 내린 인물이기도 하다. 그 이전엔 미국은 유럽 대륙의 일은 신경 쓰지 않는다는 고립주의를 지켰다. 1차 대전이 터진 후에도 '우린 신경 안 써'였다.

그러나 독일군 잠수함이 영국의 민간인 상선 루시타니아호를 격침시켜 그 안에 타고 있던 수많은 미국인이 희생된 일(이 책의 5월 7일 글을 읽고 오자), 그리고 독일이 미국 바로 밑의 멕시코에게 '야, 멕시코, 너희가 밑에서 위의 미국을 공격해 주면 너희가 미국에게 빼앗긴 캘리포니아 등 땅 되찾는 거 도와줄게'라고 작업을 걸다 미국에게 딱 걸린 일. 이 두 사건을 겪고 윌슨 대통령은 '고립주의는 끝. 바로 참전'을 선언하며 유럽 대륙에 파병을 한다. 이건 미국 역사상 굉장히 중요한 사건이었다. 1620년 종교의 자유를 찾아 미 대륙에 미국인의 선조들이 도착한 이래 처음으로 다시 유럽 대륙으로 진출한 사건이기 때문이다.

참, 민족 자결의 원칙. 이 책의 앞에서도 설명했지만(1월 8일 글) 한 번 더 알려 드리겠다. 1차 대전이 끝난 후 윌슨이 주장한 것인데, 요지는 이거다. '식민지 국가들이여! 이제 너희들도 독립해서 운명을 스스로 결정해라!'였다. 일본의 식민 지배를 받던 우리로선 복음과도 같았다. 하지만 이 원칙은 패전국 식민지에만 적용되었다. 일본은 1차 대전 참전국이자 승전국이었으니 한반도는 이 원칙에 적용이 안 되는 지역이었다.

1890년 12월 29일, 미국 기병대가 아메리카 수우족 원주민 300명 이상을 몰살시켰다. 대부분 민간인들이었다.

미국의 사우스다코타란 곳에서 일어난 참극이었다. 발단은 이렇다. 미국은 원주민들에게 더 이상 전통 춤과 주술을 하지 말라는 금지령을 내린다. 기독교 국가에서 주술을 하는 건 '국가에 대한 반란과 같다'란 것이 명분. 그래서 대부분의 원주민들은 전통 춤과 주술을 포기했다. 이런 과정에서 미국 기병대가 수우족이라는 원주민 부족을 인디언 보호구역으로 보내기 위해 한 장소에 300명 이상을 다 몰아넣었다. 그리고 무장 해제를 시킨다. 이 과정에서 미군과 원주민들 사이에 물리적 충돌이 있었다.

원주민들, 충분히 그럴 만했다. 자기 전통도 금지시키고 무기까지 빼앗는 미군이 뭐가 예뻤겠나. 미군은 이들 원주민이 집단으로 무력 저항하는 걸로 보고 기관총까지 동원해 거의 몰살을 시켜 버린다. 정작 원주민들이 가진 무기는 활과 화살밖에 없었다. 그냥 일방적인 학살이었다. 이 학살은 사우스다코타의 운디드니란 장소에서 벌어졌는데 이 운디드니 학살이 미군과 원주민이 싸운 마지막 전투로 기록된다.

이것도 문제다. 미국 주류 역사에선 운디드니 전투(battle)라고 하는 반면 원주민들은 운디드니 대학살(massacre)이라고 기록한다. 더 슬픈 건 미 기병대가 며칠 전 성탄절 예배를 다 마치고 자기 가족들과 즐거운 휴일을 보낸 후 와서 저지른 만행이었다는 것. 참고로 이 수우족과 미 기병대 간의 갈등을 그린 영화가 〈늑대와 춤을〉이다.

1956년 12월 30일, 독도의용수비대가 해체되고
그 자리에 독도경비대가 들어갔다.

독도의용수비대는 울릉도민들이 독도를 지키고자 자발적으로 결성한 민간인 경비대다. 경찰의 독도경비대 창설로 임무를 끝맺었다. 자, 독도는 누구 땅? 당연히 우리 땅이다. 그럼 이유를 설명해 보라. 대부분 정광태의 노래 〈독도는 우리 땅〉만 부르고 끝이다. 자, 일본과 독도 논쟁이 벌어지면 이것만 기억하면 된다. 1877년 태정관지령. 책 앞에서 언급했는데(8월 28일 글) 독도는 너무 중요한 문제이므로 또 짚고 가자.

일본은 1868년 메이지 유신을 성공시킨 후 신일본을 만들기 위해 새로운 지도 작성에 들어간다. 시마네현(지금 독도를 자기 땅이라고 우기는)으로 파견된 지도 제작팀이 일본 태정관에게 문의한다. 여기서 태정관이란 당시 일본 정부를 말한다. 즉, 일본 정부에 문의한 것. '동해(자기들 표현으론 일본해)상의 두 섬(독도, 울릉도)은 누구 섬인가?'란 문의를. 여기서 태정관은 답변한다. '그 두 섬은 일본과 아무 관계가 없는 섬이다. 명심하라'라고!

이 문서는 지금 일본 정부가 꽁꽁 숨겨 놓고 공개를 안 하고 있다. 아니, 못하고 있다. 왜? 그건 우리가 쓴 게 아니라 일본 자기네들이 쓴 것이기 때문에. 독도는 한국 땅이라고.

독도경비대 건물
(자료 제공처: 대한민국역사박물관 근현대사아카이브)

1650년 12월 31일, 청나라의 실권자 도르곤이 사망했다.

만주족 지도자로서 만리장성을 넘어 명나라를 실질적으로 멸망시킨 인물이다. 병자호란 당시 지금의 롯데월드 석촌호수 앞에서 조선 인조를 머리 박게 만든 청태종 홍타이지의 이복동생이다. 참고로 당시 청나라는 아직 명나라의 중원을 점령 못 하고 있던 때였다. 청태종은 결국 만리장성을 못 넘어 보고 죽는다. 이제 중원 점령이라는 과업은 도르곤에게 넘어간다.

여기서 잠깐. 도르곤은 청나라 황제였냐고? 아니다. 청나라 황제 자리는 태종의 어린 아들이 물려받는다. 순치제란 황제였다. 그러나 어린 황제를 대신 섭정해 준다는 명분으로 실권은 삼촌 도르곤에게 있었다. 하여간 이 도르곤이 1644년 결국 만리장성을 넘고 베이징의 자금성에 들어갈 때 옆에 누군가 있었다. 바로 조선의 소현세자였다. 병자호란 후 청나라에 인질로 끌려갔던! 도르곤이 직접 소현세자를 데리고 베이징에 들어간 것이다. 왜? '조선이 그렇게 사대를 했던 명나라가 어찌 멸망하는지 조선의 다음 왕인 소현세자여! 똑똑히 보라!'란 것이었다.

소현세자는 '만주족이 예전의 그 오랑캐가 아니구나. 세상은 바뀌었다'란 깨달음을 얻는다. 그리고 나중에 조선으로 귀국한 후 아버지 인조를 설득한다. '우리 만주족의 청나라를 배워요, 아버지'라고…… 그다음은 여러분이 다 아는 이야기다.

11-12월의 주요 역사

1865년 12월 18일

미국에서 노예제도가 공식 폐지되었다. 인종 차별은 여전히 심했다.
흑인 인권 운동의 아버지 마틴 루서 킹 목사는 1963년 워싱턴 D.C.에서
'나에겐 꿈이 있습니다' 연설을 한다.

1894년 12월 22일

프랑스의 유대인 육군 장교 알프레드 드레퓌스가 종신형을 선고받았다.
그는 유대인이라 억울하게 간첩 누명을 썼다.
12년 만에 무죄를 받았다.

1922년 11월 4일

황금 가면으로 유명한 이집트 투탕카멘의 무덤이 발견됐다.
이집트 문명은 나일강을 중심으로 발달했다.
강이 범람하는 주기를 계산하기 위해 천문학, 수학 등이 발달했다.

1937년 12월 13일

일본이 당시 중국의 수도 난징을 점령하고 민간인 수십만 명을 학살한
난징대학살이 일어났다.
일본군 장교들은 참수 레이스까지 펼쳤다.

1989년 11월 9일

동서 베를린을 갈랐던 베를린 장벽이 무너졌다.
독일 분단의 종식, 그리고 냉전 체제의 끝을 상징하는 엄청난 사건이다.

1989년 11월 28일

당시 공산 국가였던 체코슬로바키아가 다당제를 받아들인다.
베를린 장벽이 무너진 지 얼마 안 된 후다.
시민들의 비폭력 시위로 수십 년의 공산 정권이 끝났다. 벨벳처럼 부드럽게.

찾아보기

413

그날의 세계사

2024년 12월 26일 초판 01쇄 발행
2025년 01월 20일 초판 02쇄 발행

지은이 썬킴

발행인 이규상 편집인 임현숙
편집장 김은영 책임편집 정윤정 책임마케팅 원혜윤
콘텐츠사업팀 문지연 강정민 정윤정 원혜윤 윤선애
디자인팀 최희민 두형주
채널 및 제작 관리 이순복 회계팀 김하나

펴낸곳 (주)백도씨
출판등록 제2012-000170호(2007년 6월 22일)
주소 03044 서울시 종로구 효자로7길 23, 3층(통의동 7-33)
전화 02 3443 0311(편집) 02 3012 0117(마케팅) 팩스 02 3012 3010
이메일 book@100doci.com(편집·원고 투고) valva@100doci.com(유통·사업 제휴)
포스트 post.naver.com/black-fish 블로그 blog.naver.com/black-fish
인스타그램 @blackfish_book

ISBN 978-89-6833-490-0 03900
ⓒ 썬킴, 2024, Printed in Korea